SOCIETY BUILDING

THEORY, PRACTICE, AND EVALUATION OF SOCIETY BUILDING

社会建设
理论、实践与评价

深圳市统计局
北京大学社会学系课题组 著

前 言

自从党的十六届四中全会正式提出要把"加强社会建设和管理，推进社会管理体制创新"作为今后的工作任务以来，社会建设已经和经济建设、政治建设、文化建设一道，成为中国特色社会主义"四位一体"建设的重要内容。党的十七届五中全会又增加了"生态文明建设"的提法，将"四位一体"的建设内容发展为社会主义经济建设、政治建设、文化建设、社会建设以及生态文明建设"五位一体"的建设内容。中国共产党第十八次全国代表大会报告再次确认要"在改善民生和创新管理中加强社会建设"；2014年党的十八届三中全会审议通过的《中共中央关于全面深化改革若干重大问题的决定》进一步使用了"社会治理"的概念，提出要通过"提高社会治理水平"、"改进社会治理方式"来加强社会建设，把我国的社会建设工作推进到一个新的历史阶段。正是在这样的历史情境下，深圳市统计局委托我们承担社会建设理论和评价指标体系课题，希望通过课题研究来从理论和实践两个方面深化对社会建设的理解，并在此基础上构建一个能够对深圳市区一级的社会建设工作进行评价的指标体系。本书即我们课题组在课题研究之后形成的报告。

本研究报告的主题和章节框架先经课题组统一讨论后由深圳市统计局确定。在写作过程中，三位执笔人根据深圳市统计局有关同志的意见对报告先后进行了多次修改。初稿由齐心执笔，在最终形成的这一稿中，第一章和第二章第一节由谢立中撰稿，第三章由杨善华在对初稿内容进行补充修改的基础上完成，其余各章节由齐心修改定稿，最后由谢立中统稿。由于时间和能力所限，报告中的论述可能有不少错讹或不当之处，请读者予以谅解和指正。

谢立中
2014 年 9 月 10 日

目 录
CONTENTS

第一章　社会建设的思想渊源和概念辨析 1
　一　社会建设的思想渊源 1
　　（一）西方社会建设思想 1
　　（二）新中国成立前的社会建设思想 8
　　（三）经典马克思主义的社会建设思想 15
　　（四）中国共产党的社会建设思想 16
　二　社会建设的概念 18
　三　社会建设与相关概念辨析 25
　　（一）社会建设与社会事业 25
　　（二）社会建设与社会发展 27
　　（三）社会建设与和谐社会 27
　　（四）社会建设与社会管理 28
　　（五）社会建设与社会治理 28

第二章　中外社会建设的实践 30
　一　西方国家社会建设 30
　　（一）古希腊、古罗马的社会建设 30
　　（二）中世纪西方国家的社会建设 32
　　（三）近现代西方国家的社会建设 33
　二　西方社会建设的几种模式 42
　　（一）北欧社会建设模式 42
　　（二）美国社会建设模式 44
　　（三）东亚社会建设模式 45

三　新中国成立前的社会建设　　46
　　　　（一）古代中国的社会建设　　46
　　　　（二）近现代中国的社会建设　　48
　　四　新中国的社会建设　　50
　　　　（一）改革开放前的社会建设　　50
　　　　（二）改革开放后至十六大之前的社会建设　　51
　　　　（三）十六大之后的社会建设　　52

第三章　社会建设的目标、原则、主体、内容与意义　　61
　　一　社会建设的目标　　61
　　　　（一）学界的讨论　　61
　　　　（二）中央的政策　　63
　　二　社会建设的原则和核心价值取向　　65
　　　　（一）学界的讨论　　65
　　　　（二）中央的政策　　66
　　三　社会建设的主体　　67
　　　　（一）学界的讨论　　67
　　　　（二）中央的政策　　68
　　四　社会建设的内容　　69
　　　　（一）学界的讨论　　69
　　　　（二）中央的政策　　72
　　五　社会建设的意义　　74
　　　　（一）学界的讨论　　74
　　　　（二）中央的政策　　76

第四章　政府在社会建设中的职能与评价　　77
　　一　构建多元化的社会建设格局　　77
　　　　（一）传统社会体制的失灵　　77
　　　　（二）建立新型的社会体制　　78
　　二　政府在社会建设中的职能　　81
　　　　（一）依内容划分的政府社会建设基本职能　　81

　　　　（二）依手段划分的政府社会建设基本职能　　　　82
　　三　政府社会建设的绩效评价　　　　85
　　　　（一）发达国家政府绩效评价模式　　　　85
　　　　（二）深圳市政府绩效评价工作的开展　　　　86

第五章　社会建设及相关子领域指标体系简介　　　　89
　　一　社会建设总体评价及相关指标体系综述　　　　89
　　　　（一）国外社会建设相关指标体系　　　　89
　　　　（二）国内社会建设评价指标体系　　　　112
　　　　（三）国内社会建设相关指标体系　　　　126
　　二　社会建设子领域评价及相关指标体系　　　　139
　　　　（一）居民生活质量评价指标体系　　　　140
　　　　（二）社会结构运行评价及相关指标体系　　　　152
　　　　（三）公共服务水平评价及相关指标体系　　　　163
　　　　（四）社会管理能力评价及相关指标体系　　　　179

第六章　深圳市区级政府社会建设指标体系的构建　　　　182
　　一　深圳社会建设的背景　　　　182
　　　　（一）深圳城市发展与社会发展的基本情况　　　　182
　　　　（二）深圳社会建设工作已经取得的成绩　　　　187
　　　　（三）深圳社会建设工作下一步的重点　　　　192
　　二　建立社会建设量化评价指标体系的意义和作用　　　　199
　　三　指标体系设计原则　　　　201
　　四　指标体系的概念框架　　　　202
　　五　指标筛选　　　　206
　　六　指标体系的确定　　　　218
　　七　指标体系的测评方法　　　　221

参考文献　　　　223

第一章

社会建设的思想渊源和概念辨析

"社会建设"在国内外有哪些思想渊源?"社会建设"一词的具体含义是什么?古今中外有过哪些"社会建设"的实践?毫无疑问,这是我们在构建社会建设评价指标体系之前必须要弄清楚的主要问题。在这一章中,我们首先就来对前面两个问题作一个简要的梳理和讨论。

一 社会建设的思想渊源

当今中国社会建设的思想和理念绝非凭空产生的,追寻其历史脉络,至少可以找到四个理论渊源:西方社会建设思想、新中国成立前的社会建设思想、经典马克思主义的社会建设思想以及中国共产党的社会建设思想。

(一)西方社会建设思想

"社会建设"是一个具有中国特色的概念,在西方学术话语中难以找到对应的说法,但这并不说明西方就没有社会建设之类的问题以及相关的学术思考。从国外丰富的社会理论中,我们仍然可以找到许多与社会建设相关的思想。

早在古希腊时代,希腊思想家们就对社会建设相关的问题进行过热烈的讨论。例如,柏拉图和亚里士多德曾经就如何建设一个理想社会进行过争论。作为苏格拉底学说的传人，他们都主张建立一个"正义"的社会，但在何为"正义"社会这一问题上两人却产生了重要的分歧。柏拉图认为，"正义"就是城邦社会结构中的三个基本成分——统治者、保卫者和生产者这三个职业群体之间能够各司其职、相互配合，共同完成城邦社会存在和发展所需要履行的那些功能，从而使城邦社会长治久安、繁荣昌盛并逐渐臻于至善境界。而亚里士多德认为，所谓"正义"的社会就是在财产制度、结构成分和政治体制等各方面都能够按照"中庸"原则去建构的社会（例如，在财产制度方面，应该将公有制和私有制这两种制度结合起来，尽取二者之利而去其弊；在社会结构方面，应该努力建构一种中等阶级而不是富人阶级或穷人阶级比重占主导地位的结构）。此外，他们还各自按照自己提出的社会建构原则对家庭、两性关系、教育、人口、城市建设等问题进行了相应的讨论。

　　中世纪的思想领域是基督教神学或"经院哲学"一统天下，与社会建设有关的思想也主要包含在基督教神学家或经院哲学家们的著述中，其中最重要的是奥古斯丁和托马斯·阿奎那等人的著述。对基督教世界和世俗社会之间的关系进行论述是这些著述的重要主题之一。例如，奥古斯丁在《上帝之城》等著作中详细地论述了"上帝之城"和"世俗之城"之间的关系，认为对于人类来说，前者是更为根本的，后者是短暂的；前者是神圣的，后者是充满罪恶的；人类的历史就是这两者之间相互冲突、相互对抗的历史，但最终取得胜利的必将是"上帝之城"；理想的社会是政教合一的社会，在这个社会里，所有世俗社会的成员都同时是基督教徒，世俗国家成为教会之工具，整个国家的特点是人们对上帝的绝对服从，一切都按照上帝的旨意安排得井然有序、协调一致。与奥古斯丁的立场有所不同，阿奎那则认为，虽然基督教会在地位上要高于世俗社会，但世俗社会和基督教会是上帝的"两把剑"，各有各的职能，不能相互取代。只要世俗社会的人坚持按照理性行事，就必然会和上帝的意志相一致，而不会导致二者的冲突和矛盾。

　　16世纪末17世纪初，荷兰和英国资产阶级革命发生之前，这两个国家里的资产阶级思想家们曾经就应该建立一个什么样的新社会进行了激烈的争论。格劳修斯和霍布斯主张建立一个权力高度集中于政府乃至君主手中的现代主权国家（或社会），理由是如果没有"国家"，处于自然状态之下因而拥有平等能力、权力和自由的人们就会陷入"一切人反对一切人"的战争状态，包括社会在内的一切文明成果便不能稳定存在。因此，"国家"就是"社会"，"社会建设"就是"国家建设"，而如果君主不能拥有巨大的主权，国家就不能正常维持。洛克等人则主张建立一个政府职能非常有限的现代社会，理由是拥有平等的能力、权力和自由并不会使人们陷入"一切人反对一切人"的战争状态，相反倒是会引导人们和平相处。因此，在自然状态下，不仅可以形成一些由自然纽带联结起来的相对稳定的"自然社会"，如家庭、村落等，而且完全可以取得和积累起一些重要的文明成就。人们之所以要走出自然状态，建立以国家为形式的"政治社会"，并不在于自然状态就是战争状态，而是为了克服自然状态给人们带来的一些不便，譬如缺乏明确界定的法律规定和裁决纠纷的公共权威等。为了能够更为方便的生活，建立国家固然重要，但国家的职能既不必要也不应该超出为"消除自然状态下的不便"（即作为一个公认的公共权威来制定法律、裁决纠纷）所需要的限度，否则就会给我们带来不必要的危害（侵犯我们在自然状态下原本享有的生命、财产和自由权，而这些正是我们正常生存、发展以至繁荣昌盛的基本前提）。洛克等人的观点后来在亚当·斯密那里得到了进一步的发展，并被后人概括为"小政府、大社会"的说法，成为西方自由主义社会思想的经典表达。

洛克和斯密主张的自由主义社会理念遭到了法国思想家卢梭和德国思想家黑格尔等人的明确批评。卢梭批评洛克式自由主义社会体制存在严重缺陷，即只在形式上而没从实质上真正实现每个人平等的自由，而导致这种情况出现的主要原因在于人们只转交了非常有限的权利给国家，而保留了过多的权利（尤其是财产私有的权利）在个人手中，由此导致社会成员在财富占有等生存条件方面产生分化，使得一部分社会成员最终可以将自己的生存变成别人的负担，造成新的社会不平等。卢梭认为，要想实现实质性的平等和自由，就必须让所有社会成员将他们原先在自然状态和前政治状态下拥有的所有权利都毫无保留地转让给国家或"人民"这一共同体。卢梭的上述社会构想对法国革命中的雅各宾派以及马克思主义者都产生了重要影响。

黑格尔则提出了一个"家庭-市民社会-国家"的三段论模式来对这三者之间的关系进行分析。他认为社会关系本质上是一种伦理关系，其中家庭是这种伦理关系的第一环节，它的基本特征是自我与他人、个体与集体、普遍性与特殊性的直接统一。家庭是对伦理精神的肯定，但其缺陷在于它以成员之间的爱为基础，从而限制了家庭可以容纳的成员范围。这使得社会伦理超越了家庭的范围而走向市民社会。市民社会是以独立自主个体间的相互依存（而不是"爱"）为基础而形成的结合体，因此可以包含更多的成员，但它也有自己的重要缺陷，即在市民社会中，每个人都是以自己为目的，以他人为手段，由此导致自我与他人、普遍性与特殊性的分裂与对立，个人成为一个社会原子，社会伦理丧失与失效。这使得市民社会内部经常性地产生各种紧张状况，直接威胁到市民社会本身的正常存在。在这一情境下，社会伦理必然要超出市民社会这个环节，走向更高的逻辑环节——国家。国家是作为社会整体利益的代表而产生的，它在不消除成员独立性的前提条件下实现了自我与他人、个人与整体、普遍性与特殊性的高度统一，是伦理精神最终目的的实现。因此可以说，国家是对市民社会的否定，是社会伦理发展的合题。由于国家的作用，市民社会内部所产生的利益矛盾和冲突便被调和和控制起来，使之得以在一个可以容忍的范围内存在。黑格尔的上述理念影响了德国社会的现代化进程。强调国家作用的李斯特经济学、现代社会保障制度及社会政策都出现在19世纪俾斯麦治理下的德国，应该不是空穴来风。

19世纪初，西方发达国家向自由资本主义社会的转型相继完成，但同时也出现了日益严重的现代经济、社会和精神危机。面对这些现代的经济、社会和精神危机，西方思想家们纷纷提出了自己的病因诊断和治疗方案，形成了各种不同的社会思潮。例如，以穆勒等人为代表的自由主义者认为西方发达国家所遭遇的那些危机并非源于自由主义制度本身，而是源于自由主义制度的不完善性。因此，消除危机的办法就是要通过各种具体的途径来进一步改良和完善自由主义制度；各种社会主义（或共产主义）者们则认为危机主要起源于以生产资料资本家私有制为核心的自由资本主义制度。因此，要消除那些危机，就必须对自由资本主义制度加以变革，用以生产资料公有制为核心的共产主义制度来代替它。梅斯特尔等保守主义者们则认为危机既不在于生产资料的资本家私有制，也不在于自由的不完全或不充分，而是由于随着社会从前现代向现代的转变，个人自由的高度扩展以及平等化的社会发展趋势破坏了原有的社会秩序。因此，消除危机的办法既不在于推翻生产资料私有制，也不在于进一步拓展个人自由，而是要通过恢复各种古老的传统（秩序、等级制、道德社会、精神权力、群体优于个人等）来重建社会秩序。有所不同的是孔德、涂尔干等实证主义社会学家们虽然认为危机主要源于社会结构从前现代向现代的转型，解决问题的办法也是要重建社会秩序，但他们主张在新的条件下重新建立与工业社会的特征相适应的新的社会秩序而非古老秩序的恢复重建。

19世纪末20世纪初，西方国家的经济、社会危机日趋严峻，共产主义/社会主义和干预主义思潮逐渐占据上风。在理论上将干预主义思潮推向顶峰的是凯恩斯主义经济学理论的形成。凯恩斯反对斯密等人"在自由放任的市场经济体制下供求之间能够自动地平衡"的思想，认为由于"边际消费倾向递减律"的存在，供求平衡将主要由投资需求的变化所决定，而在自由放任的市场经济条件下，"投资不足"必然会成为一种经常出现的现象，结果导致供求之间经常失衡。因此，凯恩斯说："在自由放任的经济体制下，若不彻底改变投资市场心理，便不能摆脱就业量（和总供给）的急剧的变动，但这种彻底的心理改变是不可能的。故我的结论是：决定短期投资的权利绝不能放在私人手里。"① 要想使经济运行接近充分就业的均衡状态，"惟一的办法是

---

① 凯恩斯：《就业、利息和货币通论》，宋韵声译，华夏出版社，2005，第246页。

由社会从总体上控制投资"①。"政府机能必须扩大,这是避免现行经济形态全部毁灭惟一可行的办法。"② 当然,这并不是说要推翻资本主义制度,"实行国家社会主义,将社会大部分经济纳入其轨道",而只是说要在不改变资本主义根本制度的前提下,放弃自由放任的经济社会政策,由国家来对社会经济生活进行干预来维护供求平衡,维护经济和社会秩序。

凯恩斯的理论成为"二战"之后西方国家干预主义政策最基本的理论依据。除此之外,还有两个重要思想家也对20世纪干预主义思潮的流行产生了积极的影响。其中一个是英国社会理论家卡尔·波兰尼,另一个则是他的同胞,英国社会学家T. H. 马歇尔。波兰尼对市场经济体制提出了激烈的批评,指控市场经济机制对"社会"具有巨大的破坏作用,因为它将组成人类社会本身的基本要素(劳动力、土地等)都囊括进周期性的繁荣和衰退过程之中,从而可能导致社会本身的毁灭。③ 因此,人类和社会不能不起来进行自我保护。正是出于这种自我保护的需要,在西方国家产生了一种与市场经济体系相反的运动,即通过最低工资法和工厂法等社会立法、工会运动和劳资谈判等方式来限制市场经济体系的运作,以使人类和社会免于毁灭之命运的运动。与此同时,马歇尔则发展了一套崭新的有关"公民身份"和"公民权"的理论来呼应20世纪的干预主义思潮,认为"公民身份"包括了公民权、经济权、社会权三个要素,这三个要素先后形成于18～20世纪,而只有其公民完整地享有上述三种权利的社会,才是一个发育成熟的、良好的现代社会。波兰尼和马歇尔的上述理论日后成为西方公民社会运动的重要理论指南。

"二战"前后,伴随着资本主义社会的逐渐成熟和进一步发展,西方思想家们围绕着如何理解和完善现代社会展开了多方面的讨论,出现了形形色色、观点不尽相同的社会科学理论流派,如社会学领域

---

① 凯恩斯:《就业、利息和货币通论》,宋韵声译,华夏出版社,2005,第290页。
② 凯恩斯:《就业、利息和货币通论》,宋韵声译,华夏出版社,2005,第292页。
③ 波兰尼:《大转型:我们时代的政治与经济起源》,冯钢、刘阳译,浙江人民出版社,2007,第64页。

帕森斯等人的"结构功能主义",达伦多夫、科塞、伦斯基等人的"社会冲突理论",霍曼斯、布劳等人的"社会交换理论",米德、布鲁默等人的"符号互动主义",霍克海默、马尔库塞等人的"批判理论"以及伦理学领域中罗尔斯的"正义论"等。这些理论虽然都未直接论及社会建设,但其讨论的问题及其相关见解对于我们今天所说的社会建设都有一定的参考价值。

20世纪中后期,随着(作为共产主义第一阶段的)"社会主义"实践在苏联、东欧和中国等国家以及"干预主义"实践在西方发达资本主义国家中逐渐遭遇困难,一股被称为"新自由主义"的思潮在世界各国流行开来。这股"新自由主义"思潮的代表人物既包括奥地利经济学派的米塞斯、哈耶克、罗斯巴德等,也包括所谓货币主义学派的代表如弗里德曼等。他们反对所有那些认为自由市场体制会对经济、社会和环境造成毁灭性破坏的看法,坚持认为自由市场经济体系是迄今为止人类发现的一种最有效率也最公正合理的经济社会体系。他们认为,社会主义制度一方面由于取消了市场机制,整个社会生产将不可避免地缺乏效率;另一方面由于取消了或剥夺了人民在财产占有等方面的自由和权利,人民必然处于一种被奴役的状态。他们也反对西方发达资本主义国家在"二战"以后广泛实行的干预主义政策,认为在市场体系对供求进行调节的过程中,虽然会伴随着一些波动,但只要没有来自市场外部各种力量的干预,这些波动的幅度一般不会很大,持续的时间也不会很长,经济社会生活(企业生产、劳动力的生存等)并不会因此遭受较大的困扰或破坏。而政府等外部力量的干预只会对市场经济本身内在的调节机制产生干扰和破坏作用,而不会起任何积极作用。经济运作过程中本来正常的波动之所以会以较大的幅度、以危机的形式发生,正是政府等外部力量干预的结果。因此,要想真正实现经济社会过程高效和稳定的运行,就应该放弃社会主义制度和干预主义政策,回归自由放任的市场体制。

新自由主义思潮的兴起对20世纪世界各国的政治家和思想家们产生了重大的冲击,也激起了人们对国家-市场-社会之间关系加以深入探讨的理论兴趣。20世纪末以来,在新自由主义思潮的刺激下,人们围绕着国家－市场－社会之间的关系再一次展开了激烈的争论。迄今为止，这场争论仍然未终结。在这场争论中，除了干预主义者和新自由主义者各执一端外，出现了一些与这两者都不尽相同的理论立场，如"第三条道路"理论、公民社会理论、第二次现代化理论、社会治理理论等，这些理论在细节上虽然不尽相同，但共同之处在于力图在传统的干预主义理念和新自由主义理念之外寻找一条现代经济社会建设的中间道路。

西方近现代思想家们有关"建设一个什么样的现代社会"、"如何建设一个理想的现代社会"等问题的讨论蕴含了大量与我们今天所说的社会建设相关的思想，不仅值得我们加以借鉴，而且也是我们今天社会建设的重要思想源泉。

（二）新中国成立前的社会建设思想

中国古代社会思想中也有着大量与社会建设相关的思想。

春秋战国时期，面临着社会秩序的激烈转变，诸子百家围绕着社会失序的原因和对策进行了激烈的争论，形成了儒、道、墨、法等重要的思想流派。其中，以孔子为代表的儒家学者认为社会秩序的根本在于"礼制"，当时社会失序的主要原因是"礼崩乐坏"，主张通过"克己复礼"，恢复以"仁"为基本原则的礼治来重建一种主要以"礼"为行为规范，以社会成员完善道德、恪守"名分"为特征的社会秩序；以老庄为代表的道家则认为社会秩序的根本在于"自然无为"之"道"，当时社会失序的主要原因是统治者过于"有为"或"妄为"，扰乱了支配社会运行之"道"，主张通过"无为而治"来恢复自然的社会秩序；以墨翟为代表的墨家认为社会秩序的根本在于"爱"，导致当时社会失序的主要原因是统治阶级的横征暴敛、兼并争霸，主张通过"兼爱互利"原则的推广来重建社会秩序；以商鞅、韩非子为代表的法家则认为社会秩序的根本在于"法制"，导致当时社会失序的主要原因是法治不彰、人治（礼治、德治）当道，主张通过"法治"来重建社会秩序。

秦灭六国，统一中国，旋又被汉所灭。汉武帝听从董仲舒的倡议，

"罢黜百家，独尊儒术"，儒家思想开始占据统治地位。董仲舒将道、法、阴阳诸家思想吸收到儒家思想中来，形成了一个以"天人感应"、"天人合一"、"天人相符"等学说为理论基础的新儒家思想体系，一方面以"天意"来论证儒家所主张的伦理纲常，另一方面也主张通过"天地人"三者之间的相互呼应来实现社会的和谐运行。

魏晋南北朝时期，天下陷于长期动荡，当时思想界重现百家争鸣的局面。在儒学之外，道家学说得以复兴，佛教也开始传入中国并逐渐流传开来。儒释道三家并立，相互竞争也相互影响。儒家仍坚持礼治秩序的思想，其在思想界的主导地位也没有改变。道家一方面仍坚持"道法自然"、"无为而治"的主张，但也产生了以葛洪为代表、强调"外儒内道"、"道本儒末"原则的新道家思想，以及以王弼、阮籍等人为代表的以道学为主、兼融儒学的玄学思想。佛教则认为人生和社会的各种祸患困苦皆源于人们对"有"或"贪爱"的坚执，主张通过每个人对"有"或"贪爱"的放弃来消除人间的一切苦恼和纷争，实现人们在现世的和谐和来世的幸福。

宋元明清时期，在儒释道三家合流的基础上，先后形成了程朱理学和陆王心学两大重要新儒家学说。前者以"天理"或"理"来论证儒家"礼治"思想及其伦理纲常的合理性，主张"存天理，灭人欲"，即通过对社会成员之"人欲"的抑制来协调社会关系、维护社会秩序；后者则将关注点从"天理"转向"人心"，认为"天理"不在人心之外而在人心之中，单纯通过抑制"人欲"的办法并不能真正实现良好的社会秩序，最好的办法应该是通过让社会成员"致良知"，即从内心深处发现本存在于人心当中的"天理"这一途径来实现良好的社会秩序。

清末民初，中华民族开始面对来自西方文明的强大冲击，"中学"和"西学"开始激烈的交锋。包括儒家在内的几乎所有中国传统思想似均不能为中华民族所面临的严峻危机提供有效对策，"西学"遂开始占据上风。魏源、康有为、梁启超、谭嗣同、严复、孙中山等人开始对中国传统文化和社会的缺陷进行反思，主张向西方国家学习，通过"变法"来改造中国社会，将西方现代科学技术、经济、政治和社会制度与中国特点相结合，顺应时代潮流，建设一个现代化的中国社会，以实现中华民族救亡图强、复兴昌盛的宏图大愿。"社会建设"一词也就是在这样一个时代和思想背景下由中国思想家创造了出来。

据目前的考证，最早明确使用"社会建设"一词的是孙中山先生。在《建国方略》一书的第三部分"民权初步"中，孙中山将"社会建设"作为该篇的副标题，指明了"民权"建设和"社会建设"之间的密切关系。孙中山指出，作为一个至大至优并占据至广至富之土地的一个民族，中华民族在近世却不仅落后于西方，也落后于日本，其原因主要在于中国人"人心涣散，民力不凝结"，致使四万万人等于"一盘散沙"。而导致"中华民族等于一盘散沙"的主要原因又在于清王朝的专制制度。故欲复兴中华民族，就得固结人心以纠合群力；而要固结人心、纠合群力，就得推翻专制制度，建立"民有、民治、民享"并实行人民有"选举官吏、罢免官吏、创制法案、复决法案"四大民权的民主社会；而要建立这样一个民主社会，第一步就是要让人民懂得如何集会，以学会合群。故孙中山说："是集会者，实为民权发达之第一步。"① "民权初步（社会建设）"一篇的主要内容就是详细教导人们如何召开临时会议、如何组织永久社会以及如何议事等。孙中山认为，这些集会规则实际上是家庭、社会、学校、农团、工党、商会、公司、国会、省会、县会、国务会议、军事会议等一切组织的基本规则，只要人们学会了这些组织"社会"的规则，则中华民族必将人心自结、民力自固，复兴之日指日可待。孙中山的上述思想是其"民权主义"乃至整个"三民主义"思想体系的核心。和霍布斯、洛克、卢梭这些西方现代思想家有所不同的是，孙中山在讨论中国现代社会建设问题时，并没有将"（个人）自由"作为"民权"的主要内容，而是将"结群"作为了中国民权的主要内容。对此区别，孙中山在《三民主义》的讲演中有过简短的说明。其大意如下：第一，中国革命和欧洲革命所要解决的问题各自不同。欧洲革命所要解决的问题主要是封建专制对个人所实行的压迫，所以个人自由成为人

---

① 孙中山：《建国方略》，辽宁人民出版社，1994，第271～272页。

们的主要关注点。中国革命所要解决的问题主要不是专制政权对个人的压迫,而是帝国主义对中国人民的压迫。中国人自古以来并不缺乏自由(所谓"一盘散沙"就是明证),缺乏的倒是社会凝聚力,所以"结群"(尤其是结成"中华民族"这个大群)应该成为人们的主要关注点。① 第二,欧洲现代历史已表明,自由过多并不是好事。欧洲革命之初人民狂热争自由,到后来才发现自由过多并不好,所以又重新减少和限制自由。若此,中国革命便不应重蹈欧人覆辙。应该说,孙中山的这一思想,并非为他个人所独有,而是反映了20世纪初许多中国思想家的共同理念。

在孙中山之后,著名社会学家孙本文曾多次著文讨论中国的现代社会建设问题。在出版于1935年的《社会学原理》一书结尾,孙本文专辟一节讨论社会学对于社会建设工作的指导作用。孙本文把"社会建设"定义为:"依社会环境的需要与人民的愿望而从事的各种社会事业,谓之社会建设。社会建设之范围甚广,举凡关于人类共同生活及其安宁幸福等各种事业,皆属之。有时此等事业,属于改革性质,就固有之文物制度而加以革新。有时属于创造性质,系就外界传入,或社会发明之文物制度,而为之创建。无论创建或改革,要之,皆为社会上建设之事业。"② 1936年,孙本文发表了《关于社会建设的几个基本问题》一文,进一步对"社会建设"的内涵和外延进行了界定。他首先对"社会建设"的几种不同理解提出了异议。一种理解是将物质建设、经济建设、政治建设、心理建设、文化建设等包含在社会建设的概念之内(类似于我们今天所谓的大"社会建设"概念);另一种则是将社会建设与物质建设、经济建设、政治建设、心理建设、文化建设相并列,看作是另一个不同的方面(类似于我们今天所谓小"社会建设"概念)。孙本文认为,前一种理解过于广泛,不能表明社

---

① "我们因为自由太多,没有团体,没有抵抗力,成一片散沙……所以受外国帝国主义的侵略,受列强经济商战的压迫,我们现在便不能抵抗。要将来能够抵抗外国的压迫,就要打破个人的自由,结成很坚固的团体。"(孙中山:《三民主义》,九州出版社,2011,第87~88页。)

② 孙本文:《社会学原理》,《孙本文文集》第1卷,社会科学文献出版社,2012,第465页。

会建设概念的真义；后一种理解则存在难以对社会建设与其他方面的建设作界限划分的缺点，同时也可能导致从经济建设、政治建设、心理建设、文化建设之外去谋社会建设的做法，其价值亦必有限。孙本文认为，所谓物质建设、经济建设、政治建设、心理建设、文化建设、社会建设，只是从不同的立场、以从事各种不同建设的命名，就各种建设的内容而言实有不少是完全相同的，要在它们之间划分严格的界限既不可能也不必要。凡可以维持社会的生存、促进社会发展的，无论其为物质建设、经济建设、政治建设、心理建设、文化建设，均应在社会建设范围之内。社会建设是整个社会的建设，其着眼点在整个社会，而不在物质、经济、心理等层面，但同时也需注重物质、心理、经济、政治等方面的建设。

在此基础上，孙本文进一步讨论了社会建设的目标以及评价标准等问题。他指出，社会建设的目的在于充实并增进社会生活的内容，使全社会及各个个体均得到健全而圆满的生活，并向上发展。他从四个维度讨论了社会建设的评价标准，包括量的方面、质的方面、横的方面和纵的方面。此外，他还对推进社会建设的一些基本途径和措施做了初步的讨论。① 在1948年发表的《社会建设的基本知识》一文中，孙本文则指出"社会建设的对象是社会"，因此，"任何方谋社会的建设，首先必须了解社会——了解社会的历史，了解社会的现状与需要，而尤其重要的，必须了解社会的传统思想、社会的固有组织、社会的领导阶层、社会的经济基础、社会的生活习惯，乃至人民的一般心理"，这些都是从事社会建设的人必须掌握的基本知识。"如果从事于社会建设工作，而不注意这类基本知识，无论建设的计划与方案如何完善，付之实施时势必格格不入，难收大效。"② 这些论述，对于今日中国的社会建设，仍有一定的参考价值。

---

① 孙本文：《关于社会建设的几个基本问题》，《社会学刊》第5卷第1期，转引自宗媛媛、刘欣《孙本文的社会建设理论及当代启示》，载周晓虹、谢曙光主编《中国研究》2012年春季卷，社会科学文献出版社，第123~124页。
② 孙本文：《社会建设的基本知识》，《孙本文文集》第9卷，社会科学文献出版社，2012，第349页。

另一位中国早期著名社会学家余天休也对中国的社会建设做过专门论述。据其弟子记载，余曾从以下几个方面详细展开过对"社会建设"的讨论，具体包括社会运动之推行、社会行政机构之调整、教育方针之矫正、卫生政策之实施、民众之把握、党派活动之矫正、社会问题之合理解决等方面。①

以上几位论者直接以"社会建设"为题对中国现代社会建设问题进行了探讨，其贡献自不必说。不过，他们也只是代表了 20 世纪上半叶中国社会思想的一种取向，即受西方主流社会思想影响，从自由主义、民主主义（用孙中山的话来说，就是自由、平等、博爱）等立场出发来思考中国现代社会建设的取向。然而，除了这一取向之外，20 世纪上半叶对中国现代社会建设有所主张的还有诸多其他取向，其中最主要的有马克思主义和乡村建设学派。

在 20 世纪上半叶的中国，受马克思主义者影响的思想家当中，一部分人认为，由于西方国家的影响，中国社会已经在一定程度上转化为资本主义社会，因此，和西方资本主义国家一样，中国革命的任务也是要推翻资本主义，用"非资本主义"社会来替代。另一部分人的观点则认为中国还处在"半封建半殖民地社会"阶段，现阶段中国革命的任务不是要推翻资本主义经济、社会关系而是要为资本主义经济、社会关系的发展开辟道路。但无论是现阶段的革命还是革命后建立起来的带有资本主义性质的社会制度（"新民主主义"社会），都不能像西方发达国家那样由资产阶级来领导或统治，而必须由无产阶级（及其政党）来领导。此外，资本主义经济、社会关系的形成和发展不是中国革命的最终结局，中国革命的最终结局是社会主义社会的建立。推翻封建专制制度，形成和发展资本主义的经济社会关系，只是中国现代社会建设的过渡阶段。之所以需要有这样一个阶段，是因为建立社会主义社会所需的生产力水平在当时的中国尚不具备，因此需

---

① 参见谢立中编《民族复兴与世界联邦：余天休社会科学论集》，北京大学出版社，2008，第 387~404 页。

要先形成资本主义生产关系；20世纪上半叶，这两部分的中国马克思主义者进行了激烈的冲突和争论，最终占据主导地位的是后一种马克思主义者。

在中国现代社会建设问题上，乡村建设学派采取了一种既和孙中山等主流思想家不同，又和马克思主义者不同的理论立场。梁漱溟是该学派的主要代表人物。在梁漱溟看来，无论是受到西方主流思潮影响的人，还是马克思主义者，都有一个共同的缺陷，就是将西方的社会理论和社会模式简单地照搬到中国来，从而对中国社会的现状做了错误的解读，对中国社会的未来做了错误的设计。梁认为，中国社会在结构与组织方面完全不同于西方社会：西方近代社会在结构和组织方面的特点是"个人本位"和"阶级对立"，中国社会在结构和组织方面的特点则是"伦理本位"和"职业分立"。因此，中国人一方面既缺乏团体观念，也缺乏个人观念，重视的是人际情义关系；另一方面则只有职业之间的差别而没有阶级之间的对立。这种特殊的社会结构使得中国社会只能有"周期性的治乱"而不可能有革命（因为革命都是出于阶级斗争）。然而，近代以来西方生产方式和个人主义思潮的传入，破坏了中国传统文化，改变了中国人的思想和心理，导致了传统社会秩序的解体，引发了各种社会问题。梁漱溟认为，解决这些问题的根本途径不在于用西方那一套自由主义或社会主义理论做指导，建立起一个西化的新社会。相反，应该是将中国社会固有精神和西方文化的长处相调和，在新的环境下重新建设一个新的中国社会结构和组织。西方文化的长处是团体精神，这是中国所缺乏的，也是中国需要加以建设的。但这种团体必须是一个符合中国伦理精神的组织；这种具有中国伦理精神的团体组织只有从乡村入手、通过对乡村基层组织的改造和建设才能逐渐形成和发展起来，这也是梁漱溟试图通过乡村建设来建设中国现代社会的基本理据。

除了上述几种不同的现代社会建设思想之外，还有一些其他的与社会建设有关的思想，如吴景超的"工业化和都市化建设"思想等。这些思想不仅对20世纪上半叶的中国有志之士产生了或多或少的影响，而且对我们今天的社会建设也都有一定的参考作用。

(三) 经典马克思主义的社会建设思想

虽然经典马克思主义的理论主题是社会革命而不是社会建设，但是，马克思和恩格斯的理论中也包含着与社会建设相关的思想。

马克思主义认为在现实生活中不存在所谓一般意义上的"社会"，存在的只是各种具体形态的"社会"。按照马克思的社会理论，任何一个"社会形态"在结构上都是由两个部分组成的：一是经济基础，二是"上层建筑"。所谓"经济基础"，指的是社会的"经济结构"，内容上包括人们在物质生产过程当中所发生的全部社会关系即"生产关系"的总和，它们构成了社会中其他组成要素赖以存在和发展的"现实基础"，因此可被称为社会的"经济基础"。所谓"上层建筑"，则是指在一定的"经济结构"基础上建立起来的全部法律制度、政治制度和社会意识形式，其主要作用是为它们赖以建立的经济基础服务。特定类型的"经济结构"与在其基础之上建立起来的全部法律、政治制度和社会意识形式之间的有机统一，就构成特定类型的"社会形态"。经济基础和上层建筑之间的关系具体而言：一是经济基础决定上层建筑，有什么样的经济基础就要求有什么样的上层建筑；二是上层建筑对经济基础有一定的反作用，与经济基础性质相适应的上层建筑对经济基础会有维护和促进作用，相反则会有阻碍和破坏作用，因此上层建筑一定要与其经济基础相适应。

整个社会形态的性质主要由经济基础决定。然而，经济基础又是怎样被决定的呢？马克思认为，虽然一个社会上层建筑的性质是由其经济基础决定的，但经济基础又必须由生产力状况来决定。一个社会的经济基础必须要和其所处时代的生产力状况相适应，否则就会阻碍生产力的进一步发展，从而威胁到整个社会的存在。因此，归根结底，一个时代的社会形态是由其所具有的生产力状况决定的。某时某地的生产力状况如何，其所建立的经济结构就应该如何；其所建立的经济结构如何，建立在这一经济结构之上的上层建筑也就将如何。

因此，在马克思看来，人类不能够随心所欲地建立或改变社会的结构或形态，社会发展是一个自然的历史过程。但这并不是说社会发展完全无需个人参与其中,而只是说,当人类从事社会建设和社会发展活动时,必须遵循上述支配着社会形态建立和发展的客观规律。按照这些规律,我们在从事社会建设活动时,首先需要确定的就是我们所处社会的生产力状况,在对生产力状况做出准确了解的前提下去判断现存的经济结构及上层建筑是否与生产力状况相适应。如果相适应,就致力于去维护和完善它;如果不相适应,就致力于去调整和改变它,使之与生产力状况相适应。根据生产力的状况去对社会的经济基础和上层建筑进行维护、完善或调整、改变,正是马克思主义"社会建设"或"社会发展"的主要含义。

(四) 中国共产党的社会建设思想

如前所述,1949 年之前,作为一个受马克思主义指导的现代无产阶级政党,中国共产党党内对中国革命和革命后应该建设的社会制度有着不同的看法:一部分人认为中国革命的任务是要推翻资本主义,用"非资本主义"社会来替代;另一部分人则认为现阶段中国革命的任务不是推翻资本主义经济、社会关系而是为资本主义经济、社会关系的发展开辟道路,待生产力水平在资本主义生产关系形式下发展到一定程度再将社会制度转变为社会主义性质的社会。这两部分人进行了激烈的冲突和斗争,最终占据了主导地位的是后一种马克思主义者。

1949 年,中华人民共和国成立。在中国共产党的领导下,中国先是按照上述第二种思路建立了以共产党领导下的人民民主专政、全民所有制主导下的多种所有制经济成分并存、计划调控和市场调控并存等为特征的新民主主义社会,对社会秩序进行了大规模的改造和重建。但不久便放弃了这一社会建设思路,于 1957 年建立了以共产党领导下的无产阶级专政、计划调控下的公有制经济等为特征的社会主义社会,直至 20 世纪 80 年代改革开放。在这一历史时期,围绕着新民主主义社会和社会主义社会的建设,出现了两种不同思路之间的分歧和冲突。其中一种思路主张在新民主主义社会阶段相对较长的时间内稳定和巩固新民主主义社会秩序,不要急于转入社会主义计划体制;

同时在社会主义社会阶段要尽可能多地保留一些市场经济的因素以有利于经济社会的发展。另一种思路则主张在中华人民共和国成立不久就尽快转入社会主义计划体制，之后将中国社会不断地向平等主义的理想社会推进。这两种社会建设思路之间的分歧和冲突，构成了20世纪50年代至70年代中国社会思想史的主要线索。20世纪60年代中后期，后一种思路终于占据了完全的主导地位，对中国的社会主义经济社会建设产生了重大且深远的影响。

20世纪80年代，中国走上改革开放的道路，中国的经济社会建设开始进入一个新时期。在某种程度上，改革开放表面上是上述新中国经济社会建设两种思路中前一种的回潮，但实际上，随着改革开放的逐渐深入，被誉为"改革开放总设计师"的邓小平逐步形成了一套用于指导改革开放的新理论。其要点主要有三：一是"一个中心、两个基本点"。在社会主义经济社会建设过程中始终要以经济发展为中心，但同时要注意坚持"四项基本原则"和改革开放；二是"社会主义市场经济"论。通过"社会主义"和"市场经济"相结合所形成的"社会主义市场经济"体制来推动经济和社会建设事业的发展；三是"社会主义即共同富裕"论。引进市场经济的目的，是为借助市场经济规律来促进经济发展，但这必然会导致社会成员在收入和财产占有方面的两极分化。这种分化虽然是经济体制改革的初衷（改革者期待由这种分化所形成的竞争压力来提高生产效率），但却不符合社会主义的平等理念，因此，在改革进行到适当阶段时一定要采取措施来限制这种分化，力求全体社会成员都能够共享发展成果，最终实现共同富裕。

随着改革开放的逐步深入，一方面中国经济获得了持续高速的增长，另一方面社会成员在收入和财富占有方面的分化也由理论上的预警逐渐变成了生活中的现实且有日趋严峻之势。这一情形被人们表述为"经济增长和社会发展之间的不平衡"现象。在这一新的经济社会发展形势下，国家-市场-社会之间的关系也逐渐成为人们讨论的中心话题。作为对这一讨论日益深化的结果，"社会建设"这一术语重新进入人们的话语世界，成为人们期待可以用来解决"经济增长和社会发展之间的不平衡"状况的一把钥匙。

二 社会建设的概念

准确界定研究对象是整个研究的逻辑起点,同样,界定或诠释"社会建设"的概念是社会建设研究的基本前提。

按照 Oxford Advanced Learner's Dictionary,对 Construct 一词的释义是:build (sth); put or fit together; form。例句为:construct a factory, an aircraft, a model, a sentence, a theory。查《辞海》一书,对"建设"一词的释义是:"设置,创立;亦指政治、经济等各方面的兴建工作。"可见,所谓"建设",就是通过"建构"、"设立"之类的行为来使一样事物得以"形成"。

顾名思义,所谓"社会建设",就是要对"社会"这样一种对象进行建设,即通过建构、设置等行动来使我们称为"社会"的这样一种东西得以形成。但是,什么是作为我们建设对象的"社会"呢?

根据威廉斯（Williams, 1976）的考证,在西方,英语和法语中的"社会"一词源于拉丁语"socius"。Society 一词 14 世纪首先出现在英语中,其拉丁语词源 socius 的意思是伙伴、朋友或交往（companion）,或是 societas,意为伙伴关系或友谊（companionship）。英语中的"society"一词是 16 世纪以来被广泛使用的市民社会概念的母体。Society 所具有的两个主要意思是"相当数量的人生活于其中的制度和关系的体系,以及这种制度和关系在其中得以形成的条件"。近代中国学者起先将"society"翻译为"群",用它来指称依据一定的规则聚合起来的群体。后来,受到日本学者的影响,才将该词翻译成为"社会"。这样,西方古典社会学关于"社会"的界定和学说,才得以在中国话语体系中生根发芽。①

许多学者认为我们可以从外延的角度将"社会"概念划分为大社会、中社会和小社会三个子概念:①大社会的概念。这是与自然界相

---

① 王思斌:《社会学教程》,北京大学出版社,2010,第 350 页。

对应的社会概念。它把自然界之外的人类活动领域都称作社会领域。从内容上包括经济、政治、文化和狭义的社会，从范围上等同于国家整体。学者们认为，马克思的"社会有机体"观点，毛泽东在《新民主主义论》中提出的以新政治、新经济和新文化为内容的"新社会和新国家"，社会主义和谐社会中的"社会"都是大社会的概念。②中社会的概念。这是和经济相对应的社会概念。它把经济发展之外的领域称作社会发展领域。学者们认为，我们所指的经济与社会的协调发展中的社会概念、我国制定的"国民经济与社会发展计划"中的"社会"概念，就是"中社会"意义上的概念。③小社会概念。这是与经济、政治、文化相对应的社会概念。它作为整个"社会"大系统中的子系统，不仅区别于经济，也区别于政治和文化领域；不仅区别于个人，也区别于国家。我们经常讲的与市场、国家相对应的社会，马克思提出的"物质生活的生产方式制约着整个社会生活、政治生活和精神生活"，就是这种狭义的社会概念。而根据"社会"的不同界定，社会建设就会有不同的内容与内涵。广义的社会建设是包括经济建设、政治建设、文化建设和狭义社会建设在内的整个社会大系统的建设；中义的社会建设就是经济建设以外的各项社会事业的发展；狭义的社会建设是指与政治、经济、文化等相并列的社会子系统的建设。当今党和政府提出的社会建设主要是指狭义的社会建设。①

我们认为，无论是把"社会建设"中的"社会"一词理解为上述三种大、中、小"社会"概念中的任何一种可能都是不准确的。对此，我们具体说明如下。

浏览一下社会学文献，我们就会发现，对于"社会"这个概念，人们至少有以下这样一些不同的用法。

（1）作为一个与"国家"相对应的概念，特指一个相对独立于

---

① 参见宋贵伦主编《北京社会建设概论》，中国人民大学出版社，2013；张俊桥、赵伟《新时期社会建设的理论与实践综述——学习领会中共十八大精神》，《河北师范大学学报》（哲学社会科学版）2013 年第 3 期；杨晓梅《当代中国社会建设研究》，兰州大学出版社，2011。

"国家"行政系统之外的那部分人类交往领域。如今天人们观察和分析社会现象时常常采用的"国家-社会"这一研究框架中所说的"社会",就是这样一种意义上的"社会"概念。这种用法的要点是:"国家"和"社会"被视为两个相对独立的交往领域,"国家"是由"国家"或"政府"通过行政权力来加以协调和构成的那部分交往领域,"社会"则是由个体成员通过相互之间的自主交往来构成和协调的那部分交往领域。"国家"不包括"社会","社会"也不包括"国家"。这个含义上的"社会"概念,也常常被人称为"市民社会"(或"公民社会")。

这一概念有一些不同的变种。假如我们把"国家"大致等同于"政治"领域的话,那么我们就可以在相关文献中发现至少三种有所不同的"市民社会"概念。

① 作为一个与"国家"或"政治"领域相对应的概念,特指一个相对独立于"国家"或"政治"领域之外的人类自主交往领域,即上述"市民社会"概念。我们可以将这一含义上的"市民社会"称为"市民社会 A"。这一"市民社会"概念主要来自黑格尔等人。[①]

② 作为一个与"政治"、"经济"相对应的概念,特指一个相对独立于"政治"领域和"经济"领域之外的人类活动领域。与上述"社会"概念一样,这个含义上的"社会"概念也常常被称为"市民社会"。只不过此处的"市民社会"和上述"市民社会"概念相比,其外延要更窄一些——上述"市民社会"虽不包括"政治"领域,但却包括了"经济"(或"市场")领域(即人们之间通过市场交换这种自主交往机制来加以协调和构成的交往领域),而此处的"市民社会"则既不包括"政治"领域,也不包括"经济"领域,而只包括人们之间通过自主平等的沟通机制来加以协调和构成的那部分交往领域。科恩和阿雷托等人以哈贝马斯的沟通行动理论为基础而建构的新

---

① 参见黑格尔《法哲学原理》,范杨、张企泰译,商务印书馆,1995。

"市民社会"概念指的就是这一含义上的"市民社会"。① 我们可以将这一含义上的"市民社会"称为"市民社会 B"。前述许多人所指称的"中社会"概念其实就是从这一意义上的"市民社会"概念演变而来（不过是忽略了政治领域）。

③ 作为一个与"政治"、"经济"、"文化"相对应的概念，特指一个相对独立于"政治"、"经济"、"文化"领域的人类活动领域。这一含义上的"市民社会"概念在外延上比"市民社会 B"又窄了一些——又有一个领域，即"文化"领域（纯粹由符号系统所构成的领域）从"市民社会"的概念中被分离了出来。我们可以将这一含义上的"市民社会"称为"市民社会 C"。这一概念其实就是前文所言的"小社会"概念。

（2）作为一个与"共同体"相对应的概念，特指一种与"共同体"完全不同的人类群体类型。这种用法的流行在很大程度上要归功于滕尼斯的《共同体与社会》一书。按照这一概念，人类的结合可以大致划分为两种类型：一种是以所谓"本质意志"（一种由身体状况所决定的、与从祖先继承下来的经验、思维和行为方式相统一的意志）为基础而形成的结合，其具体形态包括家庭、家族、村落、社团和古代的小城镇；另一种则是以所谓"选择意志"（一种摆脱了上述由身体状况所决定的、从祖先那里先天继承来的经验、思维和行为方式，旨在通过特定手段的选择来实现人们理性构想出来的某种目的的意志）为基础而形成的结合，其具体形态包括现代工业大都市、国家和世界国家。滕尼斯将前者称为"共同体"，后者称为"社会"。按照滕尼斯的理解，"在人类的发展史上，社会的类型晚于共同体的类型"，因此，"共同体是古老的，社会是新的"。②

（3）作为一个与"个人"相对应的概念，泛指人类个体以特定形式形成的各种群体或结合体，如氏族、部落、家庭、家族、村落、社

---

① 参见科恩和阿雷托《社会理论与市民社会》，载邓正来、亚历山大编《国家与市民社会：一种社会理论的研究路径》，中央编译出版社，1999。
② 滕尼斯：《共同体与社会》，林荣远译，商务印书馆，1999，第 53 页。

区、关系网、企业、军队、社团、学校、政府、国家、跨国组织、国家联盟等。在社会学文献中,多数作者,包括马克思、涂尔干、齐美尔、韦伯、帕森斯等这些最有影响的社会学大师在内,大体上都是在此意义上来使用"社会"这一概念的。在现代社会学诞生以前,西方思想史上的许多著名思想家,如亚里士多德、洛克、卢梭等,也都大体是在这种意义上来使用"社会"这一概念的。按照这种用法,不仅被滕尼斯称为"社会"的那些人类结合(如企业、军队、社团、学校、政府、国家、跨国组织、国家联盟等)可以称为"社会",而且被他称为"共同体"的那些人类结合(如氏族、部落、家庭、家族、关系网、村落、社区、其他一些初级群体等)也可以被称为"社会";不仅国家以外的那些人类结合形式可以被称为"社会","国家"也可以被称为"社会",属于"社会"的一种特殊形式。我们通常所谓的"中国社会"、"美国社会"、"俄罗斯社会"、"法国社会"等都是以民族-国家为形式的"社会"。前述许多人所用之大、中、小"社会"概念中的"大社会"概念,如果理解为人类各种群体或结合体本身,就和我们这里所说的第三种"社会"概念之间,具有了一定的对应性。

上述对于"社会"的三种用法实际上代表了界定"社会"的三种不同角度。第一种是从人们交往的(一种隐喻上的)空间"领域"来界定"社会",第二种是从时间变迁中先后形成的人际结合类型方面来界定"社会",第三种则是从人们的结合形式本身来界定"社会"。

如上所述,将"社会建设"一语中的"社会"一词理解为上述第一种含义上的"社会",将"社会建设"等同于"市民社会"(或"公民社会")建设(或者等同于"市民社会A",或者等同于"市民社会B",或者等同于"市民社会C"),是国内不少学者拥有的一种看法。我们认为,这种看法过于偏狭。"社会建设"不能等同于"市民社会"或"公民社会"的建设。我们今天所说的"社会建设"包括了"市民/公民社会"的建设,但绝不限于"市民/公民社会"的建设,后者充其量只是前者的一部分内容。理由很简单:"市民/公民社会"

的建设虽然有助于我们所说的"社会建设",但并不能解决我们用"社会建设"一词时想要解决的所有那些相关问题(如各种被称为"社会事业"的那些项目的建设)。

同样,我们也不能将"社会建设"中的"社会"理解为滕尼斯意义上的那种"社会"。理由也很简单:我们在今天要建设的"社会"也不仅仅限于滕尼斯所说的"社会"意义上的"社会",而且也包括了那些"共同体"意义上的"社会"(家庭、社团、社区等)。

我们认为,我们今天在讲"社会建设"时所说的"社会",应该是指上述第三种意义上的"社会",即从人们的结合形式本身来界定的"社会",包括家庭、家族、宗族、村庄、社区、社群、社会网、各种正式组织、国家及国际组织等。按照对"社会"一词的这种理解,所谓"社会建设",就是要对今天依然存在并发挥着积极作用的那些结合体本身(家庭、家族、宗族、村庄、社群、社会网、各种正式组织、社会团体、国家等)进行"建设"。和经济建设等活动一样,这样一种"建设"对我们人类具有不言而喻的现实意义。正如亚里士多德早就说过的那样,我们人类是一种合群的动物,或者说,是一种社会性很强的动物。作为一种高度社会性的动物,人类必须结合起来,以各种不同的群体结合为形式,才能够进行人类作为一种特殊的"类"生存和发展所必需的各种活动,如经济活动(获取人类生存和发展所必需的各类物质资源并在人群中适当地进行分配)、生育活动(生育和抚养后代以保证人类的繁衍)、政治活动(确定共同的行动目标并对实行目标的过程加以协调)、文化活动等。一旦"社会"结合本身出现了问题,那么必须借助于它才能够进行的所有那些活动自然也就无法正常展开,我们人类的生存和发展也会遭受威胁。因此,为了使人类的各项生存和发展活动得以正常进行,我们必须首先保证"社会"本身能够得以正常存在(形式得以正常建立、结构得以正常构成、秩序得以正常维持、功能得以正常发挥等)。这样一种以建构、维护和完善我们人类的各种"社会"结合体为直接目的的工作是其他任何一种工作都无法代替的,这一工作就是"社会建设"的含义。缺少了这样一种工作,或者这样一种工作没有做好,"社会"本身就会发生问题，或陷入危机，从而影响其他活动的正常展开，影响到我们人类的生存和发展。这就是我们在进行经济建设、政治建设和文化建设等工作之外还有必要专门去进行一项"社会建设"工作或活动的主要原因。从这个意义上讲，"社会建设"和经济建设、政治建设、文化建设一样也是一项专门活动。

我们认为，只有对"社会"一词的含义做这样的理解，我们才能对包括官方文件在内的当前我国有关社会建设的各种文献中"社会建设"的内容做出相对而言最符合逻辑的解释。

在党的"十七大"报告中，时任中共中央总书记胡锦涛同志在概述未来5年社会建设方面的工作任务时，明确地将以下几条任务作为社会建设工作的主要内容：优先发展教育，建设人力资源强国；实施扩大就业的发展战略，促进以创业带动就业；深化收入分配制度改革，增加城乡居民收入；加快建立覆盖城乡居民的社会保障体系，保障人民基本生活；建立基本医疗卫生制度，提高全民健康水平；完善社会管理，维护社会安定团结。

与此类似，在党的十八届三中全会通过的《中共中央关于全面深化改革若干重大问题的决定》中，在讲到"推进社会事业改革创新"时，也把"深化教育领域综合改革"、"健全促进就业创业体制机制"、"形成合力有序的收入分配格局"、"建立更加公平可持续的社会保障制度"、"深化医药卫生体制改革"作为"社会事业"改革创新的主要内容。只不过在这个文件中，可能是为了表示重视，社会管理创新方面的内容被专辟一节加以论述，并用"社会治理"一词代替了"社会管理"一词。

在阅读这些段落时，我们遇到的一个需要解释的问题是：为什么我们要把教育、医疗、就业创业、社会保障体制等方面的建设称为"社会建设"？我们能够说，之所以把这些方面的建设称为"社会建设"，是因为这些方面的内容既不属于政治建设，也不属于经济建设，而属于"市民/公民社会"的建设吗？显然不能：它们显然不是我们通常所讲的"市民/公民社会"建设的那些内容。或者，我们能够说，之所以把这些方面的建设称为"社会建设"，是因为这些方面的内容属于滕尼斯意义上的"社会"建设吗？显然也不能：没有什么理由让我们只把带有明确功利目的的那些教育、医疗、就业促进和社会保障机构的建设当作"社会事业"，而把那些带有公益（共同体）性质的同类机构的建设排除在外。实际上，我们之所以能够把这些方面的内容称为"社会建设"，主要因为这些方面的"事业"直接关乎家庭、家族、村落、社区、关系网、企业、军队、社团、学校、政府、国家等各种形式的"社会"能否正常存在和运行。如果不是这样来理解，我们就很难解释为什么要把教育、医疗、就业创业、社会保障体制等方面的建设称为"社会建设"这一问题。因此，要想能够很好地理解和解释我国官方文件里所讲的"社会建设"，就只能对其中的"社会"一词做上述第三种含义上的理解。

三　社会建设与相关概念辨析

除了"社会建设"概念之外，在今天的有关文献中，我们还可以看到社会事业、社会发展、和谐社会、社会管理和社会治理等诸多类似概念。那么，社会建设与后面这些社会领域的常见概念之间有何异同呢？下面我们对这些概念之间的关系尝试做一简要辨析。

（一）社会建设与社会事业

有人认为，社会事业是指国家为了社会公益目的，由国家机关或其他组织举办的教育、科技、文化、医疗、卫生、体育等社会服务，主要侧重于物质基础方面的"硬实力"建设。而社会建设的目标则更多地指向对各种社会问题的分析和解决，既关注"实体"方面的建设，也关注制度或意识层面的"软实力"建设，如社会管理、社会公平与正义等。所以，和过去强调的社会事业建设相比，社会建设的内涵和外延都更加丰富。我们认为，这种分析也不是太准确：首先，"社会事业"不一定都是出于"社会公益"目的而进行的活动。举凡教育、科技、文化、医疗、卫生、体育等事业，既可以是行为主体出于社会公益目的而开展的，也可以是出于营利等目的而开展的。判断一项事业是否属于"社会事业",与其是否具有社会公益目的无关,而只与其功能是否在于直接维护我们生活所在的社会结合体的存在和发展相关。只要一项事业其功能是在于直接维护我们生活所在的社会结合体的存在和发展的,我们就可以称其为"社会事业",否则就不是。因此,一所学校、一所医院,虽然是以营利为目标,但其功能却在于通过社会成员的身心素质来维护我们所处社会的正常存在和发展,因此,我们才把它们归属于社会事业的范畴。否则,我们就等于在概念上就确定了教育、科技、文化、医疗、卫生、体育等社会服务只能够是公益性质的,不能是营利性质的(因而也不能由市场来调节),这是不利于社会事业发展的。其次,我们也不能说"社会事业"主要侧重于物质基础的建设,不包括制度和意识层面的建设,否则我们就无法解释"创新高校人才培育机制"、"推进考试招生制度改革"、"健全报酬机制"、"完善再分配调节机制"等都属于社会事业改革创新的范畴。

　　查《辞海》一书,"事业"一词有以下几种词义:①人的经营成就。古人云:"所营谓之事,所成谓之业"。②重要工作。③耕稼和劳役之事。④具有一定目标、规模和系统,关乎社会发展的活动。⑤特指没有生产收入,由国家经费开支的社会工作,如"事业单位"中的"事业"一词。结合前述关于"社会建设"一词含义的理解,我们认为,我们现在所谓的"社会事业"一词,指的是包括政府、企业、社会机构、社会团体和个人等在内的行为主体出于建设和完善其所处之"社会结合体"这一目标而开展的一切具有一定规模化、系统化的工作或事务。"社会建设"其实不过就是各项"社会事业"建设之总和而已,"社会建设"就是通过一项项"社会事业"的建设来实现的。正如孙本文先生所说的那样:"依社会环境的需要与人民的愿望而从事的各种社会事业,谓之社会建设。社会建设之范围甚广,举凡关于人类共同生活及其安宁幸福等各种事业,皆属之。有时此等事业,属于改革性质,就固有之文物制度而加以革新。有时属于创造性质,系就外界传入,或社会发明之文物制度,而为之创建。无论创建或改革,要之，皆为社会上建设之事业。"①

（二）社会建设与社会发展

从 1982 年开始，我国政府在制订五年计划时，增加了社会发展的内容，更名为"国民经济与社会发展"计划，那么社会建设与社会发展的异同何在呢？陆学艺认为，社会建设与社会发展是两个概念。两者的区别主要表现在：社会发展强调的是社会发展过程的客观性，侧重于社会发展的结果及趋势，而社会建设强调的是社会发展过程中社会主体的能动性，侧重于社会行动、主体目标。两者的统一表现为：社会建设必须遵循社会发展的规律，社会发展则在很大程度上是通过人的主观能动性进行的各项建设来推进的。② 我们认为，社会建设和社会发展两者之间的区别可以更好地表述如下："社会建设"指的是人们为构建和维护社会本身及其正常存在和运行所从事的一切活动；"社会发展"一词则更多指的是由各项"社会建设"活动最终所促成的"社会"本身在质或量方面所发生的变化。

（三）社会建设与和谐社会

社会建设概念是否等同于社会主义和谐社会建设的概念？对此，学者们大致有两种观点：一种观点认为社会建设不同于和谐社会建设，社会建设是狭义的社会领域的建设，和谐社会建设则是包含着经济、政治、文化和社会建设内容的大社会领域的建设；另一种观点认为社会建设本身就有广义和狭义，广义的社会建设就是指整个社会的建设，即包括政治子系统、经济子系统和思想文化子系统在内的整个社会大系统的建设，因此，广义的社会建设等于和谐社会建设。也有人认为，和谐社会与社会建设是目标与手段的关系，但需要注意两点：首先，构建和谐社会是社会建设的重要目标，但不是唯一目标。和谐

---

① 孙本文：《社会学原理》，《孙本文文集》第 1 卷，社会科学文献出版社，2012，第 465 页。
② 陆学艺：《关于社会建设的理论和实践》，《国家行政学院学报》2008 年第 2 期。

社会更强调社会关系的协调，而社会建设的目标既包含社会关系的协调，也包含更高水平的社会发展程度；再者，单靠狭义的社会建设无法达成构建和谐社会的目标，而是必须依靠包括经济建设、政治建设、文化建设、生态建设和社会建设在内的广义的社会建设才能达成的目标。结合我们前面对"社会建设"一词含义的理解，我们认为，"社会建设"和"和谐社会"之间的关系是属和种之间的关系，即"社会建设"在内容上包括了"和谐社会"的建设，后者是前者的一部分内容。

（四）社会建设与社会管理

近年来，无论是理论界还是实践中，经常将社会建设与社会管理并提，称作"社会建设与管理"，显示了两者之间密不可分的关系。因为社会管理也是社会建设的一个必要环节，任何建设活动都包括对过程和结果的管理活动，社会建设自然也不例外。当然，两者之间也存在一定差异。民政部部长李学举认为，社会建设和社会管理是相互联系、相互促进，但是有所差别的两种实践过程：社会建设，主要是动员社会力量、整合社会资源、发展社会事业、完善社会功能，构建全体人民各尽所能、各得其所而又和谐相处的社会环境。社会管理主要是政府和社会组织为促进社会系统协调运转，对于社会系统的各个组成部分、社会生活的不同领域以及社会发展的各个环节进行组织、协调、服务、监督和控制的过程。[①] 我们认同这一说法。

（五）社会建设与社会治理

中共十八届三中全会将社会管理发展为社会治理。与社会管理一样，社会治理关注的也是社会运行机制的建立，也是社会建设的重要内容和途径之一。如果说社会管理更强调政府对社会进行管理，社会治理则更强调政府与其他社会组织的多元角色的互动。社会管理很容易陷入政府凌驾于社会之上，习惯于包揽一切社会事务，习惯于对社

---

① 李学举：《加强社会建设和管理，推进社会管理体制创新》，《中国民政》2005 年第 4 期。

会进行命令和控制，习惯于扮演"全能型选手"等不利局面；而社会治理更多的是在多元行为主体之间形成密切的、平等的网络关系，它把有效的管理看作各主体之间的合作过程，这表明在现代社会，原先主要由国家和政府承担的责任正在越来越多地由各种社会组织、私人部门和公民自愿团体来承担。

第二章

中外社会建设的实践

在接下来的这一章中,我们将对古今中外与"社会建设"相关的实践活动做一个简要的梳理。

一 西方国家社会建设

(一)古希腊、古罗马的社会建设

古希腊和古罗马社会有着相似的起源(都是由入侵地中海北岸半岛的印欧语系游牧民族定居后演化而来)、早期发展经历(由游牧部落定居后逐渐演变成为一些独立的城邦国家)、基层社会组织(家庭、部落或村落)和社会结构(均由贵族、平民和奴隶阶级构成),但和古罗马相比,前者的主要特点是:古希腊社会在此后很长的时间内始终是一个由诸多独立的城邦国家组成的社会。虽然在外敌入侵时期,这些城邦会结成联盟来共同御敌,但在和平时期,它们基本保持着各自独立的地位。造成这种局面的一个重要因素据认为是希腊地区的地理特征。希腊地区没有肥沃的大河流域和广阔的平原,只有把陆地隔成小块的连绵不绝的山脉,这使得古希腊人很难将自己统一起来形成一个幅员广大的国家。将古希腊社会联结在一起的,不是共同的政治或社会组织,而是共同的族性和文化。

由于缺乏政治、经济、社会生活等方面的统一性，古希腊各城邦国家之间的社会模式也不尽相同。其中有两种比较典型的社会建设模式对后世产生了重要影响，一种是在雅典实施的社会模式，另一种是在斯巴达实施的社会模式。虽然两者都建立在奴隶制基础上，基本的社会阶层都由奴隶和自由民（包括奴隶主和普通自由民）构成，但在具体特点上两者有所区别，其中前者的特点表现在以下方面：实行财产私有制；以工商业为主要产业；以家庭为社会的基本组织形式；男性居于主导地位；对公民身份的获取加以严格限制；实行民主政治，通过公民大会来对城邦的重要事务进行决策；思想发达文化繁荣等。后者的特点具体包括以下几点：财产归城邦自由民共同所有，社会成员生活所需的一切都由城邦按需供给；以农业为主要产业；不允许组成家庭，所有公民都按照军营方式组织起来过集体生活；城邦国家对社会成员从生到死的一切生命历程都加以控制；实行优生优育，体弱多病的婴儿将被丢弃；合格的儿童从小就由城邦国家负责进行教育训练；男女平等；实行贵族政治；思想单一文化贫乏等。雅典社会日后成为以自由民主为社会理想的思想家们的重要范例，斯巴达社会则成为以共产主义为社会理想的思想家们的重要范例。

古希腊社会各个城邦的这种独立性，使各个城邦拥有了充分的自由和活力。古希腊文明的繁盛，尤其是在哲学、艺术、文学乃至科学方面所取得的辉煌成就，正是来源于这种自由和活力；但同时各城邦的独立性也使得其整体凝聚力较低。古希腊社会的最终消失虽然直接源于马其顿的入侵，但根本原因则是其内部两大对立城邦、雅典和斯巴达之间的对立和冲突对希腊社会的削弱。

和古希腊不同，由于没有山峦的阻隔以及其他一些因素的作用，在马其顿征服古希腊之后不久，古罗马却持续地向周边扩张自己的范围，以至于最终建立起了一个横跨欧亚非三大洲的统一帝国。从公元前27年至公元476年西罗马帝国崩溃之前，这个横跨欧亚非的罗马帝国持续存在了将近5个世纪。这是古代西方社会建设方面最重大的成就，也是古罗马对人类做出的一份最重要的贡献。罗马帝国的建立，将地中海周边近300平方公里范围内的3000余万人口统一在一个经济、社会和政治体系之下，在一个幅员广大的范围内实现了和平，为西方经济、社会和文化的积累与发展创造了一个最基本的前提。

（二）中世纪西方国家的社会建设

公元476年，在日耳曼人连绵不断的入侵下，西罗马帝国终于崩溃，西方由此进入为期1000年的中世纪时期。在前期阶段，原西罗马帝国辖下的世界逐渐被相继入侵的日耳曼部落分裂为众多的独立王国。这些王国相互攻战，西方世界由此陷入了漫长的动荡不安状态。及至公元8世纪，日耳曼人所建王国中的一个——法兰克王国的查理曼大帝通过自己的扩张，建立起一个囊括欧洲大部分范围的新王朝——卡洛琳王朝，并因此被罗马教皇册封为"罗马人的皇帝"，西方社会才重新获得短暂的统一。但好景不长，统一的局面并没有维持多久，查理曼大帝一去世，卡洛琳王朝又重新陷入分崩离析的状态。之后虽然还有所谓"神圣罗马帝国"的架构，但实质上并不能够真正恢复当年罗马帝国一统天下的局势。正是在这样一种长期分分合合、合而不统、统而不合的历史状态下，西方世界逐渐形成了一种上自帝国皇帝、下至最小的领主，层层分封的封建体系。这套社会体系起源于查理曼大帝时期，在10世纪后逐渐成型。其基本特征包括以下方面：将土地作为一种最基本的报酬分配给为帝国或王朝提供了服务（其中主要的是服兵役，但也包括在官僚部门、法院、教会等机构提供的服务）的人；获得封地的人对所领之地拥有实际上的全面控制权，并可以将领地再次分封给自己的下属（这些下属只从属于他的领主，而不从属于其领主的领主）；在领主和臣属之间拥有相互的责任和义务（领主向臣属提供封地和其他保护，臣属则向领主提供后者所需的服务）。在这一封建体系的底部，存在着一种被称为"采邑"（即一种靠农奴劳动来加以维持的自给自足的村庄）的组织，作为其基层经济社会组织，支撑着整个封建社会体系的存在。

除了封建制度之外，中世纪西方世界的另一个重要特征就是两种性质不同且相互独立的"社会"类型构成。一种是以世俗政体为形式而组织起来的各种"社会"，即奥古斯丁所说的"世俗之城"；另一种则是以基督教会为形式组织起来的"社会",即奥古斯丁所说的"上帝之城"在尘世的代表。当世俗社会——罗马帝国在日耳曼的入侵下分崩离析之后,"上帝之城"的代表——基督教会(天主教会)却依然还在西方世界维持着自己体制上的统一。因此,在某种意义上,正是基督教会保留和维护了罗马文明的香火。在世俗的政治力量缺位或软弱无力的情况下,罗马教会在一定程度上起到了维持和整合西罗马帝国原属世界之社会秩序(制定社会规范、裁决社会纠纷、缓解社会冲突、实施社会救济和社会保障等)的作用,并始终保持着重新统一西方世界的努力。教会因此成为西方世界中一个重要的经济、政治和社会力量,但同时也不可避免地与世俗王权之间不断地发生纠葛。

中世纪的社会结构大体是由以下几种社会力量构成的,即皇权或王权(也可以归结为王权,因为所谓皇权其实不过是实力最强以至于能够问鼎帝国皇位或实质上统一西方世界的王权)、诸侯、教会以及普通平民(农奴、自由农民、手工业者和商人等)。这几大社会力量之间的相互制约、相互博弈,构成了中世纪西方社会运作的主要机制,影响着西方社会变迁的基本过程。

(三) 近现代西方国家的社会建设

无数封建王国和领地的独立并存,既带来了相互之间永无休止的冲突和战争,也阻碍了不同地区的人们更大空间范围内的正常交往,给西方社会的发展带来了非常不利的影响。因此,近现代西方世界在社会建设方面的第一个重大成就,就是各个内部相对统一的现代民族国家的形成。随着经济的逐步复苏,尤其是城市工商业的发展,英、法等日耳曼人世俗王国的君王们与城市工商业资产阶级联手,摧毁或抑制了封建领主们的诸多特权,逐渐建立起来一些具有统一法律、行政体制、关税、度量衡和货币的新兴民族国家。至15世纪,英国、法国、葡萄牙、西班牙等现代民族国家均逐渐成型。这些新兴民族国家的形成,不仅为现代资本主义经济的发展创造了必要的前提条件,而且还通过实施重商主义政策积极主动地协助资本主义工商业的运作,从而极大地推动了这些资本主义工商业经济在西方世界的发展。

然而，随着资本主义经济的进一步发展，尤其是工业革命的发生，市场经济逐渐成为调节经济社会活动的主导力量。资产阶级开始反对政府对经济过程的干预，要求建立一种"小政府、大自由"的自由放任主义经济社会体制，并最终获得成功。

纵览18世纪工业革命之后西方发达资本主义国家进行现代社会建设的历史进程，我们可以将其划分为三大历史阶段，即自由放任的市场化阶段、强干预主义的市场化阶段、弱干预主义的市场化阶段。

在前现代社会，市场在人类社会生活中总体上处于一种边缘化的地位。除了少量居住在城市中的人口，对于大部分社会成员来说，市场只对他们生活中非常小的一个部分（不能自给自足的那些产品或服务的满足）发生影响。世俗政权的力量虽然相对强大，但履行的公共职能非常有限。总体上看，市场和政府在经济和社会建设过程中的作用可以忽略不计，社会建设的各项任务基本上都是通过社会化机制来调节的。部落、家庭、亲属关系网、邻里、庄园、行会、秘密结社、宗教团体等都承担了大量的社会建设工作。举凡人口数量、质量和自然比例的调控，基本生存安全（生老病死等）的保障，人际关系的调节和社会结构的再生产等工作，基本上都是由相关社会共同体按照既有的社会规范（习俗、惯例、约定、家法、族规、乡规、行规、教规等）来展开的。用波兰尼的话来说，在前现代社会中，人们的一切活动（也包括了经济活动）都是"嵌入"在"社会"之中，由"社会"来调节，受"社会"所约束的。

工业革命促成了资本主义生产方式的巨大扩张，逐渐地改变了这种情况。资本主义生产方式以市场机制作为自己存在的前提。因此，凡是资本主义生产方式占据主导地位的地方，市场机制就将对人们的生产和生活产生重要影响。工业革命之后，工业发达国家的经济社会生活过程大部分都被逐渐地纳入资本主义生产方式之下，因而也被纳入市场机制的调控之下。不仅经济活动（物质生活资料的生产过程）基本上由市场机制来调节，而且社会建设的那些活动（人口的再生产、社会成员的基本生存保障、人际关系的调节和社会结构的再生产等）在很长一段时期内也是如此。

进入19世纪后，西方发达国家便日益陷入各种现代危机之中。其中首要的危机即是以生产过剩为特征的周期性经济危机。在经济危机期间，商品卖不出去，物价暴跌，生产急剧萎缩，大批银行和工厂倒闭，整个经济系统陷入一种停顿、萧条状态。与经济危机紧密相伴的便是社会本身的危机。经济危机的周期性质使得社会成员中的主体部分——广大劳动者像海滩上的沙粒那样周期性地受到洪水冲洗，其生存状况处于一种严重的无保障状态之中。不仅如此，在自由资本主义体制下，在市场竞争的外部压力和追求更高利润率的内在动机双重驱动下，资本家不得不不断地改进生产技术，提高劳动生产率，以降低包括工资在内的生产成本。其结果是一方面导致比例越来越大的劳动人口被排斥在就业市场之外，陷入绝对贫困状态；另一方面又使在岗劳动者的工资水平受到压制、增长缓慢，陷入相对贫困境地，整个社会逐渐陷入日趋严峻的两极分化状态以及激烈的矛盾冲突和失序状态中。此外，劳动人民家庭的解体、大量雇用童工对儿童身心发育所造成的破坏、过度的劳动和恶劣的劳动条件对成年工人体质的摧残、因长期贫困和失业而引发的高犯罪率和自杀率等日益成为严重的社会问题。无产阶级和资产阶级之间的对抗和斗争日益成为社会生活中的主要事件。

如前所述，面对上述这样一些危机现象，西方发达国家的思想家们围绕着其产生的原因和应对的方案展开了激烈的争论，各种观点纷纷涌现，在很长一段时间内相持不下、难分胜负。但在社会的主流意识形态层面上，19世纪总体上还是属于自由主义的世纪，到19世纪末20世纪初，情况才逐渐发生改变，干预主义思潮才逐渐取代自由主义成为主流的意识形态。为了应对日益严重的经济与社会危机，从19世纪后期开始到"二战"前后西方各发达国家的政府先后在发展战略及其经济社会体制方面进行了一系列的调整和改革。这种调整和改革最主要的内容就是逐步（主动或被动）放弃以往自由主义理论所强调的"守夜人"政府形象，实现政府职能的转换，强化政府及有关社会团体（工会等）在经济与社会发展过程中的作用，试图通过政府和有关社会团体对经济与社会发展过程的直接介入或干预来缓和资本主义国家在社会发展过程所遭遇的那些危机,力图在不改变资本主义根本制度的前提下来实现经济和社会的良性(正常)发展。在不消灭市场机制的条件下加强政府和社会团体对经济和社会发展过程的干预作用是这种新社会治理机制的关键点,因此,我们可以把它叫做干预主义的社会治理机制。

干预主义的社会治理机制的内容主要包括以下三个最基本的方面。

第一,在不改变资本主义和市场经济体制的前提下,实行凯恩斯主义革命,通过强化政府对经济与社会过程的介入或干预,一方面用来缓解周期性的经济危机,维持经济持续增长;另一方面也缓和社会矛盾,维护社会秩序。

第二,建立完善的福利国家体系,由国家向社会成员提供必要的社会保障,减缓社会分化程度,维护社会秩序。

福利国家最初是在俾斯麦时期的德国出现,但真正普及却是在20世纪30~50年代。按照安德森的论述,从福利支出的内容与性质来看,可以将福利国家制度区分为三种不同的类型,即自由主义类型的福利国家制度、合作主义(法团主义)类型的福利国家制度和社会民主主义类型的福利国家制度。安德森对上述三类福利制度的特点进行了刻画。

(1)自由主义类型的福利制度。这类福利体系是以社会救助为主,辅之以有限的普遍性转移支付和有限的社会保险。福利支出主要是用来满足那些在市场竞争中失利的人群的最低生活需求。"在这种模式中,社会改革的进步严格地受限于传统的、自由的工作伦理规范:它有将福利限制到十分边缘的倾向,避免选择福利来替代工作。领取资格的规定因而是十分严苛的,而且时常伴随着烙印效果;给付通常是有限的。接着,国家不是消极地只保证最低水平、就是积极地补贴私人福利方案,来鼓励市场机制。"这种福利模式的原型范例有美国、加拿大和澳洲。①

---

① 安德森:《福利资本主义的三个世界》,古允文译,台北:巨流图书公司,1999,第45页。

(2) 合作主义类型的福利制度。这类福利体系以国家强制实行并给予一定资助的各种保险为主。这类福利制度将福利给付扩展到了每一个有工作的人身上，而不仅仅限于对在竞争中失利的人进行救助。但福利的给付是不平等的，"给付几乎完全依赖缴纳保费，也因而仰赖工作与就业"①；福利给付的资格和水平都与受保人的工作年限及所缴纳的保费多少密切相联。因此，在这里，享受福利的"权利是明显地有条件限制的，亦即是劳动市场地位与财务缴纳的混合体，而且通常是依据精算的逻辑而来的"②。这种模式最先是从德国发展起来，然后逐渐传播到整个欧洲大陆，比较典型的有德国、奥地利、法国、意大利等。

(3) 社会民主主义类型的福利制度。这是由英国学者贝弗里奇首先提出来的一种福利模式，因而也叫"贝弗里奇模式"（the Beveridge-type）。它依据普遍性公民权利原则将福利扩展到每一个拥有公民权的人身上。"它提供一个基本的、平等的给付给所有的人，而不论其之前的薪资、保费缴纳或是成就表现。"③"取而代之的是资格的界定乃根据他是否是一个公民或是该国的长期居民。"④这种福利体系也因此被称为"人民福利"体系。瑞典、挪威等斯堪的那维亚诸国即是这种人民福利体系的最强烈支持者。

这三种不同类型的福利模式各有其不同的社会或政策含义：自由主义类型的福利制度，可以保留市场在资源分配中的主导地位，但也因此维持了社会的两极分化。因为在这种制度中，接受救助者不仅依然属于最贫困的阶层，而且还被打上了"被救助者"的社会烙印，同其他可以依靠市场收入生活的人之间形成了鲜明的对照。合作主义类型的福利制度，通过国家对各种保险的补贴支出在较大程度上限制了市场的作用，但它依然维持了较严格的社会不平等。而且，这类体系往往"对不同阶级与地位团体制定不同的方案，每个方案各有其明显

---

① 安德森：《福利资本主义的三个世界》，古允文译，台北：巨流图书公司，1999，第40页。
② 安德森：《福利资本主义的三个世界》，古允文译，台北：巨流图书公司，1999，第75页。
③ 安德森：《福利资本主义的三个世界》，古允文译，台北：巨流图书公司，1999，第40页。
④ 安德森：《福利资本主义的三个世界》，古允文译，台北：巨流图书公司，1999，第76页。

独特的权利与特权,以设计来强调个人生命中的适当地位,因而巩固了工资所得者之间的分化"①。因此,享受福利的"权利乃是附属于阶级与地位之上","国家强调维持既有的地位差异……并不注重再分配的结果"。② 社会民主主义类型的福利制度,则在相当高的程度上限制了市场在消费资源分配中的作用,实现了社会平等。在这里,"所有公民都被赋予类似的权利,不论其阶级或市场地位。因此,这个体系主要培养跨阶级之间的凝聚,亦即整个国家的凝聚"③。这种体系的建立者"不允许国家与市场之间以及劳工阶级与中产阶级之间的二分情形,他们追求促进最大程度平等的福利国家,而不是其他体制所追求的最小需求的平等而已"④。

不过,安德森也指出,在现实生活中并没有哪一个国家是完全纯粹地属于上述类型中的某一种。现实生活中的福利国家实际上都是上述各种福利类型的混合体,只不过各种类型成分的比重有所不同而已。⑤ 而从福利制度的历史演变趋势来看,19 世纪早中期出现的福利制度主要是社会救助性质(自由主义类型)的;较后一点,19 世纪后期俾斯麦在德国建立起来的福利制度则主要是国家强制社会保险(组合主义)类型的;而到了 20 世纪上半叶,各个国家所建立起来的福利制度则或多或少都带有不同程度的普遍主义性质。

第三,允许和支持社团建设,形成"社会伙伴关系",缓和社会矛盾。"社会伙伴关系"或"社团主义关系"的建立,即从以阶级斗争为特征的劳资关系向以阶级合作为特征的劳资关系转变,其一般形式是在国家的监督下,将企业主和工人在企业和全国范围内组织起来,由这两大阶级组织的代表在必要的时候或定期通过对话、协商等形式,来共同讨论工作时间、工资增长和雇佣与劳动条件等一系列涉及劳资双方重大利益的事项,就如何解决这些问题提出符合双方长远

---

① 安德森:《福利资本主义的三个世界》,古允文译,台北:巨流图书公司,1999,第 42 页。
② 安德森:《福利资本主义的三个世界》,古允文译,台北:巨流图书公司,1999,第 46 页。
③ 安德森:《福利资本主义的三个世界》,古允文译,台北:巨流图书公司,1999,第 43 页。
④ 安德森:《福利资本主义的三个世界》,古允文译,台北:巨流图书公司,1999,第 47 页。
⑤ 安德森:《福利资本主义的三个世界》,古允文译,台北:巨流图书公司,1999,第 76 页。

利益的协议或行动方案，并共同监督和维护这些方案的具体实施和执行。

上述干预主义政策在很大程度上改变了发达国家的社会组织形式和运作机制。在这种社会组织形式下，整个社会的运作在很大程度上不再仅仅由市场机制去调节，而是不同程度地也要由政府和社群力量来调节。这种变化给西方发达国家所带来的积极效果之一，就是在不同程度上缓和了经济社会危机，使社会进入一个相对和谐的状态。这也是"二战"之后西方国家普遍出现一个相对稳定、相对繁荣局面的主要原因。西方发达国家的工业化过程也大部分是在这样一个社会背景下完成的。

然而，干预主义也并非一条毫无荆棘的平坦大道。和19世纪自由资本主义曾经面临的情况类似，在实施了将近半个世纪后，干预主义也开始面临一系列新问题，其中最主要也最重要的问题就是所谓"滞胀"现象的出现。

所谓"滞胀"（stagflation），是指经济停滞和通货膨胀两种现象交织出现的一种情况。经济停滞和通货膨胀都不是干预主义政策出现之后才有的新现象，但两者结合在一起同时出现，却是一个在干预主义政策实施之后才出现的新情况。从理论上说，通过政府干预来恢复经济平衡增长的做法，既可以缓解萧条使经济恢复增长，也不应引发通货膨胀。然而，事实上，自20世纪40年代中期"二战"结束以来，甚至可以说自罗斯福新政实施以来，通货膨胀就开始逐渐成为西方发达国家的一个常见现象。其原因大体可以简述如下：从理论上说，政府为扩大需求而产生的财政赤字可以在经济恢复繁荣之后通过增加税收和减少财政开支来消除，但实际上，一方面，由于增加税收总是易招致人们的反对，也由于自然限度的存在，即使是在繁荣时期，税收的增加以及税率也不可能无止境地提高和增加；另一方面，政府原本为扩张需求而实施的财政开支也有一些是难以削减甚至是会不断增长的，如政府提供的福利开支部分（任何现代政府提供的福利都具有较强的刚性，具有"能上不能下"的特点，民主制度下情况尤甚）。因此，当新增税收难以抵消财政赤字时，政府就只能另辟蹊径来降低赤字，最终可能倾向于采取的一个办法，就是推动或压迫银行实施与赤字财政相适应的货币扩张政策，通过增加货币数量的办法来弥补赤字，从而导致通货膨胀的出现。当这种办法成为一种常用措施时，通货膨胀也就成为经济社会生活中的一种常态而且会日趋严重。此外，凯恩斯等人的干预主义政策往往以"充分就业"为目标，在"充分就业"目标没有达成之前，政府总是期待通过减税和增支的办法来推动经济增长，而不是通过增税和减支来减少财政赤字。通货膨胀成为经济社会生活的常态且日趋严重也就不足为怪了。

然而，这还只是问题的一个方面。干预主义政策面临的另一个问题是经济逐渐趋于停滞。导致经济逐渐趋于停滞的主要原因有以下三点。

（1）政府对经济的干预和规制在不同程度上限制了企业经营的自主权，降低了企业经营的灵活性，扰乱甚至破坏了市场机制对经济运行过程的调节作用，降低了企业活力。

（2）福利国家制度给经济带来了日益沉重的负担，也使国民经济逐渐失去效率。一方面，福利国家需要依靠税收来维持"杀富济贫"效应，降低了企业的税后收益率与资本形成率，影响了企业发展的后劲；另一方面，民主社会中福利具有的刚性特征导致了居高不下的政府财政赤字，逐渐引致了持续且日趋严重的通货膨胀。在实行累进税制的情况下，日趋严重的通货膨胀又会通过提升企业和个人的名义收入而自动增加税负，降低企业和个人的边际税收收益率，从而进一步降低企业的投资积极性和个人的劳动积极性；此外，严重的通货膨胀也会由于低估折旧费用而夸大企业利润率，从而不合理地增加企业税负，降低企业的资本形成率；货币不断贬值也会降低个人储蓄的积极性；等等。所有这些后果都会降低整个经济运行的动力和效率，导致经济逐渐陷入停滞状态。

（3）劳资协商工资制度导致了工资的刚性，提高了经济运行过程中的工资成本，降低了企业运作的灵活性和企业家投资的积极性。

上述这些情况，都导致了经济运行效率的下降，最终使得经济逐渐陷入停滞的局面。日益趋高的通货膨胀和逐渐严重的经济停滞结合在一起，就构成了战后西方发达国家的一个特殊景观——"滞胀"现象的出现。这种"滞胀"现象的出现又进一步引发了一系列不利于西方发达国家经济社会发展的后果。例如：制造业资金外流，导致本国经济的"去工业化"；传统制造业部门中企业大量关闭，工人大量失业，贫困人口增加，社会动荡不安；作为上述两个现象的结果，在很长一段时间内，政府税收减少，在某些城市甚至出现了政府破产现象。往常的社会福利水平难以维持，同时科技、教育、文化、卫生等公共事业的资助也大为减少，从而促使这些领域不得不更多地走向和面对市场。

和 19 世纪面对各种危机时的那些思想家们一样，面对这些新的经济、社会问题，西方发达国家里的思想家们也围绕着这些问题的起因和对策展开了激烈的争论，也同样形成了百家争鸣、百花齐放的局面，出现了新自由主义、新社会主义、新干预主义、第三条道路等众多理论流派。在实践方面，面对日益严重的危机，西方发达国家的政府部门在 20 世纪 70 年代末 80 年代初采用了"去干预主义"的政策。这一政策首先出现在撒切尔首相执政的英国和里根总统当政的美国，形成了所谓的"撒切尔主义"和"里根主义"。二者共同的理论基础是"新自由主义"。其内容包括以下几个方面：①减少国家对经济与社会过程的直接干预，提高经济的市场化程度。具体措施包括：减少政府对企业和市场的规制；将国有企事业机构私有化，降低国有企事业单位在国民经济中的比重；降低税率以增加企业在资金占有和使用方面的自主性。②改革福利国家，降低政府财政支出中用于提供社会福利的比重。③减少对工会组织的支持，增加资方的权力和鼓励资方"灵活使用劳工"，等等。这些改革措施的基本倾向就是要弱化甚至消除干预主义政策，使西方资本主义国家的经济、社会运作重新接受自由放任主义市场机制的调节。毫无疑问，在这种情境下，西方发达国家的社会建设机制也必然会在一定程度上向市场机制回归。当然，由于各种原因，西方社会实际上不可能完全转变到 19 世纪那种早期自由主义的状态上去：政府不可能重新变成 19 世纪那样的小政府，福利国家体系也不可能彻底瓦解，劳资谈判制度也不可能完全抛弃。因此，我们可以把这场改革看作是对干预主义发展战略及其社会体制的一种反思和调整,把它所促成的经济社会运行体制称为"弱干预主义"体制。

市场机制的回归在西方发达国家引发了新一轮关于"国家"和"市场"之间关系的争论。新自由主义者们坚持认为政府干预只会使经济社会形势变得更为糟糕,只有回归市场机制才能够使西方经济重归繁荣、社会重归有序。干预主义者或福利国家的拥护者们则坚持认为只有政府干预和福利国家制度才能够保持经济和社会的稳定繁荣。当这两种立场相持不下之际,一些介于这两种立场之间的新理论立场出现了。这就是我们前面提到的"第三条道路""公民社会"等理论立场。人们期待通过这些新的理论立场,来找到一条可以有效解决"政府失灵"和"市场失灵"问题的方案,使经济增长和社会和谐这两大目标能够同时得以实现。

二 西方社会建设的几种模式

社会建设是一项涉及政治、经济、文化、历史等诸多因素的复杂系统工程,它不仅受社会思潮、意识形态、价值理念的影响,而且受制于自然地理环境、经济发展水平、经济发展实力、政治体制安排、民众社会心理等因素。因此,不同国家、不同城市所采取的社会建设路径和发展模式不尽相向,各具特色。宋贵伦等人曾经根据政府、市场和社会三者之间关系的差异,划分出了国外社会建设的三种不同模式。[①]

(一)北欧社会建设模式

北欧,即欧洲北部地区,主要包括芬兰、瑞典、挪威和冰岛等国,在地理位置上属于北极圈。其独特的地理环境、自然条件、历史文化、价值体系使其走上了一条普遍福利型的社会建设模式。总体来说,

---

① 宋贵伦:《北京社会建设概论》,中国人民大学出版社,2013年。

"国家主导、全面保障、社会均富"是西欧国家社会建设的突出特征。所谓国家主导，就是在其社会建设过程中，政府发挥着绝对主导的地位和作用。一方面，将私有化的市场经济制度与公共服务型政府紧密结合起来，充分发挥政府服务社会、提供公共产品、社会管理的职能和作用，以法律和计划的形式推进社会福利制度化，切实维护社会稳定。另一方面，北欧国家都非常重视建立一个促进社会公平的分配制度，在二次分配的效率与公平上，特别注重社会公平。所谓全面保障，即实现全民保障和全程保障，几乎所有的人"从出生到死亡"都能享受包括医疗、教育、失业、残疾、养老等所有社会福利。所谓社会均富就是社会高度富裕和公平，"大部分家庭人人有汽车，家家有游艇，而且社会公平，收入差额小，各国均形成庞大的中产阶层为主体的社会结构，基本消灭了穷人。"

具体而言，北欧国家的普遍福利型社会建设模式的核心特征有二：一是采取多元化渠道，构建从"摇篮到坟墓"的高度社会福利体系。之所以将北欧国家称之为"福利型国家"，原因也正在于此。其突出的特征就是国家通过立法和计划的形式，建立了一套以全体国民为对象的、从"摇篮到坟墓"的高度社会福利，使每个人不因生、老、病、残等原因而影响正常的生活。在北欧国家中，社会保障费用占国内生产总值的比重一般比较高。北欧的社会保障虽比较健全，但经费并不是完全由国家负担。长期以来，瑞典、芬兰等国的社会保障所需资金的筹措一直是采取多元渠道，即由政府、雇主、个人和保险市场共同负担。当然，政府在社会保障资金上承担了主要部分，所占比例约为40%以上。二是普遍实行"收入均等化"政策，缩小社会差距，促进社会公平。高福利的背后是以高税收作为支撑的。北欧国家普遍实行"收入均等化"政策，即利用累进所得税和转移性支付，使社会各个阶层之间的收入与消费水平通过再分配趋于均等。

这种高福利的社会制度安排，也面临着许多矛盾和问题。在社会层面，高福利导致社会效率不高，缺乏活力，养了一批坐享其成的懒汉，使很多人陷入了对福利制度的依赖；在企业层面，高税收导致企业成本增加，投资撤离，社会失业率开始上升；在国家层面，日渐加剧的老龄化和过高的福利与社会保障水平，大大增加了经济发展的成本，国家活力日益减弱。因此，近年来，一些北欧国家的执政党开始对其福利制度进行逐步改革，以实现社会福利与经济发展、增长效率、经济活力等要求相适应的目标。

（二）美国社会建设模式

从历史的角度看，19世纪后期到20世纪中后期是美国具有关键意义的转折时期，在经济迅速发展的同时，出现了贫富悬殊、秩序紊乱等社会危机。美国在这一转折时期历经"进步运动"、"新政"和"伟大社会"三次社会改革，通过反垄断、保福利、扩民权推动了美国的社会建设与发展。1900～1917年美国所发生的政治、经济和社会改革运动统称为"进步运动"，目的在于消除美国从自由资本主义过渡到垄断资本主义所引起的种种社会弊端，重建经济秩序和社会价值。"进步运动"的范围囊括了社会生活的各个方面，影响深远，其中，反垄断举措起到了关键作用。1929年10月24日，美国股票市场大崩溃，导致了持续四年的经济大萧条，使美国深陷经济危机的泥淖。所谓"新政"是指1933年富兰克林·罗斯福就任美国总统后所实行的一系列政策。除金融、工业、农业方面的经济政策外，还实施了一系列新的社会政策，包括推行"以工代赈"、大力兴建公共工程、建立社会保障体系、建立急救救济署为人民发放救济金等。罗斯福"新政"是美国建国以来最全面、最深刻的一次改革，着手建立了一系列支撑现代社会的基本制度，拯救了美国，拯救了资本主义。"伟大社会"是美国总统林登·约翰逊在20世纪60年代实施的一系列社会经济改革纲领。纲领中保障民权的举措、福利计划、反贫困计划以及税制改革、城市更新和环境保护等内容，在立法上获得了极大的成功，在实践上取得了累累硕果。总之，从19世纪后期到20世纪中后期这近百年的时间里，卓有成效的社会改革使美国形成了完善的市场竞争秩序与社会自我更新机制，逐步形成了以"小政府、大社会"和"市场取向"为特色的美国社会建设模式。

在政府与社会的关系上，美国很明显具有一种"弱国家、强社会"的特征。政府与第三部门建立起了一种平等的合作关系，这与其国内发达的公共精神不无关系。在美国，政府承担的公共服务职能常常是通过向市场和第三部门购买的方式实现。具体到社会建设领域，美国在市场取向上的发展特征主要表现在以下几个方面：一是在社会服务与管理理念上，强调运作灵活下的管理和服务效率问题，而效率追求是市场机制和理性价值的根本特征。在服务选择和比较竞争的基础上，社会管理多元民主决策被置于比较突出的位置。积极改革以实现最佳效率是美国社会服务与管理的重要特征。二是在社会服务与管理体制上，尽管在表面形式上政府、市场和社会存在一个多元参与的体制实现格局，但在实际运作中市场被置于社会秩序实现方式的核心位置。比如，联邦政府对地方州政府的管理并不是直接实现的，而是通过经济刺激政策等引导和激励间接实现的，政府对社会组织等社会力量也是采取法律法规的政策引导和资金引导的方式加以实现。这种间接引导和监督的社会服务与管理模式实质就是一种市场刺激的经济逻辑。三是在社会力量的发育和活动中，市场因素的作用比较明显。相比于东亚很多国家社会组织依赖于政府的资源供给而言，美国的社会组织更能够从市场中获得自身生存的资源，这表现在公共慈善机构和私人基金会等非营利组织更多地依靠社会募捐等方式，获取参与社会管理和社会服务的资源，这对于改善社会自治具有重要影响。

（三）东亚社会建设模式

在20世纪八九十年代，主要东亚国家逐渐摆脱威权政体，政治发展进入民主化阶段。但是，这种政治转变并没有根本改变其社会发展逻辑和依赖路径，而是在原来路径的基础上继续前进。因此，其目前的社会建设与管理也具有这种延续性，主要表现在以下四个方面：一是东亚国家政府在公共服务和社会管理过程中扮演着"大政府"的角色。东亚国家政府是社会保障和社会福利的供给主体，在社会服务与管理体制上居于核心领导地位，这与儒家"父权"国家思想不无关系。二是在社会服务与管理体制上，由于受国家与社会力量差异化的影响，东亚国家政府内部普遍建立了从中央到地方的垂直科层管理体制，中央政府对地方政府实施行政领导，中央政府的权力远大于地方政府。三是社区自治状况与政府的干预程度有关。在东亚国家中，社区在整个政府社会服务与管理科层体系中处于最低一层，政府承担社区建设的物质和资金投入、人员配备等，这在一定程度上影响到社区自治。但也必须认识到，这是在社区缺乏自我发展能力的情况下所实施的一项社区发展促进行动。四是尽管东亚国家的社会力量发展迅速，但无论是在社会成员参与程度还是非政府组织的游说能力和社会影响上，都要弱于欧美国家。譬如，在社会福利的参与程度上，可能受文化传统差异的影响，东西方社会存在一定程度的差别。这表现在西方社会的慈善事业发展程度要高于东方社会，与此相对应的则是东方社会的血缘共同体（如家庭）保障功能比较强。

三 新中国成立前的社会建设

（一）古代中国的社会建设

中国古代文明具有历史悠久、内涵丰富、传承久远等诸多特点。绵延数千年的古代国家在社会建设和社会治理方面也积累了丰富的经验。

周王朝为巩固其奴隶制政权，在氏族血缘关系的基础上，建立起天子加诸侯的分封制国家，农业的村落兼有氏族和分封的性质，即按血缘或姓氏聚集而居。西周时期基层社会管理依靠"乡遂"制度，"乡遂"为西周时期的地方基层社区组织。乡是"国人"居住之地，遂为"野人"居住之所。秦统一中国后，实行郡县制，县是最小的行政单位，但在县下设置乡、里、亭等基层管理组织，利用这些派出机构对辖区内的村落社区进行社会管理。虽然汉朝恢复了周朝的分封制度，但它对基层的社会管理沿袭了户籍制度，每有人口出生都要上报注册，人们不能随便迁徙，只能固定在一定的地理区域之上，由乡里和宗族进行管理。及至隋唐，虽然国家的行政管理体制转变为县、州、府，并增添了"道"，但是其社区管理体制基本上没有什么变化，依然实行户籍制度，并加强了对土地的管理，户籍登记的内容更加繁杂。宋建国初期实行四户为邻、五邻为保、五保为里、五里为乡的乡里制度，进一步完善了户籍制度。王安石变法开始实行保甲制，保甲制实际上是连坐制。以十家为一保，三十家为一甲，五十家为一大保，十大保为一都保，并选出各自的保长和甲长，甲长负责征税和放贷青苗，保内设有保丁，负责村民训练，维持日常治安。到了明朝，实行里甲制度，一甲十户，设甲首一人；十甲为一里，设里长一人，里长负责税收和监督生产。里甲是政府的基层组织，政府直接介入社区管理。清朝继续实行保甲制，结合八旗制和户籍制，法定的社区类型是铺、街、卷等，一直延续到民国。

社会救助是中国古代社会实施社会建设活动的经常性行为。从历史上看，中国是世界上较早以国家行政权力介入社会救助的国家，既有着悠久的社会救助传统，也有着丰富的社会救助思想。具体来讲，中国古代社会救助大体可以分为灾害性救济和日常贫困社会救济。一是灾害性救济。在中国古代社会，面对频发的自然灾害，大多数社会成员是无法完成自救的，为此，中国历代执政者大多都十分重视灾害救济的重要性，并逐步推进了灾害救济的制度化、合理化。比如，明朝的"施粥"制度，宋、元朝的"赈银"制度等。二是日常贫困社会救济。查遍中国古代史料，中国古代社会关于对社会弱势群体的日常贫困救济的记载可谓屡见不鲜。其中，最典型例证是宋朝，其间由政府建立的贫困救济机构，无论在数量上还是质量上都堪称史无前例。比如，"福田院"、"居养院"、"养济院"、"广惠院"等一系列具有公共性质的救济机构，这些机构大多具有救济贫困人口或收治病人、助葬等功能。这表明，中国古代社会对于社会弱势群体的日常贫困救济，不仅仅停留在偶然救济层面上，而是逐渐成为国家的一种日常化行为。

发展社会公益事业是中国古代社会建设的重要方面。各项社会公益事业在中国古代社会都有不同程度的发展，这在一定程度上满足了寻常百姓的不同社会需求。中国古代社会十分重视教育事业的发展。概括地讲，中国古代教育事业的发展开创了独具特色的"二元"局面。既有国学，又有乡学；既有学校教育，也有科举制度；既有官学，也有私学。在医疗事业方面,据《周礼》记载,早在我国周、汉期间,就形成了由政府建立的包括医疗机构、医疗设施、管理制度、医师等在内的一整套完备的医疗体制。比如,宋、辽、金时期的"太医局"、"太平惠民局",元朝时期的"惠民药局",等等。此外,历史上还出现过具有社会慈善性质的医疗机构。比如,隋唐时期沿袭了历史上的"好释氏"制度,佛教和寺院在国家的支持下专门设立了病坊,承担起"施救病人"的职能。①

(二)近现代中国的社会建设

回顾 20 世纪以来的历史可以发现,从旧民主主义革命开始,中国的仁人志士就在不断推动社会革命与社会建设。辛亥革命之后中国出现的地方自治运动中,就包含着社会建设内容,如办理地方学务、卫生、道路工程,开展慈善公益、救助贫困、养育孤儿等。随着现代工业的建立和劳工问题的出现,社会建设的内容又扩展到劳动救济事业和合作运动等方面。当时,社会建设已成为推动民族振兴、改善民生的一个重要方面。

1921 年中国共产党成立,一部中国共产党的历史,从一定意义上可以说是一部社会建设的历史。党社会建设的历史大体上可分为局部执政和全面执政两个时期。新民主主义革命时期,我们党在自己领导的革命根据地展开了局部的社会建设实践。新中国成立以后,我们党在领导人民搞经济建设的同时,也开展过大规模的社会建设。改革开放以来,我们党在领导人民进行社会主义现代化建设的过程中积累了大量的社会建设实践经验,并实现了由感性认识到理性认识的飞跃,提出并形成了社会主义社会建设理论。

新民主主义革命时期,中国共产党在局部执政的历史条件下,针对国民党政府的专制统治下的种种社会弊端,创造性地提出了一些社会建设的思想和举措。尤其是延安时期的 13 年,我们党十分重视农民

---

① 本节内容主要参考夏学銮《我国历史上的社会建设理论研究》,《学习与实践》2007 年第 7 期。

尤其是广大贫苦农民的生活状况，并把解决土地问题作为民生建设的根本。为了确保土地政策的落实，先后颁布了一系列土地法令，如《井冈山土地法》、《中华苏维埃共和国土地法》、《陕甘宁边区土地条例》、《中国土地法大纲》等。这些土地法规的颁布实施使得农民无偿得到了梦寐以求的土地，从而极大地调动了他们的生产积极性和革命政治热情。土地革命既是我们党取得新民主主义革命胜利的根本保障，也是当时中国在政治经济文化落后的局势下解决民生问题的重要法宝。

新民主主义革命时期，由于阶级关系极其复杂、瞬息万变，如何妥善处理各个阶级（工人、农民、民族资产阶级和小资产阶级）利益矛盾是个十分棘手的问题。为此，党和政府采取了一系列积极有效的措施。比如，实行普遍的民主直选制度，建立"三三制"的民主政权模式；在地主与农民的债权和债务关系上，采取"在土地未经分配的区域，保证地主的土地所有权及债主的债权"，同时实行减租减息的政策。既保证了农民的既得利益，也承认了地主拥有的"正当"权益。总的来说，新民主主义革命时期，我们党对于各个阶级利益矛盾采取了基于共同利益基础上的合作策略，平衡了各个阶级之间的利益关系，妥善地化解了矛盾纠纷，为建立最广泛的革命民族统一战线奠定了坚实的物质基础、政治基础和精神基础。

在延安时期，我们党十分重视边区政权的民主政治建设。一是充分尊重和保障人民的基本权利。比如：在选举上实行灵活多样的方式，如写票法、画圈法、画杠法、画点法、投豆法、燃香烙洞法等，使边区不识字的普通百姓能充分行使自己的民主权利。二是充分发扬党内民主。党内民主的扩大，极大地激发了党员干部的"公仆意识"。三是给予民主党派人士以表达政治意愿的权利和渠道。我们党创造性地组建了"三三制"民主政权模式，突出强调阶级联合基础上的包容和民主协商。[①]

---

① 韩跃民：《我国社会主义社会建设基本问题研究》，中共中央党校博士学位论文，2012。

四 新中国的社会建设

（一）改革开放前的社会建设

1949年新中国成立，标志着在中国共产党的领导下，我国实现了由半殖民地半封建社会到民族独立、人民当家作主的新社会，由新民主主义到社会主义的伟大历史性转变。经过三年的奋斗，相继实现了祖国大陆的统一，在全国大陆范围内完成了土地革命，恢复了国民经济。在此基础上，我们党开启了社会主义改造（1953—1956年）和全面建设社会主义（1956—1966年）的历史进程。这一时期，我们在党领导全国人民进行经济社会建设的过程中，既经历了一些曲折，也积累了丰富的社会建设实践经验，并相应地提出了一系列社会建设的思想和主张。从一定意义上讲，这是我们党在全面执政的历史条件下对于社会建设进行探索的实践源头。

中华人民共和国成立后，我国进入由新民主主义向社会主义的过渡时期。我们党在完成民主革命遗留任务的同时，领导人民进行了全面的社会改造。各级政府积极采取以工代赈、生产自救、回乡生产、发放救济金、转业训练等多种方式，有效地解决了工人失业和再就业的问题；土地制度的改革，使占人口绝大多数的农民翻身解放；新婚姻法的颁布，使广大妇女获得了婚姻自由的权利；旧社会污泥浊水的荡涤，使健康文明的社会新风尚开始树立。凡此种种，使社会面貌焕然一新。1951年政务院颁布《中华人民共和国劳动保险条例》，标志着我国城镇企业职工劳动保险制度的确立。1953—1956年，党领导人民创造性地基本完成了对农业、手工业和资本主义工商业生产资料所有制的社会主义改造，实现了中国历史上最伟大、最深刻的社会变革。在此过程中，1954年《中华人民共和国宪法》的颁布，以国家根本大法的形式明确了公民享有的劳动就业、劳动保护和社会保障等多项基本权利。到1956年，集体经济供养模式下农村"五保"制度实施，我国初步建立了以国家为责任主体、企事业单位和农村集体包办的社会保障制度。

社会主义改造基本完成后,我国进入了全面建设社会主义的历史阶段。党领导人民充分发挥社会主义的制度优势,在进行大规模经济建设的同时,开展了各项社会事业的全面建设。虽然没有明确提出社会建设这一概念,而是将这方面的任务置于经济建设、政治建设和文化建设之中。其间尽管经历了"大跃进"和"文化大革命"的严重曲折,但成就仍然举世瞩目。在建立独立、完整的工业体系和国民经济体系的过程中,为工业化服务的社会保障体系、国民教育体系和医疗卫生体系也随之建立,使占世界1/4的中国人口基本实现充分就业,物质生活需求得到初步满足,文化素质和健康水平大幅提高,科技、教育、卫生、体育等各项事业也有了长足发展。特别是在社会建设的制度层面,"基于我国经济发展状况而实行的按劳分配制度和社会福利制度,在保障人民基本生活需要方面发挥了重要作用"。

(二)改革开放后至十六大之前的社会建设

党的十一届三中全会的召开,实现了新中国成立以来中国共产党历史上和我国社会主义建设史上最具有深远意义的伟大转折。以此为标志,中国进入了社会主义现代化事业的新时期。党的十一届三中全会摒弃了"以阶级斗争为纲"的错误理论和实践,坚定不移地把工作重心转到社会主义现代化建设上来,努力推进社会主义物质文明和精神文明建设。改革开放起步阶段,党在各项工作中注重人民生活的改善,同时对社会关系领域也进行了调整,从而有效调动了各党派、各团体、各阶层、各民族的积极性,为开创社会主义现代化建设新局面,奠定了坚实的社会基础和群众基础。

为了推进社会建设,1982年党的十二大对改善人民生活和控制人口问题给予了高度重视,十二大报告指出:"在我国经济和社会的发展中,人口问题始终是极为重要的问题。实行计划生育,是我国的一项基本国策。"同年12月,五届全国人大五次会议决定从第六个五年计划开始,将"国民经济发展计划"更名为"国民经济和社会发展计划",并将控制人口增长、劳动就业和劳动保护、居民收入和消费、城乡建设和社会福利事业、文化事业、卫生和体育事业、环境保护、社会秩序等八项内容纳入社会发展计划,并做了全面部署。

20世纪80年代末,国际国内形势十分复杂。党的十四大后,随着社会主义市场经济体制改革的深入,我国社会经济生活中原有的、隐藏的深层次矛盾逐渐暴露出来。鉴于邓小平提出的"三步走"战略中的第一、第二步战略目标已基本实现,在世纪之交中国即将迈向第三个战略阶段,江泽民在党的十五大上明确提出:"展望新世纪,我们的目标是,第一个十年实现国民生产总值比2000年翻一番,使人民的小康生活更加宽裕,形成比较完善的社会主义市场经济体制;再经过十年的努力,到建党一百周年时,使国民经济更加发展,各项制度更加完善;到下世纪建国一百年时,基本实现现代化,建成富强民主文明的社会主义国家。"这也就是"新三步走"发展战略。

"新三步走"战略是对"三步走"战略的进一步明晰化和具体化。为了实现这一系列宏伟目标,这一时期党和国家又提出了一些具体的战略方针。一是科教兴国战略。1995年5月中共中央、国务院在《关于加速科学技术进步的决定》中首次提出这一战略。1996年3月,八届人大四次会议通过的《国民经济和社会发展"九五"计划和2010年远景目标》,明确把实施科教兴国战略确定为我国现代化建设的一项基本国策。二是可持续发展战略。1994年3月由国务院审议通过的《中国二十一世纪议程》第一次提出可持续发展的问题。党的十四届五中全会再次强调指出:"在现代化建设中,必须把实现可持续发展作为一个重大战略。要把控制人口、节约能源、保护环境放到重要位置,使人口增长与社会生产力的发展相适应,使经济建设与资源、环境相协调,实现良性循环。"此外,党和国家还提出了西部大开发,以及推进小城镇城市化步伐、进一步建立健全社会保障体系、实施扶贫开发计划等诸多战略。

(三) 十六大之后的社会建设

党的十六大以来,我们党对社会主义社会建设提出了一系列新思想、新论断、新观点,经历了从提出社会建设的战略任务到明确目标要求与工作重点、再到全面部署的过程，从而把对中国特色社会主义社会建设的认识提高到新的历史高度，初步形成了中国特色社会主义社会建设理论框架。

1. 构建社会主义和谐社会的提出与发展

2002年，党的十六大报告指出："我们要在本世纪头二十年，集中力量，全面建设惠及十几亿人口的更高水平的小康社会，使经济更加发展、民主更加健全、科教更加进步、文化更加繁荣、社会更加和谐、人民生活更加殷实。"这是我们党的文献史上首次将社会更加和谐作为我们党为之奋斗的一个重要目标，意味着我们党在坚持以经济建设为中心的同时，开始更加重视社会建设。从此，在全面建设小康社会的奋斗目标中，不但有了社会建设的重要内容，而且还将其明确定性为促使社会更加和谐。

2003年4月中旬，胡锦涛到广东考察，第一次明确提出要坚持全面的发展观，努力促进社会主义物质文明、政治文明和精神文明协调发展。同年7月，胡锦涛又进一步提出全面发展、协调发展、可持续发展的发展观，并对发展的内涵作了深刻阐述。他指出："我们讲发展是党执政兴国的第一要务，这里的发展绝不只是指经济增长，而是要坚持以经济建设为中心，在经济发展的基础上实现社会全面发展。"以发展内涵的新认识为突破口，在总结20多年改革开放实践经验的基础上，党的十六届三中全会明确提出了以人为本，全面、协调、可持续的科学发展观，按照"五个统筹"的要求促进经济社会的协调发展，不断完善政府社会管理和公共服务职能。

2004年9月召开的十六届四中全会，深入分析我们党治国理政面临的新形势、新要求，从全面建设小康社会、开创中国特色社会主义事业新局面的全局出发，进一步明确提出了构建社会主义和谐社会重大战略任务，强调"要适应我国社会的深刻变化，把和谐社会建设摆在重要位置"。构建社会主义和谐社会的提出，在我国社会主义建设进程中是一个具有里程碑意义的大事件，是我们党的一个重要理论创新。如果说，科学发展观的提出，主要是从发展的角度为解决经济社会协调发展问题提供指导，那么，构建社会主义和谐社会的提出，则是以科学发展观为指导，从社会建设的角度，进一步将经济社会协调发展的要求落到了实处。从此，科学发展、和谐发展作为重要发展理念，体现到党和国家全部工作中，我国经济社会开始走上全面协调发展的轨道。

2005年2月，中央专门举办省部级主要领导干部专题研讨班，集中研究提高构建社会主义和谐社会能力的问题。胡锦涛在开班式上的讲话，第一次全面系统地阐明了构建社会主义和谐社会的重大意义、科学内涵、基本特征、重要原则和主要任务。讲话通过对古今中外思想家有关实现社会和谐的探索，马克思主义经典作家关于未来社会的思考，以及我们党的三代中央领导集体和十六大以来的党中央，把马克思主义基本原理与中国具体实践相结合所作探索的系统总结，深刻阐明了我们党提出构建社会主义和谐社会的思想来源和现实依据。特别是通过对社会主义和谐社会的基本特征"民主法治、公平正义、诚信友爱、充满活力、安定有序、人与自然和谐相处"六个方面的阐发，清晰地指明了我们党所要构建的社会主义和谐社会的性质，并把它与我国历史上一些思想家所憧憬的"大同世界"，与空想社会主义所描绘的"乌托邦"等鲜明地区别开来，实际上回答了什么是社会主义和谐社会和怎样建设社会主义和谐社会的问题，对统一全党全国人民的思想，推进和谐社会建设发挥了重要指导作用。

2005年10月，党的十六届五中全会审议通过了《中共中央关于制定国民经济和社会发展第十一个五年规划的建议》，把开创社会主义经济建设、政治建设、文化建设、社会建设的新局面，作为"十一五"时期我国经济社会发展的重要目标，并围绕构建和谐社会对加强社会建设做出了具体部署。

在构建社会主义和谐社会的进程中，2006年10月召开的十六届六中全会占有一个特殊重要的位置。全会通过了《中共中央关于构建社会主义和谐社会若干重大问题的决定》〔以下简称《决定》（2006）〕，也是我们党历史上第一个以社会为主题的重要文件。《决定》（2006）不仅明确提出到2020年构建社会主义和谐社会的指导思想、目标任务、工作原则，而且第一次将"和谐"的内容写入建设社会主义现代化国家的总体目标。这就将社会和谐从全面建设小康社会这样一个阶段性的目标,上升为时间跨度更长、任务更艰巨、工作更系统的把我国建设成为富强民主文明和谐的社会主义现代化国家的奋斗目标,成为指导当前和今后一个时期构建社会主义和谐社会的纲领性文件。

2007年10月召开的党的十七大从理论上进一步阐明了构建社会主义和谐社会与中国特色社会主义道路、中国特色社会主义理论体系特别是科学发展观等重大关系问题,进一步明确了和谐社会建设的定位。十七大报告用一个专门部分对"深入贯彻落实科学发展观"作了全面系统的阐述,并明确指出:"深入贯彻落实科学发展观,要求我们积极构建社会主义和谐社会",强调"科学发展和社会和谐是内在统一的。没有科学发展就没有社会和谐,没有社会和谐也难以实现科学发展"。这就要求我们在坚持发展这个第一要义的同时,也必须把构建社会主义和谐社会摆在更加突出的位置。既要通过科学发展来促进社会和谐,又要通过促进社会和谐来推动科学发展。

2. "社会建设"提出的背景和意义

2004年,党的十六届四中全会在提出了构建社会主义和谐社会的同时,还强调要"加强社会建设和管理,推进社会管理体制创新",对正在进行着的各项社会组织、社会结构、社会秩序、社会事业等方面的建设,作了一个明晰的概括——社会建设。

2007年,党的十七大报告提出,要"加快推进以改善民生为重点的社会建设",强调"社会建设与人民幸福安康息息相关。必须在经济发展的基础上,更加注重社会建设,着力保障和改善民生,推进社会体制改革,扩大公共服务、完善社会管理,促进社会公平正义,努力使全体人民学有所教、劳有所得、病有所医、老有所养、住有所居,推动建设和谐社会"。十七大通过的《中国共产党章程》(修正案)中,将社会主义经济建设、政治建设、文化建设三位一体的社会主义事业总体布局,发展为包括经济建设、政治建设、文化建设、社会建设四位一体的社会主义建设事业总体布局。这是我们党对中国特色社会主义事业的新认识、新概括,标志着中国进入了以社会建设为重点的新阶段。

2012年，党的十八大进一步系统论述了社会建设理论，强调加强社会建设是社会和谐稳定的重要保证。必须从维护最广大人民根本利益的高度，加快健全基本公共服务体系，加强和创新社会管理，推动社会主义和谐社会建设。加强社会建设，必须以保障和改善民生为重点。要多谋民生之利，多解民生之忧，解决好人民最关心、最直接、最现实的利益问题，在学有所教、劳有所得、病有所医、老有所养、住有所居上持续取得新进展，努力让人民过上更好生活。加强社会建设，必须加快推进社会体制改革。要围绕构建中国特色社会主义社会管理体系，加快形成党委领导、政府负责、社会协同、公众参与、法治保障的社会管理体制，加快形成政府主导、覆盖城乡、可持续的基本公共服务体系，加快形成政社分开、权责明确、依法自治的现代社会组织体制，加快形成源头治理、动态管理、应急处置相结合的社会管理机制。要努力办好人民满意的教育、推动实现更高质量的就业、千方百计增加居民收入、统筹推进城乡社会保障体系建设、提高人民健康水平，开创社会和谐人人有责、和谐社会人人共享的生动局面。

3. "加强和创新社会管理"的提出

2011年2月，中央专门举办省部级主要领导干部社会管理及其创新专题研讨班，做出加强和创新社会管理的重大决策。胡锦涛在研讨班上深刻阐述了加强和创新社会管理的重要性和紧迫性，明确提出了新形势下加强和创新社会管理、做好群众工作的总体思路和重点任务。具体内容包括：一是明确提出建设中国特色社会主义社会管理体系的目标，就是要紧紧围绕全面建设小康社会的总目标，牢牢把握最大限度激发社会活力、最大限度增加和谐因素、最大限度减少不和谐因素的总要求，以解决影响社会和谐稳定突出问题为突破口，完善党委领导、政府负责、社会协同、公众参与的社会管理格局，以确保社会既充满活力又和谐稳定。二是明确了加强和创新社会管理的重点是做好新形势下的群众工作。社会管理从根本上说是对人的管理和服务，说到底就是做群众的工作，这就更加要求我们在加强和创新社会管理中，要坚持贯彻党的群众路线，坚持人民主体地位，发挥人民首创精神，紧紧依靠人民群众开创新形势下社会管理新局面。

2011年3月，十一届全国人大四次会议批准的"十二五"规划纲要，首次以"标本兼治，加强和创新社会管理"为题独立成篇，分为"创新社会管理体制"、"强化城乡社区自治和服务功能"、"加强社会组织建设"三章，对"十二五"时期加强和创新社会管理进行全面部署。

2011年7月，中共中央、国务院专门印发《关于加强和创新社会管理的意见》（以下简称《意见》）。这是我国第一份关于创新社会管理的正式文件，进一步明确了加强和创新社会管理的指导思想、基本原则、目标任务和主要措施。《意见》提出要最大限度激发社会活力，完善党委领导、政府负责、社会协同、公众参与的社会管理格局，建设中国特色社会主义社会管理体系。要以解决影响社会和谐稳定的突出问题为突破口，通过协调社会关系、规范社会行为、化解社会矛盾和深入细致的群众工作，维护人民群众权益，促进社会公平正义，保持社会良好秩序，有效应对社会风险，为党和国家事业发展营造更加良好的社会环境。

2011年8月，中央决定将中央社会治安综合治理委员会正式更名为中央社会管理综合治理委员会，并对职责任务和成员单位进行必要调整，进一步充实工作力量，为加强和创新社会管理提供了组织上的保障。这些举措，有力地推动了加强和创新社会管理的决策部署的贯彻落实。2011年，也因之被称为中国的"社会管理年"。

2012年，党的十八大报告强调要从改善民生和创新管理两个方向加强社会建设。"提高社会管理科学化水平，必须加强社会管理法律、体制机制、能力、人才队伍和信息化建设。改进政府提供公共服务方式，加强基层社会管理和服务体系建设，增强城乡社区服务功能，强化企事业单位、人民团体在社会管理和服务中的职责，引导社会组织健康有序发展，充分发挥群众参与社会管理的基础作用。完善和创新流动人口和特殊人群管理服务。正确处理人民内部矛盾，建立健全党和政府主导的维护群众权益机制，完善信访制度，完善人民调解、行政调解、司法调解联动的工作体系，畅通和规范群众诉求表达、利益协调、权益保障渠道。建立健全重大决策社会稳定风险评估机制。强化公共安全体系和企业安全生产基础建设，遏制重特大安全事故。加强和改进党对政法工作的领导，加强政法队伍建设，切实肩负起中国特色社会主义事业建设者、捍卫者的职责使命。深化平安建设，完善立体化社会治安防控体系，强化司法基本保障，依法防范和惩治违法犯罪活动，保障人民生命财产安全。完善国家安全战略和工作机制，高度警惕和坚决防范敌对势力的分裂、渗透、颠覆活动，确保国家安全。"

4. 从社会管理到社会治理

2013年10月，党的十八届三中全会做出的《中共中央关于全面深化改革若干重大问题的决定》[以下简称《决定》（2013）]，如同35年前党的十一届三中全会在中国百废待兴的关键时刻做出改革开放的重大战略决策一样，是在中国经济社会面临全面转型，亟待跨越"中等收入陷阱"，实现中华民族伟大复兴的中国梦这一关键时期做出的又一重大战略决策。十八届三中全会决定涉及经济体制、政治体制、文化体制、社会体制、生态文明体制和党的建设体制，以及国际与军队改革等七大方面的改革，是一个全面深化改革的方案。《决定》（2013）中与社会建设和社会管理相关的内容主要有如下方面。

创新社会治理体制　《决定》（2013）提出创新社会治理体制，用社会治理替代社会管理，这是《决定》（2013）在社会改革方面的最大亮点。创新社会治理，必须着眼于维护最广大人民根本利益，最大限度地增加和谐因素，增强社会发展活力，提高社会治理水平，全面推进平安中国建设，维护国家安全，确保人民安居乐业、社会安定有序。为此《决定》（2013）提出：首先要改进社会治理方式。坚持系统治理，加强党委领导，发挥政府主导作用，鼓励和支持社会各方面参与，实现政府治理和社会自我调节、居民自治良性互动。坚持依法治理、综合治理、源头治理，以网格化管理、社会化服务为方向健全基层综合服务管理平台。其次要激发社会组织活力。正确处理政府和社会关系，加快实施政社分开，推进社会组织明确权责、依法自治、发挥作用。适合由社会组织提供的公共服务和解决的事项，交由社会组织承担。支持和发展志愿服务组织。重点培育和优先发展行业协会商会类、科技类、公益慈善类、城乡社区服务类社会组织，加强对社会组织和在华境外非政府组织的管理。此外还要创新有效预防和化解社会矛盾体制，健全公共安全体系。

改革的根本目标是公平正义和人民福祉 我们究竟为什么要改革？中共十八届三中全会关于全面深化改革的决定对这一根本问题做出了明确的回答："以促进社会公平正义、增进人民福祉为出发点和落脚点。"换言之，全面深化改革，包括社会体制改革和社会治理创新，最终是为了社会的公正，人民的幸福。这一表述把公平正义置于最优先的地位，就是倡导"公平优先"。"公平优先"是对社会主义本质的回归，表明我们党对社会主义终极价值坚持不懈的追求。人民的福祉，就是人民的福利或人民的幸福。这次十八届三中全会正式将"增进人民福祉"当作全面深化改革的出发点和落脚点，标志着党和政府将"人民福祉"或"人民幸福"上升到了改革终极目标的高度，所有改革，包括社会体制改革和社会治理创新，都必须服务于这一终极目标。

推进社会事业改革创新 《决定》（2013）在推进社会事业改革创新部分，提出要实现发展成果更多更公平惠及全体人民，必须加快社会事业改革，解决好人民最关心最直接最现实的利益问题，努力为社会提供多样化服务，更好满足人民需求，并对教育、就业、收入分配、社会保障、医药卫生等社会领域的改革做了全方位部署。在教育领域，提出要加强社会主义核心价值体系教育，统筹城乡义务教育资源均衡配置，推进考试招生制度改革，深入推进管办评分离。在就业领域，提出建立经济发展和扩大就业的联动机制，消除一切影响平等就业的制度障碍和就业歧视，完善扶持创业的优惠政策，增强失业保险制度功能，创新劳动关系协调机制，促进以高校毕业生为重点的青年就业和农村转移劳动力、城镇困难人员、退役军人就业。在收入分配领域，提出要提高劳动报酬在初次分配中的比重，完善以税收、社会保障、转移支付为主要手段的再分配调节机制，扩大中等收入者比重，逐步形成橄榄型分配格局。在社会保障领域，提出要实现基础养老金全国统筹，推进机关事业单位养老保险制度改革，整合城乡居民基本养老保险制度、基本医疗保险制度，完善社会保险关系转移接续政策，研究制定渐进式延迟退休年龄政策，健全符合国情的住房保障和供应体系，加快建立社会养老服务体系和发展老年服务产业。在医药卫生领域，提出要深化基层医疗卫生机构综合改革，加快公立医院改革，鼓励社会办医，完善合理分级诊疗模式，加快健全重特大疾病医疗保险和救助制度，启动实施一方是独生子女的夫妇可生育两个孩子的政策。

加快转变政府职能 科学的宏观调控，有效的政府治理，是发挥社会主义市场经济体制优势的内在要求。《决定》(2013) 指出必须切实转变政府职能，深化行政体制改革，创新行政管理方式，增强政府公信力和执行力，建设法治政府和服务型政府。具体措施如下。一是要完善发展成果考核评价体系，纠正单纯以经济增长速度评定政绩的偏向，加大资源消耗、环境损害、生态效益、产能过剩、科技创新、安全生产、新增债务等指标的权重，更加重视劳动就业、居民收入、社会保障、人民健康状况。二是要加强发展战略、规划、政策、标准等制定和实施，加强市场活动监管，加强各类公共服务提供。加强中央政府宏观调控职责和能力，加强地方政府公共服务、市场监管、社会管理、环境保护等职责。推广政府购买服务，凡属事务性管理服务，原则上都要引入竞争机制，通过合同、委托等方式向社会购买。三是要加快事业单位分类改革，加大政府购买公共服务力度，推动公办事业单位与主管部门理顺关系和去行政化，创造条件，逐步取消学校、科研院所、医院等单位的行政级别。建立事业单位法人治理结构，推进有条件的事业单位转为企业或社会组织。建立各类事业单位统一登记管理制度。

第三章

社会建设的目标、原则、主体、内容与意义

自 2004 年党的十六届四中全会第一次提出"社会建设"的概念之后，一方面，中国共产党关于社会建设的政策不断发展和完善；另一方面，不同领域的学者们也从不同的视角对社会建设展开了广泛而深入的研究和讨论。在本章中，我们拟从目标、原则、主体、内容和意义等方面来对 2005 年以来学者们有关社会建设的讨论以及中国共产党关于社会建设的政策进行一番简要的梳理，以期加深我们对社会建设相关理论问题的理解。

一 社会建设的目标

（一）学界的讨论

学者们提出的社会建设的主要目标包括以下五个方面。

1. 社会现代化

有学者指出，社会建设就是建设社会现代化。很多现代化国家的实践表明，现代化社会是一个完整的系统，不仅要实现经济现代化，而且还必须实现社会现代化、政治现代化和文化现代化。从长远发展

和国际国内的实践观察，社会建设就是要建设社会现代化。社会建设同建设经济现代化一样，将是一个复杂、艰难的长期历史任务，显然不是 5 年、10 年能够完成的。建设社会现代化，包括民生事业现代化、社会事业现代化（例如教育现代化、科技现代化、医疗卫生现代化等）、社会体制现代化、社会管理现代化、社会组织现代化、社会生活现代化、社会结构现代化等诸多层面。

2. 改善民生

还有学者认为，社会建设应以改善民生为目标，这是因为，民生问题是中国特色社会主义建设事业中的重要问题，它关系到百姓的基本生活、社会主义市场经济体制改革的纵深发展以及中国特色社会主义的建设。保障和改善民生，在中国特色社会主义社会建设中具有特殊的重要性，是中国特色社会主义社会建设的核心理念。[1]

3. 构建和谐社会

大致可以分为四种观点。第一种观点认为，加强社会建设是在构建社会主义和谐社会的大背景下提出的，只有加快以改善民生为重点的社会建设，才能为构建社会主义和谐社会提供基本的手段、路径、支持和保障。[2] 第二种观点认为，随着中国利益分化的加剧，亟须进行社会建设，进行利益分化基础上的结构整合，实现以利益协调为必要条件的社会有序。[3] 第三种观点则从社会管理的维度看构建和谐社会，强调通过社会管理的制度变革和体制创新，构建维护社会稳定的多元共治格局，积极推进社会治理结构的现代化，社会建设将成为中国维稳模式现代转型与战略重构的重要突破口。[4] 第四种观点强调了社会整合这一和谐社会的本意，认为社会整合是一个社会得以持续的基础。我国正在推动社会建设，其政治价值就在于促进社会整合。[5]

---

[1] 邓大松、孟颖颖：《论中国特色社会主义社会建设中的"民生"问题——兼论改革发展成果全民共享的"五有"新目标》，《西北大学学报》（哲学社会科学版）2008 年第 6 期。

[2] 周燕：《对社会建设与构建和谐社会关系的认识》，《思想战线》2010 年第 1 期。

[3] 贾玉娇：《社会建设：利益协调与有序社会》，《重庆大学学报》（社会科学版）2012 年第 4 期。

[4] 唐皇凤：《稳定与发展双重视阈下的中国社会建设》，《人文杂志》2013 年第 6 期。

[5] 孙远太：《从分化到合作：当代社会建设的政治意蕴》，《理论月刊》2012 年第 7 期。

4. 建设公民社会或"好社会"

有代表性的是以下几种观点：①认为社会主义的公民社会体系是社会建设的重要目标；②认为通过改造组织载体，建设成一个有制衡的政府、有秩序的市场、有活力的社会是社会建设的目标；③认为制约权力、驾驭资本、制止社会溃败是社会建设的目标；④认为社会建设的目标是建设一个合作型的社会以及资源、机会共享型的社会。①

5. 提高人民福祉

有学者主张，社会建设的最终目标是提高人民福祉。现代国家发展经济，推动社会进步，创造财富的目的就是让人民获得更多福祉。人民福祉是人民能够享受的经济社会发展的终端成果，是人民对于发展成果的客观享受和主观体验。衡量人民福祉的核心就是人民生活质量。在新的历史时期，中国应当以提高人民生活质量作为评价社会建设的标准和目的。②

（二）中央的政策

从中央来说，虽然随着形势的发展和认识的深化，在不同时期对社会建设的目标的表述有所侧重，但是基本的思路是清楚的。十六届四中全会通过的《中共中央关于加强党的执政能力建设的决定》中在提及社会建设时是将其与社会管理连在一起，强调了管理体制的创新："深入研究社会管理规律，完善社会管理体系和政策法规，整合社会管理资源，建立健全党委领导、政府负责、社会协同、公众参与的社会管理格局。"

不过到了十六届六中全会，则是将社会建设与和谐社会的构建连在一起，我们可以从会议公报提出的到2020年和谐社会构建要达到的目标中来体会这一点："社会主义民主法制更加完善，依法治国基本方略得到全面落实，人民的权益得到切实尊重和保障；城乡、区域发

---

① 陆学艺：《中国社会建设与社会管理：对话·争鸣》，社会科学文献出版社，2011，第402页。

② 丁元竹：《中国社会建设：战略思路与基本对策》，北京大学出版社，2008，第302页。

展差距扩大的趋势逐步扭转，合理有序的收入分配格局基本形成，家庭财产普遍增加，人民过上更加富足的生活；社会就业比较充分，覆盖城乡居民的社会保障体系基本建立；基本公共服务体系更加完备，政府管理和服务水平有较大提高；全民族的思想道德素质、科学文化素质和健康素质明显提高，良好道德风尚、和谐人际关系进一步形成；全社会创造活力显著增强，创新型国家基本建成；社会管理体系更加完善，社会秩序良好；资源利用效率显著提高，生态环境明显好转；实现全面建设惠及十几亿人口的更高水平的小康社会的目标，努力形成全体人民各尽其能、各得其所而又和谐相处的局面。"

在这段阐述中，我们可以看到提出的目标和任务是以经济与社会协调发展、人与自然的和谐为前提，从社会事业、社会体制的建设、社会管理的创新和完善、社会主义核心价值体系的深入人心这些方面来落实的，都属于社会建设的范畴。

胡锦涛总书记在党的十七大所做的报告的第八部分以"加快推进以改善民生为重点的社会建设"为标题对社会建设领域内的任务做了阐述。从标题上看，社会建设的目的和重要性就已经非常突出，即"以改善民生为重点"，这就将科学发展观中"以人为本"这一核心具体化为社会建设的工作任务。而且，在报告第八部分的第一段进一步指出了社会建设的具体目标："着力保障和改善民生，推进社会体制改革，扩大公共服务，完善社会管理，促进社会公平正义，努力使全体人民学有所教、劳有所得、病有所医、老有所养、住有所居"，以"推动建设和谐社会"。

党的十八大报告的第七部分阐述的是社会建设方面的工作任务，但是报告用的标题是"在改善民生和创新管理中加强社会建设"，与十七大报告相比，这个标题增加了一个前缀是"创新管理"。报告提出了在社会管理方面的总目标与总要求："必须加快推进社会体制改革。要围绕构建中国特色社会主义社会管理体系，加快形成党委领导、政府负责、社会协同、公众参与、法治保障的社会管理体制，加快形成政府主导、覆盖城乡、可持续的基本公共服务体系，加快形成政社分开、权责明确、依法自治的现代社会组织体制，加快形成源头治理、动态管理、应急处置相结合的社会管理机制。"因此，社会管理创新的目标显然在于"社会体制改革"，这包括了基本公共服务体系、社会组织体制与社会管理机制的形成。

因此，若从总体上看，我们认为，可以将社会建设的目标分出层次，最宏观的目标即在于推动建设和谐社会和满足人民日益增长的物质和文化需要，同时又可以细分出三个方面的目标：改善民生、完善社会管理和推进社会主义核心价值体系的建设，其余的如社会事业建设和社会体制改革、基本公共服务体系的建设、促进社会公平正义都属于以上三方面的目标，这样我们就厘清了社会建设目标之间的关系，从而可以更有针对性地来推进社会建设。

二 社会建设的原则和核心价值取向

（一）学界的讨论

目前理论界关于社会主义社会建设的原则及核心价值取向主要有四种代表性的观点，具体如下所述。

1. 公平正义

有学者认为公平正义是社会建设的价值取向，社会公平正义是进步人类追求的理想，是社会主义制度的首要价值，是社会主义的本质要求，是社会进步的标志，是社会主义和谐社会的重要特征。维护社会公平正义，是社会建设的核心价值取向。[①] 也有学者通过反思"原始积累不可避免"、"国家财力不足"、"重视公平正义便会妨碍效率"这三个错误观念，认为维护社会公平正义是社会建设的核心价值取向。李强认为社会建设的现实意义在于满足社会成员的基本需求，最终目的是要实现社会公正。

2. 以人为本

还有一种观点认为，"以人为本"是中国共产党社会建设思想的核

---

① 贾建芳：《中国社会建设的阶段性特征》，《学习论坛》2009 年第 7 期。

心理念，这是因为党在社会建设的理论和实践探索中，始终贯穿了"以人为本"的原则，科学地回答了社会建设为了谁、依靠谁的问题。"以人为本"的本，就是根本，也就是社会建设的出发点和落脚点。一方面，在我国当前的社会建设中，贯彻"以人为本"的核心理念，就是要"为了人"，这是我国社会建设的根本目的。另一方面，社会建设要"依靠人"，这是我国社会建设的根本前提。①

3. 人的全面发展

有学者指出，人的全面发展是马克思主义的最高人格和价值目标。马克思把人的全面发展与社会建设放在同等重要的位置。社会建设，说到底就是人的建设。经济、政治和文化三个方面的建设，都要为促进人的全面发展、为人的建设服务，因而最终都要以社会建设、人的建设为目的。人的价值处于一切价值与价值取向的最高层面。人的全面发展是现代社会建设的价值目标，是现代社会建设需要解决的重大课题。②

4. 民生幸福

也有学者主张，社会建设的终极价值诉求就是人民的幸福和安康。民生问题是社会建设的根本，民生幸福是民生工程的根本，抓住了民生幸福，也就抓住了社会建设的根本。社会建设必须深入贯彻落实科学发展观，以民生幸福为最高价值诉求。③

（二）中央的政策

党的十六届六中全会公报依据《中共中央关于构建社会主义和谐社会若干重大问题的决定》指出构建和谐社会必须遵循的原则：必须坚持以人为本，必须坚持科学发展，必须坚持改革开放，必须坚持民主法治，必须坚持正确处理改革发展稳定的关系，必须坚持在党的领导下全社会共同建设。因为推进社会建设的最终目的就是为了构建和

---

① 马力昉：《以人为本：中国共产党社会建设思想的核心理念》，《学理论》2010年第1期。
② 沈晓辉：《社会建设与人的全面发展》，《湖南社会科学》2008年第1期。
③ 莫艳云：《加快推进以改善民生为重点的社会建设之我见》，《学理论》2010年第10期。

谐社会，所以，推进社会建设的原则和构建和谐社会的原则应该是一致的，即它也必须坚持以人为本，坚持科学发展，必须坚持改革开放，必须坚持民主法治，必须坚持正确处理改革发展稳定的关系，必须坚持在党的领导下全社会共同建设。党的十七大报告第八部分在论述社会建设时也指出，和谐社会要靠全社会共同建设。我们要紧紧依靠人民，调动一切积极因素。而党的十八大报告第七部分则强调，必须从维护最广大人民根本利益的高度出发，必须以保障和改善民生为重点。据此我们认为，以上所述可以被看作是推进社会建设必须坚持的原则。

综上所述，我们可以看到，学者们关于社会建设原则或核心价值的阐述虽然坚持了"以人为本"和科学发展观，坚持了以民生为重，但是对坚持改革开放的方针、坚持正确处理改革发展稳定的关系、坚持调动全社会民众和社会组织来共同建设这几方面有所忽略。我们认为，应该把这几个方面的原则包含到社会建设的基本原则或核心价值当中来。

三　社会建设的主体

（一）学界的讨论

社会建设的主体问题，就是确立由谁来进行社会建设的问题。大多数学者认为，在社会建设过程中政府、市场、社会都是缺一不可的，但在具体侧重点上有所不同。比如有的学者持"多维主体"说，强调共同参与。其中有一种观点认为，社会建设的主体主要是政府、社会组织和民众等。有的持"单维主体"说，强调政府的作用。比如有观点认为，社会建设的主体是政府，政府扮演管理者的角色，负责构建社会建设的目标、内容以及路径等问题。随着信息化、全球化时代的到来，社会建设的主体越来越趋向多元化，社会组织等非政府部门以及公众的参与势必成为社会建设的一支重要力量。邹农俭认为社会建设的主要主体是政府和民间组织，强调只有政府才有资格倡导社会建设，制定社会建设的基本规则，为社会建设指明方向。①

针对改革开放以来，政府在社会福利领域的退出和职能缩小的现象，一些学者强调，在目前的社会建设中，政府要发挥主导的作用。他们认为，政府退出有两个前提：一是社会上有相应的载体；二是政府对这些载体的表现具有有效监控和评估的能力和手段。从这两个前提看，目前中国政府不仅不能退出，而且需要进入更多新的经济和社会领域，更加积极地发挥主动作用。他们认为，政府职能的主导作用主要表现在如下方面：①政府应承担起社会福利投资主体角色；②对慈善和社会捐助行为采取积极的税收激励政策；③通过政策规制和财税政策调动和激励企业行使社会责任。也有研究者特别强调"社会建设不能搞无限政府"②。

此外，研究者普遍认为，民间组织应该在社会建设中发挥重要作用。当前我国民间组织发展面临一些困境，一些学者将其概括为注册、定位、人才、资金、知识、信任、参与、监管等八个方面的困境。对此，一些研究者提出改善这些困境的措施，首先在认识上，政府要正确对待民间组织；其次在法律、审批、登记和管理上，在资金资助方面要为民间资助创造良好的制度环境；最后要完善民间组织人事管理制度。③

（二）中央的政策

党中央对社会建设主体的认识是一贯的和明确的，即强调要依靠全社会的力量。胡锦涛同志在党的十七大报告中就明确指出"和谐社会要靠全社会共同建设"。党的十六届四中全会通过的《中共中央关于加强党的执政能力建设的决定》（以下简称《决定》）所阐述的社会管理格局，就是"党委领导、政府负责、社会协同、公众参与"。它对社会各方力量所发挥作用的要求更为具体，主次也更为分明。《决

---

① 邹农俭：《现代化视域下的社会建设与社会管理》，《经济社会体制比较》2013年第4期。
② 赵孟营：《社会建设不能搞"无限政府"》，《北京日报》2008年4月21日。
③ 刘天喜、傅艳蕾：《中国社会建设问题研究综述》，《理论视野》2009年第2期。

定》在第七部分第三点"加强社会建设和管理,推进社会管理体制创新"中也特别提到了要"发挥基层党组织和共产党员服务群众、凝聚人心的作用,发挥城乡基层自治组织协调利益、化解矛盾、排忧解难的作用,发挥社团、行业组织和社会中介组织提供服务、反映诉求、规范行为的作用,形成社会管理和社会服务的合力",在某种程度上我们也可以将其理解为各种社会力量参与和发挥作用的具体化。

在党的十六届六中全会通过的《中共中央关于构建社会主义和谐社会若干重大问题的决定》第六部分"完善社会管理保持社会安定有序"第二点"推进社区建设,完善基层服务和管理网络"中也提到了要"发挥驻区单位、社区民间组织、物业管理机构、专业合作经济组织在社区建设中的积极作用,实现政府行政管理和社区自我管理有效衔接";而在第三点"健全社会组织,增强服务社会功能"这一部分也有对"发挥各类社会组织提供服务、反映诉求、规范行为的作用。发展和规范律师、公证、会计、资产评估等机构,鼓励社会力量在教育、科技、文化、卫生、体育、社会福利等领域兴办民办非企业单位。发挥行业协会、学会、商会等社会团体的社会功能,为经济社会发展服务。发展和规范各类基金会,促进公益事业发展"这几方面的强调。

如果将党中央关于社会建设主体的这些阐述联系在一起来考虑,那么我们认为可以这样来理解社会建设的主体问题:第一,党中央要求社会建设一定要有全社会的参与;第二,社会各方参与程度和所起作用应该和它们在社会建设中担当的角色相一致。

四 社会建设的内容

(一) 学界的讨论

社会建设的内容其实可近似等同于社会建设的任务。党的十七大把社会建设概括为六个方面的主要内容:优先发展教育、实施扩大就业的发展战略、深化收入分配制度改革、加快建立覆盖城乡居民的社会保障体系、建立基本医疗卫生制度、完善社会管理。

关于社会建设的内容，学界的认识基本与十七大报告一致，但是在这些任务要不要再分出层次方面还是有点儿分歧。

有一种观点是将这些任务看作是平行的，比如有学者从我国社会发展的阶段性特征和社会现状出发，认为我们应该强调发展社会事业、优化社会结构、创新社会体制、加强社会心理建设、加强领导能力建设这五个方面的内容。① 也有学者将社会建设的内容概括为调整社会结构、平衡利益格局、改善公共服务、扩大社会共识等。② 还有学者指出，社会建设实践活动可以概括为渐趋完整的公平正义的价值体系、总体性法制规范体系的构建、新社会组织出现、民生质量提高四个方面。③

有些学者则认为，社会建设包括多方面的内容，应该分出类别。其中一种看法认为，社会建设的内涵主要包括两大方面：一是实体建设，诸如社区建设、社会组织建设、社会事业建设、社会环境建设等；二是制度建设，诸如社会结构的调整与构建、社会流动机制建设、社会利益关系协调机制建设、社会保障体制建设、社会安全体制建设、社会管理体制建设等。社会实体建设提供公共产品和服务，社会制度建设则使社会更加有序和幸福。④

还有人持"体系论"的观点，将社会建设归入社会事业总体，认为社会主义事业总体布局中的社会建设包括社会事业体系、社会保障体系、社会管理体系、社会服务体系、社会指标体系等五大体系。⑤

还有些学者主张，社会建设的各项任务因其涉及领域的不同多少有些主次的差别。其中一种观点认为，社会建设的范畴大致包括了

---

① 贾建芳：《中国社会建设的阶段性特征》，《学习论坛》2009 年第 7 期。
② 李庆宝：《浅议市场经济条件下社会建设的主体、内容和路径》，《理论前沿》2007 年第 10 期。
③ 徐家良、于爱国：《改革开放以来中国社会建设的主要内容研究》，《北京行政学院学报》2009 年第 3 期。
④ 陆学艺：《关于社会建设的理论和实践》，《北京工业大学学报》（社会科学版）2009 年第 1 期。
⑤ 潘叔明：《社会主义和谐社会理论及其实践》，《发展研究》2005 年第 6 期。

"社会"的要素建设、社会结构建设和社会基本关系建设。一是"社会"的要素建设。现代化的社会中会存在一些基本的、必不可少的构成要素,如科教文卫体等社会事业、社会保障制度、社会组织等。二是社会结构建设。社会结构建设是指社会构成要素之间形成的固定搭配。社会结构包括的内容通常有人口结构、阶层结构、就业结构、职业结构、城乡结构、区域结构等。三是社会基本关系建设。社会基本关系就是社会各主体之间形成的特定关系。社会基本关系包括社会利益分配关系、阶层关系、劳资关系、干群关系、社会规范、社会秩序等,同时还包括一系列社会体制。①

还有一种观点认为,因对社会内涵理解的不同,相对应的也有不同的社会建设内容。有学者认为,对社会的内涵至少有四种理解:社会形态论、社会人群论、社会层面论、社会生活论。社会建设包括社会体制机制建设、社会组织建设、社会结构建设、社会基础设施建设、社会管理建设等内容。②

也有学者将社会建设的内容按社会制度、社会机制、社会公共服务事业、社会保障体系和社会组织来分类,认为社会建设一般应包括以下内容:社会结构、社会管理等社会制度的完善;社会公正、社会参与、社会融合等社会机制的健全;以教育、文化、就业与再就业服务、生态环境、公共设施、社会治安为主要内容的社会公共服务事业的发展;以社会保险、社会救助、社会福利、慈善事业为主要内容的社会保障体系的完备;社区、社会中介组织、社会自治组织等社会组织的成熟。③

值得注意的是学者对于社区的关注。比如有研究者认为,不仅社会建设基础在社区,而且社会管理基础也已经从单位转向单位和社区并存,因而我国应该加快推进社区建设,发挥社区组织的中介作用,

---

① 邹农俭:《现代化视域下的社会建设与社会管理》,《经济社会体制比较》2013 年第 4 期。
② 任春华:《关于社会建设的理论思考》,《学习与探索》2008 年第 3 期。
③ 胡光伟:《和谐社会与社会建设》,《四川党的建设》(城市版) 2007 年第 2 期。

完善城市基层组织建设。

（二）中央的政策

关于社会建设的内容，在党中央的相关文件里其实已经做了相当充分和全面的阐述（详见第一节），胡锦涛总书记在党的十七大报告中提出了现阶段推进社会建设的六大任务：①优先发展教育，建设人力资源强国；②实施扩大就业的发展战略，促进以创业带动就业；③深化收入分配制度改革，增加城乡居民收入；④加快建立覆盖城乡居民的社会保障体系，保障人民基本生活；⑤建立基本医疗卫生制度，提高全民健康水平；⑥完善社会管理，维护社会安定团结。这六大任务基本还是在"大社会"概念的范畴之内，是针对全国的因而是全局性的。从内容来说，它落在社会事业建设、社会体制和规范的建设以及社会管理的范围之内。值得一提的是，从社会管理方面来说，它所提出的任务是以维护社会稳定为出发点和落脚点的。而在党的十八大报告中关于社会建设也提出了六项任务，分别是：①努力办好人民满意的教育；②推动实现更高质量的就业；③千方百计增加居民收入；④统筹推进城乡社会保障体系建设；⑤提高人民健康水平；⑥加强和创新社会管理。

我们也可以将此与前面提到的十六届六中全会公报中的相关论述联系在一起来加深理解。全会提出了到2020年时构建社会主义和谐社会的目标和主要任务，"社会主义民主法制更加完善，依法治国基本方略得到全面落实，人民的权益得到切实尊重和保障；城乡、区域发展差距扩大的趋势逐步扭转，合理有序的收入分配格局基本形成，家庭财产普遍增加，人民过上更加富足的生活；社会就业比较充分，覆盖城乡居民的社会保障体系基本建立；基本公共服务体系更加完备，政府管理和服务水平有较大提高；全民族的思想道德素质、科学文化素质和健康素质明显提高，良好道德风尚、和谐人际关系进一步形成；全社会创造活力显著增强，创新型国家基本建成；社会管理体系更加完善，社会秩序良好；资源利用效率显著提高，生态环境明显好转；实现全面建设惠及十几亿人口的更高水平的小康社会的目标，努力形成全体人民各尽其能、各得其所而又和谐相处的局面"。如前文所述，这里提出的目标也是任务，因而也可以视作社会建设的内容，而这样的目标和任务是以经济与社会协调发展、人与自然的和谐为前提，从社会事业、社会体制的建设、社会管理的创新和完善、社会主义核心价值体系的深入人心这些方面来落实的。因此，我们可以将社会建设的内容理解为以改善民生为重点的社会事业建设、社会体制机制建设、社会管理的强化以及社会主义核心价值体系的建设。

值得注意的是，在中国共产党第十六届中央委员会第六次全体会议通过的《中共中央关于构建社会主义和谐社会若干重大问题的决定》的第六部分"完善社会管理，保持社会安定有序"中，提出了七大任务中，至少有第一项（建设服务型政府，强化社会管理和公共服务职能）、第二项（推进社区建设，完善基层服务和管理网络）、第三项（健全社会组织，增强服务社会功能）、第五项（完善应急管理体制机制，有效应对各种风险）与第六项（加强社会治安综合治理，增强人民群众安全感）这五项属于社会建设的内容。而在这里，唯有"社区建设"不在上面提到的社会事业建设、社会体制机制建设、社会管理的强化以及社会主义核心价值体系的建设这四项任务中。而社区建设在有的学者分类中虽被归入"实体建设"一类中，但是事实上它和社会事业建设具有同等重要的意义。前文（第一节）已经提及，加强社区建设对社会建设具有固本培元的作用，这是因为对社会而言，社区是社会和组织的一个基本单元或基本载体，因此它可以被看作社会建设的一个物化的切入点，由此，我们可以把社会管理或社会治理具体化为社区管理或社区治理。根据中国传统的修齐治平的理论，可以说社区安则社会安。

因此，根据以上表述，我们认为，可以将社会建设的内容分为精神层面、制度层面和实体层面三个层次，与此对应的具体内容分别为社会主义核心价值体系或核心价值观在广大民众心目中的接受程度，社会体制机制建设，社会事业建设、社区建设与社会组织建设。

五 社会建设的意义

(一) 学界的讨论

很多学者都认为加快推进社会主义社会建设具有重要的现实意义，概括起来主要有以下六个方面。

1. 加快推进社会建设，是中国共产党执政理念提升的重要标志

有学者指出对于我国社会主义现代化建设事业而言，经济建设是基础，政治建设是保障，文化建设是方向，社会建设是支撑。社会建设直接关系到党的"权为民所用，情为民所系，利为民所谋"宗旨，体现了我们党以人为本的执政理念，重视社会建设可以说是党执政理念提升的重要标志。①

2. 加快推进社会建设，是全面建设小康社会的关键和现实要求

有学者指出，21世纪头20年是全面建设小康社会的关键时期，也是我国整个现代化进程中的一个关键阶段。这个阶段经济社会结构发生深刻而迅速的变化，社会动员和政治参与的速度偏高，政治组织化和制度化的速度偏低，其结果只能是政治不稳定和无秩序。党中央强调和谐社会建设，就是力图通过体制、机制、政策等方面的调整，逐步改变各种不协调、不平衡、不公平、不适应、不和谐的现象，顺利地度过矛盾多发时期，全面推进小康社会建设。②

3. 加快推进社会建设，是中国共产党对社会主义建设规律认识深化的重要标志

有学者通过总结社会主义建设正反两方面的经验得出这样的看法：中国特色社会主义事业是经济、政治、文化、社会各个方面有机联系相互促进的事业，只有各个方面协调发展才能推动社会主义事业

---

① 严书翰：《继续推进我国社会建设的有利条件和基本途径》，《中国特色社会主义研究》2011年第5期。
② 贾建芳：《中国社会建设的阶段性特征》，《学习论坛》2009年第7期。

整体前进，其中特别要注重经济社会的协调发展。只注重经济建设忽视社会建设，或者社会建设明显滞后，即便是经济建设取得显著成就，也会造成社会不稳甚至发生严重的社会冲突，从而冲抵经济建设的成效。党的十七大强调要在经济发展的基础上更加注重社会建设，就是对社会主义建设规律认识的深化。

4. 加快推进社会建设，有利于更好地落实社会公平与正义

有学者指出，十七大报告中提出的加快推进以改善民生为重点的社会建设的六大任务，即优先发展教育，建设人力资源强国；实施扩大就业的发展战略，促进以创业带动就业；深化收入分配制度改革，增加城乡居民收入；加快建立覆盖城乡居民的社会保障体系，保障人民基本生活；建立基本医疗卫生制度，提高全民健康水平；完善社会管理，维护社会安定团结。上述内容其实就是六大领域的社会公平——教育公平、就业公平、分配公平、保障公平、医疗公平和参与公平，因为社会正义就是社会资源和社会机会配置的公平性和平等性，所以这些领域公平的贯彻显然会使民众在得到实惠的同时增强安全感、信任感和公平感。[①] 因此，推进社会建设，也是化解各种复杂矛盾、积极应对各种社会风险的有效手段。有学者指出改革开放以来，经济的强劲增长掩盖了我国社会发展中的诸多问题，城乡、区域、部门之间的发展鸿沟不断扩大。所以转变发展思路，大力加强社会建设理应成为中国政府应对危机的有效举措。

5. 加快推进社会建设，有利于更好建构认同度高的意义共同性

有学者指出，一个社会之所以能成为一个共同体，除了物质层面的条件外，最重要的是要有精神的纽带，也就是共同的社会认同。即"社会成员、社会群体或社会阶层对自己在社会中所获利益和所处地位自我赋予相似或相同的认知"。而社会建设不仅要在市场经济的陌生人世界里构筑人际关系和谐的、互助合作的新的共同体，而且要在价值观开放多元的时代促进意义共通性，进行价值的重塑。因此，社

[①] 郑杭生：《社会建设的前沿理论研究》，载陆学艺主编《中国社会建设与社会管理：探索·发现》，社会科学文献出版社，2011。

会建设即使在精神层面，也对和谐社会建设具有重大作用。

6. 社会建设理论的提出和发展，是对社会结构思维的突破和创新

有学者指出对于社会的认识，我们一直严格按照社会结构思维对社会进行概括和总结，把社会划分为经济、政治和文化这三大部分。马克思在《〈政治经济学批判〉序言》关于唯物史观的经典表述中，安排了社会生活这一范畴与物质生活、政治生活、精神生活相并列，自然是有特定的内涵。"四位一体"的战略布局是对原有社会结构思维的突破和创新，并从根本上把人—人的社会生活—人的社会关系—人所在的社会组织放在了整个社会发展的视野里。

（二）中央的政策

胡锦涛同志在党的十七大报告中对社会建设的意义做了这样的阐述：社会建设与人民幸福安康息息相关。要更加注重社会建设，着力保障和改善民生，推进社会体制改革，扩大公共服务，完善社会管理，促进社会公平正义，努力使全体人民学有所教、劳有所得、病有所医、老有所养、住有所居，以推动建设和谐社会。这一段话清楚表明，推进社会建设因为关系到广大人民群众的幸福，关系到民生的改善，所以与科学发展观的贯彻落实息息相关，同时它又关系到社会公平正义的伸张，从而也关乎和谐社会建设。

因此，我们认为，推进社会建设的意义，首先从精神层面来讲，它是有利于按照社会主义核心价值体系的要求，培育社会的"意义共同性"或"价值共同性"（这种价值共同性应该非常类似帕森斯所说的"共享价值"），构建社会主义初级阶段应有的社会认同；从物质层面来讲，推动社会建设有利于改善民生，维护和改善多数民众生存与发展的社会环境与自然环境。同时也有助于维护社会的公平正义，实现基本公共服务均等化。

第四章

政府在社会建设中的职能与评价

在对社会建设的思想渊源、相关概念和实践经验做了一个简要的梳理之后,我们现在要来讨论两个与政府社会建设工作考核指标体系的构建直接相关的问题:政府在社会建设过程中到底应该承担一些什么样的职能?怎样来对包括社会建设工作在内的做法、工作绩效进行评价?

一 构建多元化的社会建设格局

(一) 传统社会体制的失灵

新中国成立后,我国城市逐步建立了以单位制为主、以基层地区(街道、居委会)为辅的社会体制。国家通过单位这一组织形式管理职工,通过街道、居委会管理社会闲散人员、民政救济和社会优抚对象等,从而实现对城市全体社会成员的控制和整合,达到社会稳定和巩固政权的目的。单位制的形成有其独特的历史背景,从某种意义上说,对于当时高度集权的政治体制的运作,对于高度集中的计划经济体制的实施,对于整个社会秩序的整合,单位制从组织上提供了非常有效率的保证,发挥了重要的功能,其历史意义不容否定。

在我国经济转轨和社会转型之后,单位制逐渐被打破,单位管模式趋于失效。改革开放以来，中国社会发生了剧烈的变迁，在从传统的、封闭的农耕社会向现代的、开放的工业社会转型的过程中，我国的所有制结构出现了变化，社会流动越来越频繁，尤其是在社会主义市场经济体制确立，并取代了高度集中的计划经济体制之后，这些都使得"单位制"失去了生存的土壤，不得不走向衰退。

单位制的逐渐解体，给社会管理提出了严峻挑战：一方面，社会管理出现了空位现象。改革开放以来出现的大量"体制外人员"的主要活动大都在现有社会管理体制的调控范围之外，成为社会管理的"盲点"。旧有的社会体制失灵，而新的社会体制尚未建立，造成部分社会管理职能出现"真空"，即政府不应继续承担但社会又无力接纳这些职能，因而很容易出现社会无序乃至混乱现象，导致社会管理危机。

"单位制"消解后，社区作为区域性的"共同体"受到重视，但大家逐渐认识到仅仅依靠推进社区——社会"共同体"的建设，加强地方基层组织和社会管理是不够的，发展各种社会组织参与社会管理的意义更为重大。中央不断强调"必须加强社会建设和完善社会管理体系，健全党委领导、政府负责、社会协同、公众参与的社会管理格局"。这从社会管理的角度使我们认识到社会的组织建设在社会建设上的重要性。

（二）建立新型的社会体制[①]

单位制的崩溃、社区制的失灵，必然要求构建和形成一种新的社会管理体制和社会管理格局。党的十六届四中全会通过的《中共中央关于加强党的执政能力建设的决定》在要求深入研究社会管理规律、完善社会管理体系和政策法规、整合社会管理资源的基础上，第一次明确提出了要建立健全党委领导、政府负责、社会协同、公众参与的社会管理新格局。这就分别明确了在新的社会管理格局中，党委处于领导核心的地位，政府要担负起社会管理的职能，社会组织要承担起

---

① 本节内容主要参考了民政部部长李学举的有关论述（李学举：《加强社会建设和管理，推进社会管理体制创新》，《中国民政》2005年第4期，第4~11页）。

协同党和政府进行社会管理的功能，公民个人也要发挥广泛参与社会管理的作用。

1. 党委领导

加强社会建设和管理，推进社会管理体制创新，是一项复杂的系统工程，也是一个长期的发展过程，必须在党的领导下进行。适应新的形势，在加强党的领导的同时，必须改善党的领导，发挥党的领导核心作用，整合社会、凝聚社会、维护社会整体的和谐统一。中国共产党在社会管理格局中居于领导核心地位，要发挥总揽全局、协调各方的重大作用。"总揽全局"，要求各级党委立足于全党工作的大局，集中主要精力抓住全局性、战略性、前瞻性的重大问题，把好政治方向、决策重大问题、安排重要人事、开展宣传教育、维护社会稳定、形成工作合力、领导群众组织，从思想上、政治上、组织上加强领导，保证党的理论、路线、方针、政策的贯彻落实。"协调各方"，要求党委从整体上推进全局工作的需要出发，统筹协调好人大、政府、政协等领导班子之间的关系，统筹安排好纪检和组织、宣传、统战、政法等方面的工作，使各方都能各司其职，各尽其责，相互配合，形成合力。党要超脱于具体的行政、经济等事务，站在更高的角度思考全局性的问题。在社会管理中，不仅要保证党的理论、路线、方针、政策的落实，发挥政治核心的作用，还要做好群众的思想政治工作，发挥党在国家与社会之间的桥梁作用，发挥党员的先锋模范作用，密切党和群众的联系，加强党的社会基础。

2. 政府负责

在新的社会管理格局中，政府要担负起社会管理的职能。加强社会建设和管理，必须进一步实现政府职能的转变，把以人为本、执政为民化为一种稳定的制度功能，把政府的职能真正转变到"经济调节、市场监管、社会管理和公共服务"上来，而且要更加注重社会管理和公共服务。要切实解决政府职能的"越位"、"缺位"和"错位"问题，改变政府以往介入市场过多的"越位"和在提供社会公共服务方面的"缺位"，从实施全面管理的全能政府转变为实施公共管理的有限政府。要适应"小政府、大社会"的要求，做到凡是公民、法人和其他组织能够自主解决的，市场竞争机制能够调节的，行业组织、社会中介组织通过自律能够解决的事项，除法律、法规另有规定外，政府不再实行行政管理。要真正建立行为规范、运转协调、公正透明、廉洁高效的政府社会管理体制。

3. 社会协同

从构成上讲，现代社会主要是由政府、市场和社会共同构成的总体框架。只有社会三大部门之间比例适中，相互协调，相互补充，社会建设才能有序地开展。反之，如果三大部门之间的比例失调，彼此僭越，社会秩序就紊乱无序。市场讲求效率，作为"看不见的手"，也有运行失灵的时候。政府作为"看得见的手"，面对日益多元化的社会结构和社会需求，很难做出及时恰当的反应，难以满足数量巨大、种类繁多、彼此冲突的局部需求，也有失灵的时候。在"看不见的手"和"看得见的手"都存在固有缺陷的情况下，寻求"第三只手"来协助调节，以期弥补市场和政府的不足，在二者之间建立一种缓冲力量，这便是我们所讲的"社会协同"的社会，西方学术界称为"公民社会"。

4. 公众参与

公众参与，是加强社会建设和管理，推进社会管理体制创新的重要内容。公众参与社会管理的主要渠道是社会组织，社会组织是实现公众参与的主要载体。要大力培养和牢固树立公众参与是坚持党的领导、依法办事和充分发扬民主的有机统一的观念，要大力培养和牢固树立权利义务相一致的观念，要大力培养和树立主人翁意识和人民当家作主的观念。要通过多种形式加强民主法制教育，使公众认识到建设美好家园，创造幸福生活，实现社会和谐，最终要靠人民群众自己。只有以主人翁精神参与社会建设和社会管理，才能创造自己美好幸福的生活。我们党在领导中国革命和建设、改革的过程中，始终注意群众的切身利益，始终重视发动、组织和引导群众为实现自己的切身利益而奋斗。公众参与社会建设和社会管理，正是党的全心全意为人民服务的根本宗旨与人民群众为自己创造美好幸福生活的强烈愿望有机统一的具体体现。

构建多元化的社会建设格局也是西方国家社会建设的突出特征。从历史上看，西方各国的多元社会建设格局是在汲取以往社会经济发展的经验教训的基础上形成的。20世纪80年代以后，西方国家"大政府、高福利"模式的弊端愈益明显，财政负担沉重，经济增长缓慢，社会生态环境趋于恶化，社会矛盾与问题迭起，乃至引发了社会秩序的动荡。有鉴于此，一些西方发达国家，比如英国、美国、新西兰等国家率先推行了旨在化解高福利危机的公共服务市场化的战略，首先在邮政、电信、铁路等垄断行业采取民营化，并逐渐扩展到一般公共服务领域。与此同时，这些国家也十分注重调动各种社会组织的力量积极参与社会建设与管理，在政府与社会组织之间建立了平等的合作伙伴关系。政府通过为非营利组织提供资金扶助等措施，既减轻了政府财政负担，也提高了公民参与社会建设的热情。提高了公共服务的供给能力和效率。

二 政府在社会建设中的职能

建立和完善深圳市社会建设指标体系，首先应明确区级政府在社会管理方面的职能。社会建设绩效评估不能越界评估，而是要集中精力评估政府在社会建设方面应该做的事。因此，只有对区级政府在社会建设方面的职能有着清晰的角色定位、明确的职责边界，才能保证评估指标体系设计的正确方向。

（一）依内容划分的政府社会建设基本职能

胡锦涛2006年在中央政治局第27次集体学习会上指出，推进行政管理体制改革是贯彻落实科学发展观、完善社会主义市场经济体制、建设社会主义法治国家的必然要求。他强调，要以转变政府职能为重点，继续推进政企分开、政资分开、政事分开、政府与市场中介组织分开，加强和完善宏观调控，减少和规范行政审批，把政府职能切实转到经济调节、市场监管、社会管理、公共服务上来。在政府的四项基本职能中，与社会建设密切相关的是社会管理和公共服务两项职能，提供基本公共服务和加强社会管理正是政府开展社会建设的基本手段。从当前社会发展的状况看，不但应该使政府职能切实转变到经济调节和市场监管上来，而且需要克服某些政府公职人员重视经济增长、忽视社会发展的倾向，把政府的社会管理和公共服务职能放在更加优先的位置，以此促进社会事业发展和社会主义和谐社会建设。

根据国务院印发的《国家基本公共服务体系"十二五"规划》，基本公共服务指的是建立在一定社会共识基础上，由政府主导提供的，与经济社会发展水平和阶段相适应，旨在保障全体公民生存和发展基本需求的公共服务。享有基本公共服务属于公民的权利，提供基本公共服务是政府的职责。基本公共服务范围，一般包括保障基本民生需求的教育、就业、社会保障、医疗卫生、计划生育、住房保障、文化体育等领域的公共服务，广义上还包括与人民生活环境紧密关联的交通、通信、公用设施、环境保护等领域的公共服务，以及保障安全需要的公共安全、消费安全和国防安全等领域的公共服务。

政府在社会管理方面首先要重视加强自身建设，为此必须调整社会管理组织机构，做到有效精简；明确、合理划分政府的责任，强化社会管理的执行机构，完善社会治理的网络体系；根据社会变迁的趋向强化社会管理的体制设计和制度安排，并对社会管理的机构、工作方式和管理流程进行动态的调整；提高公务员在行使社会管理职能方面的素质，为基层政府社会管理职能的转变和绩效的提升创造前提条件和人本保障。其次，还必须高度重视社会管理的主体和载体及手段的建设。社会管理要形成多元治理的格局，除了政府外，还要积极培育其他治理主体的发育。要积极培育社会组织，使社会组织在社会管理中发挥重要作用。专业社会工作者是社会建设和管理的一支重要力量，当前其作用的发挥还较为有限。加强志愿者队伍的建设，促进公民的主动参与。在社会管理的载体及手段方面，社区仍然是当前重要的基层治理单位，因此加强社区建设是推进社会管理的重要手段。通过强化党的领导是加强社会管理的一种重要的思路，因此要大力扩大党组织的覆盖面。现代信息技术的发展为加强社会管理提供了更多的可能性，要利用信息技术加强社会管理的精细化、实时化。

（二）依手段划分的政府社会建设基本职能

从职能性质的角度，还可以把政府在社会建设中发挥的作用划分为以下四种基本类型。

1. 科学决策职能

面对多元经济、多元文化、多元价值观的影响，政府必须强化以人、社会、环境的整体协调发展为基础的综合科学决策的职能。综合科学决策既是一个探索的过程，又是一个参与的过程。所谓探索是指政府在制定综合科学决策之前，决策者应当会同专家对社会发展的目标和实际状况进行研究和评估，提出具体的运作手段，并随着政策的实施进行监督和修正；所谓参与是指各项社会政策的实施要有各利益群体和个人参与政策的讨论和政策的制定，并参与政策的实施，这些参与者或者在实施综合科学决策的过程中获得一部分利益，或者在政策的实施过程中失去一部分利益。政府实施综合科学决策，就是要在对各种利益群体冲突目标的协调中实现可持续发展的总目标。

2. 统筹协调职能

政府的社会管理是一个复杂的系统工程。政府必须站在全局的高度，综合考虑和处理各类问题，进行综合性的管理。为此要创新社会管理协调机制，对需要多个部门联合办理的社会管理事项，要厘清办理程序、划分办理责任、明确牵头全程代理部门，实施跨部门办事全程代理。这样有利于不同基层政府部门之间的协调，弥补、解决原有条块分割体制的不足，在一定程度上打破部门界限，以提高社会管理能力。另外，要建立社会管理应急机制。由于社会利益的多元化和利益矛盾的日趋表面化，在社会管理过程中突发性的、群体性的事件日益增多，这需要基层政府通过创新机制增强其对社会管理潜在危机的敏感力和预警力以及对突发事件的回应力和治理力。通过建立社会管理危机监管系统、加强危机监测预警体系和建立各种防范体系等措施，健全基层政府应对突发社会公共事件的应急机制建设，不断提高基层政府应对各种社会突发事件的能力。

3. 服务管理职能

要增强社会管理的透明度，通过政策活动的公开化确保社会公众的知情权和了解权，允许公众对即将进行的社会管理活动进行公开评论、公开批评。要把公众参与社会管理的机制、范围和途径用法律形式固定下来,只有把社会公众引入基层政府社会管理活动中来,才能使基层政府的政策能够与大多数公民的需求相契合,真正代表大多数公民的利益,才能提高基层政府的社会管理水平和效率。

4. 引导培育职能

首先,政府可以运用行政立法的职能,制定和完善基层政府社会管理职能的法律法规,出台相应的政策,从正面进行引导。其次,通过舆论宣传进行导向性引导。通过广泛的舆论宣传工作,宣传基层政府的主张,批评和制止社会的陋习,旗帜鲜明地宣传主张什么、倡导什么、反对什么,并讲清其中的深刻道理,使广大老百姓能深切理解基层政府的意图,自觉地服从其社会管理。最后,政府应当通过典型示范的方法进行引导。任何一项政府所倡导的工作中,都会涌现许多先进或者落后的典型基层政府。只有时刻注意掌握这些典型,及时地进行有力的宣传或者批判,树立榜样、表扬先进、批判落后,人们就会自觉地学习先进,鄙视落后,通过典型的作用达到管理的目的。有时为了较快地推行某项主张,还可以有目的地培养典型。

将上述两种职能类型的划分交叉起来,就得到表4-1所示的政府社会建设职能矩阵,政府在社会建设领域的举措都可以在其中找到位置。

表 4-1 政府社会建设职能矩阵

	公共服务	社会管理
科学决策	界定基本公共服务范围、标准……	制定社会管理的绩效目标……
统筹协调	统筹协调社会事业发展规划……	统筹协调各职能部门的关系……
服务管理	做好各项政策的咨询服务工作……	加强对社会组织的分类指导与监督管理……
引导培育	制定卫生、教育、文化、福利等领域的政策法规……	制定社会管理的法律法规……

三 政府社会建设的绩效评价

(一) 发达国家政府绩效评价模式

20世纪80年代之前,美国政府绩效评估基本模式以效率导向型为主导,主要关心投入和产出情况,而忽视了政府提供公共产品或服务的质量和社会效果等因素,偏离政府的公共目的。20世纪90年代以来,随着结果管理运动的兴起,结果导向型评估逐渐取代效率导向型评估成为当代美国各级政府绩效评估的主导模式。结果导向型评估的关注点是政府提供公共产品或服务的社会效果,而不是投入和产出。进入20世纪90年代中期以后,帕特莉莎·W.英格拉姆建构了管理导向型评估模式,她认为传统政府绩效评估模式只着眼于政府活动的投入、产出或结果,而忽视政府的管理过程和管理能力,这是不科学的。政府绩效实际上是在管理过程中产生的并受管理能力的影响。因此,政府绩效评估应当是对政府管理过程和能力的评估。

根据评估的侧重点不同,英国政府绩效评估与管理可以分为两种模式:一是以经济、效率为中心的政府绩效评估与管理模式;二是以管理模式和以质量为本的政府绩效评估与管理模式。20世纪70年代末到80年代中后期,政府绩效评估的侧重点是经济和效率,追求的是投入与产出比率的最大化。这期间,英国各级政府为经济、效率和效能的"3Es"做出了决定性的努力。从20世纪80年代末开始,随着效益和质量被重视,政府绩效评估的侧重点转向效益和顾客满意度,质量逐渐被提到重要的地位。英国政府绩效评估从一开始重视效率,最后转移到重视质量评估。

从主要发达国家政府绩效评估模式的演化过程来看,普遍从注重效率(投入/产出)评估,发展为注重实际效果评估、管理过程和能力评估的模式,同时,考虑了更多"以人为本"和社会影响因素,如顾客导向、公众满意度等测量,这对于我们开展政府绩效评估乃至社会建设的政府绩效评估具有很强的启示意义。①

(二) 深圳市政府绩效评价工作的开展

深圳市从2007年开始研究制定政府绩效考核的指标体系。针对不同的考核对象——政府组成部门和区级政府——制定了两套指标体系。考评总分为100分,其中指标考核70分,满意度评价30分。

深圳市的区级政府考核指标体系见表4-2。该考核指标遇到的主要问题有以下方面。②

表4-2 深圳市2007年区政府考核指标

一级指标4个	二级指标12个	三级指标42个
经济调节	居民生活 经济效益 循环经济	人均可支配收入、城镇居民恩格尔系数、在岗职工平均工资水平、人均GDP、每平方公里产出GDP、万元GDP能耗、万元GDP水耗、全社会劳动生产率、工业固体废物综合利用率、工业用水重复利用率、再生资源回收利用率,共11项
市场监管	行政执法	制售假冒伪劣商品查处率、违法抢建查处率、无照经营查处率、药品安全抽样合格率、主要农产品质量安全监测超标率,共5项
社会管理	公共安全 社会公平 环境保护 计划生育	万人刑事案件立案数、十万人安全事故死亡率、交通事故死亡率、政府民主决策率、居民基尼系数、财政性环保支出比率、空气污染指数、城市污水集中处理率、生活垃圾资源化率、生活垃圾无害化处理率、户籍人口政策内生育率,共11项
公共服务	基础设施 科技教育 信息服务 社会保障	公共基础设施建设支出占财政支出比例、人均住房使用面积、人均公共图书馆藏图书、人均公共绿地、公共交通分担率、科教文卫支出占财政支出比例、人均受教育年限、政府公共服务上网率、社会保障和就业支出占财政支出比例、社会保险参保率、劳务工医疗参保率、劳务工工伤参保率、城镇失业率、零就业家庭户数、人均预期寿命,共15项

区级政府的不可比性 2007年开始的3年绩效考核试点中,矛盾

---

① 李晓壮:《地方政府社会建设绩效评估研究》,北京工业大学博士学位论文,2012。
② 张骁儒主编《深圳社会发展报告(2012~2013)》,社会科学文献出版社,2013,第388页。

集中体现在区与区之间的情况差异上。由于地理位置、经济发展程度、产业结构、历史状况不同，特区内外区级政府的许多指标不易比较。特区内的区面积小、人口集中、经济发达，特区外的区由原来的宝安县分拆而成，规划、管理任务繁重。即使是同在特区内的区级政府也有许多不可比性，如盐田区地处港口，南山区科技企业林立，罗湖区以商贸服务业为主、工业薄弱等。从2010年起区级考评对象扩大到新区管委会，管委会是不设区政府的区级新体制，共有4个。其特点是以经济功能的发挥为主；不设人大、政协、检察院、法院；机构高度精简，一个部门挂多个牌子。新区与区政府同样对区域内的社会和经济进行管理。但是，由于机构与功能的差异，要把区级政府与新区管委会的考核指标予以区分。

重经济指标轻社会指标　深圳是经济发达地区，各项经济指标在全国名列前茅，在经济发展的同时，社会公共事业没有同步发展。在此情况下对于区一级政府的绩效考核，应该在稳步发展经济的同时以社会综合指标为主，以政府的公共服务、社会管理指标为主。

与区级政府的职能定位不完全吻合　考核指标要根据区级政府的具体职能准确定位。例如，根据市区两级事权划分，深圳的区一级政府几乎没有市场监管的部门。在市场监管上，区一级地方政府受制于条条部门的派出机构管理，这些指标把区政府作为考核对象不妥。

指标数量偏多　多年来指标数量一直保持在40个左右，数量偏多。政府绩效考核评价的是政府日常工作是否认真履行职责，是测量政府绩效的标尺，应充分反映政府的职能目标，在实践中必须简单易行，具有可操作性。

2011年深圳市委市政府出台的《关于加强社会建设的决定》，首次提出要根据社会建设总体要求和目标任务，研究制定社会建设考核指标体系。建立完善符合科学发展观要求的政绩评价机制，把社会建设考核放在与经济建设考核同等重要的位置，作为各级领导班子考核和干部选拔任用的重要依据，形成有利于科学发展、社会和谐的用人导向。

2013年中期，深圳市社会工作委员会会同市委组织部制定了《深圳市社会建设实绩考核办法（试行）》及年度考核方案。按照该办法，社会建设实绩考核内容包括社会建设考核指标体系量化考核结果、年度重点工作考核结果及民意测评三个方面。《深圳市社会建设考核指标体系》中所列各项指标数据，按年度由市直相关部门负责提供。市统计局根据相应算法得出量化结果，按50%权重计入实绩考核总成绩。年度重点工作考核根据各区（新区）年度工作报告及社会建设重点任务完成情况确定得分，按30%权重计入实绩考核总成绩。民意调查由深圳调查队通过发放问卷、入户调查等方式进行，民意调查结果按20%权重计入实绩考核总成绩。

第五章

社会建设及相关子领域指标体系简介

在接下来的这一章中,我们将对到目前为止国内外学术界和各地政府陆续制定的一些社会建设指标体系或与社会建设相关的指标体系作一个简要的梳理和介绍,以期为我们后面的工作提供参考。

一 社会建设总体评价及相关指标体系综述

(一)国外社会建设相关指标体系

由于国外并没有与国内的"社会建设"完全等同的概念,因而也缺乏专门的社会建设绩效评估指标体系。不过20世纪60年代中期兴起的"社会指标运动",带来了世界范围的社会指标研究高潮,各个国际组织和国家政府建立了大量社会领域的指标体系,这些指标体系对于制定社会建设指标体系具有参考意义。

在人类步入现代社会后很长的一段时间内,人们一直把社会发展等同于经济发展,简单地用国民生产总值等经济指标来测量、评价一个国家或地区的社会发展水平。20世纪60年代,随着经济的高速发展,许多社会问题(环境污染、犯罪率上升、社会动荡等)却日趋严重,这使许多人开始认识到这种以单纯的经济观点来评价社会发展水平的做法是非常错误的。国民生产总值只反映了经济总量的增长,而没有反映社会发展的全面状况。要真实地反映社会发展的全面状况,必须采用一种更为全面的、综合的评价指标体系才行。基于这种新的发展观,许多国际组织、国家政府及学者们纷纷开始探索和设计这样的一种综合性的社会发展综合评价指标体系。从20世纪60年代中期至整个70年代,在世界范围内迅速形成了一个被称为"社会指标运动"的研究高潮。到80年代,已有80多个国家及国际组织建立了各种社会发展指标体系,有关著作达上万种。

1. 联合国及其附属机构制定的社会指标体系

联合国及其附属机构制定的社会类指标体系主要包括联合国开发计划署的人类发展指数、联合国千年发展目标、联合国经济合作与发展组织社会指标体系、联合国社会和人口统计体系、世界银行的世界发展指标,以下分别予以简单介绍。

(1)联合国开发计划署(UNDP):人类发展指数(HDI)

自1990年以来,联合国开发计划署(UNDP)开始在《人类发展报告》中使用由平均预期寿命、成人识字率和实际人均GDP三大指标(这三个指标分别反映了人的长寿水平、知识水平和生活水平)复合而成的人类发展指数(HDI)衡量各个国家人类发展水平。人类发展指数从动态上对人类发展状况进行了反映,揭示了一个国家的优先发展项,为世界各国尤其是发展中国家制定发展政策提供了一定依据,从而有助于挖掘一国社会经济发展的潜力。通过分解人类发展指数,可以发现社会发展中的薄弱环节,为经济与社会发展提供预警。

具体而言,HDI指数有两大优点:①计算较容易,比较方法简单。②适用于不同的群体,可通过调整反映收入分配、性别差异、地域分布、少数民族之间的差异。同时,它也存在一些较为明显的不足:首先,HDI只选择预期寿命、成人识字率和实际人均GDP三个指标来评价一国的发展水平,而这三个指标只与健康、教育和生活水平有关,无法全面反映一国人文发展水平。其次,在计算方法上,存在一些技术问题。如将九个国家的官方贫困线收入4861美元作为实际人均GDP的理想值,而对实际人均GDP水平超过4861美元的那些国家,按照公式计算,这些国家人均GDP的比值将小于0。这样,按HDI的公式计算,这些国家的HDI值将大于联合国开发计划署计算的HDI的最大值。为此,开发计划署将这些国家的人均GDP设为0,这种处理方式无疑低估了人均GDP高于理想值的那些国家。最后,HDI值的大小易受极大值和极小值的影响。因为HDI是采用将实际值与理想值和最小值联系起来的方式来评价相对发展水平的。所以,当理想值或最小值发生变化时,即使一国的三个指标值不变,其HDI值也可能发生变化。

鉴于存在以上局限性,专家们建议,为确保HDI值准确全面地反映现实,计算HDI时应增加更多的变量,并建立非综合指数。现在的人类发展指数只测量最基本的人类成就,如寿命、教育等,对于已经超过这一阶段的工业国家应编制不同的指数,以期能够把握特别是工业国家社会经济进步的完整范围。世界银行和国际货币基金组织常以该指标为参照,确定对发展中国家的分配和援助标准。许多发展中国家担心人类发展指数对它们获得援助和国际资金有影响,因而建议改进分配标准和援助条件。

(2)联合国千年发展目标:Millennium Development Goals (MDGs)

2000年9月,189个国家的首脑共同展望未来:一个贫困、饥饿与疾病逐渐减少,母婴更多存活,儿童受到良好教育,妇女享有平等机会,环境更加健康的世界;一个发达国家和发展中国家协力合作,共同改善的世界。这一展望通过8项千年发展目标及其有时间约束、可衡量进展情况的具体目标框架来体现。为帮助跟踪2000年《联合国千年宣言》所作承诺的进展情况,各国统计专家选择了相关的指标,用来评估1990年至2015年间的进展状况,以及完成这些具体目标的时间(见表5-1)。[①] 2002年设计的用于衡量千年发展目标进展情况

[①] 参见联合国官方网站的相关报告,http://www.un.org/zh/documents/view_doc.asp?symbol=A/56/326。

的目标、具体目标和指标一直沿用到 2007 年。根据 2005 年世界首脑会议上成员国达成的协议，以及 2006 年联合国秘书长在其工作报告中的建议，在 2007 年对千年发展目标监测框架进行了修订，增加了 4 项新的具体目标。

表 5-1　千年发展目标指标官方一览表

目标和具体目标 （来自《千年宣言》）	进展监测指标
目标 1：消除极端贫穷与饥饿	
具体目标 1.A：1990 年至 2015 年间，将每日收入低于 1 美元的人口比例减半	1.1 每日收入低于 1 美元（购买力平价）的人口比例 1.2 贫困差距率 1.3 最贫困的五分之一人口的消费占国民总消费的份额
具体目标 1.B：使包括妇女和青年人在内的所有人都享有充分的生产性就业和适合的工作	1.4 就业人口人均 GDP 增长率 1.5 人口就业率 1.6 依靠每日低于 1 美元（购买力平价）维生的就业人口比例 1.7 全部就业人口中自营就业和家庭雇员所占比例
具体目标 1.C：1990 年至 2015 年间，将挨饿人口的比例减半	1.8 5 岁以下儿童中体重不达标的比例 1.9 低于最低食物能量摄取标准的人口比例
目标 2：普及小学教育	
具体目标 2.A：确保到 2015 年，世界各地的儿童，不论男女，都能完成小学全部课程	2.1 小学净入学率 2.2 从一年级读到小学最高年级的学生比例 2.3 15~24 岁男女人口识字率
目标 3：促进男女平等并赋予妇女权力	
具体目标 3.A：争取到 2005 年消除小学教育和中学教育中的两性差距，最迟于 2015 年在各级教育中消除此种差距	3.1 小学、中学、高等教育中男女学生性别比 3.2 非农业部门有酬就业者中妇女比例 3.3 国民议会中妇女所占席位比例
目标 4：降低儿童死亡率	
具体目标 4.A：1990 年至 2015 年间，将五岁以下儿童的死亡率降低三分之二	4.1 5 岁以下儿童死亡率 4.2 婴儿死亡率 4.3 接种麻疹疫苗的 1 岁儿童的比例
目标 5：改善产妇保健	
具体目标 5.A：1990 年至 2015 年间，将产妇死亡率降低四分之三	5.1 产妇死亡率 5.2 由卫生技术人员接生的新生儿比例

续表

目标和具体目标 （来自《千年宣言》）	进展监测指标
具体目标 5.B：到 2015 年普遍享有生殖保健	5.3 避孕普及率 5.4 青少年生育率 5.5 产前护理覆盖率 5.6 未满足的计划生育需要
目标 6：与艾滋病病毒/艾滋病、疟疾和其他疾病做斗争	
具体目标 6.A：到 2015 年遏制并开始扭转艾滋病病毒/艾滋病的蔓延	6.1 15～24 岁人口艾滋病病毒感染率 6.2 最近一次高风险性行为中使用避孕套的比例 6.3 15～24 岁人群中全面正确了解艾滋病病毒/艾滋病的人口比例 6.4 10～14 岁孤儿与非孤儿入学人数比
具体目标 6.B：到 2010 年向所有需要者普遍提供艾滋病病毒/艾滋病治疗	6.5 艾滋病重度感染者中可获得抗逆转录病毒药物的比例
具体目标 6.C：到 2015 年遏制并开始扭转疟疾和其他主要疾病的发病率增长	6.6 疟疾发病率和死亡率 6.7 5 岁以下儿童中在经杀虫剂处理的蚊帐中睡觉的人口比例 6.8 5 岁以下发烧儿童中得到适当治疟疾药物治疗的人口比例 6.9 肺结核发病率、流行率和死亡率 6.10 采用短期直接观察处置疗法发现并治愈的肺结核患者比例
目标 7：确保环境的可持续性	
具体目标 7.A：将可持续发展原则纳入国家政策和方案；扭转环境资源的流失	7.1 森林覆盖率 7.2 二氧化碳排放总量、人均排放量和 1 美元国内生产总值（购买力平价）排放量 7.3 臭氧消耗物质的消费量 7.4 在安全生态环境范围内的鱼类资源比例 7.5 水资源总量使用比例
具体目标 7.B：减少物种多样性的丧失，到 2010 年使物种多样性丧失率显著降低	7.6 受保护的陆地和海洋面积比例 7.7 濒临灭绝物种的比例
具体目标 7.C：到 2015 年将无法持续获得安全饮用水和基本卫生设施的人口比例减半	7.8 使用改善饮用水水源的人口比例 7.9 使用改善的卫生设施的人口比例
具体目标 7.D：到 2020 年使至少 1 亿贫民窟居民的生活有明显改善	7.10 生活在贫民窟中的城市人口比例

续表

目标和具体目标 （来自《千年宣言》）	进展监测指标
目标8：全球合作促进发展	
具体目标8.A：进一步发展开放的、有章可循的、可预测的、非歧视性的贸易和金融体制。包括在国家和国际两级致力于善政、发展和减贫的承诺 具体目标8.B：满足最不发达国家的特殊需要。包括：对其出口免征关税、不实行配额；加强重债穷国（HIPC）的减债方案，注销官方双边债务；向致力于减贫的国家提供更为慷慨的官方发展援助 具体目标8.C：满足内陆发展中国家和小岛屿发展中国家的特殊需要（通过《小岛屿发展中国家可持续发展行动纲领》以及联合国大会第二十二次特别会议结果） 具体目标8.D：通过国家和国际措施全面处理发展中国家的债务问题，使债务可长期持续承受	下列指标中，有一些对最不发达国家、非洲、内陆发展中国家和小岛屿发展中国家分别监测。 官方发展援助 8.1 对全体援助对象和对最不发达国家的官方发展援助净额，占经济合作与发展组织（OECD）发展援助委员会（DAC）捐助国国民总收入的百分比 8.2 OECD/DAC捐助国提供的可在部门间分配的双边发展援助中用于基础社会服务（基础教育、初级卫生医疗、营养、安全水源和卫生设施）的比例 8.3 OECD/DAC捐助国不附加条件的双边官方发展援助比例 8.4 内陆发展中国家接收的官方发展援助占其国民总收入的比例 8.5 小岛屿发展中国家接收的官方发展援助占其国民总收入的比例 市场准入 8.6 发达国家从发展中国家和最不发达国家免税进口的产品占其进口总额的比例（按价值计算，不包括军火） 8.7 发达国家对从发展中国家进口的农产品、纺织品和服装类产品征收的平均关税 8.8 OECD国家农业补贴估计值占其国内生产总值的比例 8.9 官方发展援助中用于帮助建设贸易能力的比例 债务可持续承受能力 8.10 达到重债穷国（HIPC）动议决定点和完成点（累计）的国家数量 8.11 根据重债穷国（HIPC）倡议和多边债务减免（MDRI）倡议承诺减免的债务 8.12 还本付息占货物与服务出口的比例
具体目标8.E：与制药公司合作，在发展中国家提供负担得起的基本药品	8.13 可持续获得负担得起的基本药品的人口比例
具体目标8.F：与私营部门合作，普及新技术，特别是信息和通信技术的好处	8.14 每百人拥有电话线路数 8.15 每百人移动电话用户数 8.16 每百人互联网用户数

（3）联合国经济合作与发展组织社会指标体系

联合国经合组织（OECD）对社会指标的研究可以追溯到从20世纪70年代，OECD一直是社会指标研究领域的推动者。OECD有专门的研究机构对社会指标的构建进行深入和全面的研究，OECD 社会指标（OECD Social Indicators）会定期（每两年）发表。《社会概览2011：经济合作与发展组织社会指标》一书提供了一个有助于理解该机构社会指标结构的指南。

OECD 社会指标并非简单的罗列，其结构汲取了该组织的环境指标的经验。这些指标被组织进所谓"压力－状态－反应"的框架内，在这一框架中，人类活动给环境带来了各种压力，影响了自然资源和环境条件（状态），促使社会通过不同的政策针对这些变化做出相应的回应（社会回应）。这种"压力—状态—反应"的框架突出了这些时间序列的联系，反过来，这些联系也会帮助决策制定者和公众看到通常会被忽视的内在联系。

所有指标按两个维度进行分组：第一个维度考虑的是这些指标的本质特性，按以下三个领域分组：①社会背景。指的是那些虽然不是直接的政策目标，但对于理解社会政策背景至关重要的变量；②社会状态指标，指的是政策试图影响的各种社会成果；③社会回应指标，指的是能够提供社会正在采取什么措施来影响社会状态指标方面的信息。社会回应包括政府政策设定的指标，非政府组织、家庭和更广泛的公民社会进行的各种活动也都属于社会回应。通过比较社会回应指标和社会状态指标，人们可以得到政策有效性的初步指示。第二个维度是使用社会政策的四种广泛目标，将社会现状和社会回应指标进行了分类。这四种政策目标是自给自足、公平、卫生和社会凝聚力（见表 5-2）。[①]

表 5-2 经济合作与发展组织社会指标框架

社会状况	社会回应
一般背景指标名单（GE）	
GE1. 家庭收入	
GE2. 生育率	

[①] 经济合作与发展组织：《OECD 系列报告社会概览 2011 经济合作与发展组织社会指标》，国家行政学院出版社，2012，第 141 页。

续表

社会状况	社会回应
GE3. 移民	
GE4. 家庭	
GE5. 老年人支持率	
自给自足指标目录（SS）	
SS1. 就业	SS4. 享受养老金的年数
SS2. 失业	SS5. 教育开支
SS3. 学生表现	
EQ1. 收入不平等	*EQ4. 低收入*
EQ2. 贫困	*EQ5. 社会开支*
EQ3. 收入困难	
公平指标目录（EQ）	
EQ1. 收入不平等	EQ4. 低收入
EQ2. 贫困	EQ5. 社会开支
EQ3. 收入困难	
SS1. 就业	*HE5. 卫生开支*
SS2. 失业	
SS3. 学生表现	
卫生指标目录（HE）	
HE1. 寿命	HE5. 卫生开支
HE2. 婴儿死亡率	
HE3. 积极与消极生活经历	
HE4. 水与空气质量	
	EQ5. 公共社会开支
社会凝聚力指标目录（CO）	
CO1. 信任	
CO2. 对社会制度充满信心	
CO3. 亲社会行为与反社会行为	
CO4. 选举	
CO5. 包容度	
EQ1. 收入不平等	
EQ2. 贫困	

注：斜体的指标是另一个次级组别中所展示的指标，但也与本组的评估相关。

(4) 联合国社会和人口统计体系（SSDS）

长期以来，世界各国的社会人口统计资料都是由本国政府分别搜集、整理、公布的。这样，由于资料范围、指标计算口径以及各国客观情况的差异，社会人口统计资料的交流及国际的对比分析就存在诸多不便。为了有效地克服这些困难，加强世界各国的人口统计研究工作，联合国着手对人口统计资料的搜集、处理和分析方法进行研究，成立了以英国著名经济学家理查德·斯通教授为首的专家组。经过十余年的艰苦努力，联合国统计局于 1975 年公布了《社会和人口统计体系》（*System of Society and Demographic Statisatic*），简称 SSDS。这是联合国向世界各国推荐的又一重要统计文献，是与《国民经济核算体系》（SNA）、《物质产品平衡表体系》（MPS）并列的第三个大的核算体系。

SSDS 的形式与 SNA 相似，它主要由矩阵、模型、序列构成，其描述对象包括经济活动在内的人类各方面的活动。它以人的生命及生活为主线，对人类各方面的活动进行全面描述。如人口的出生与死亡、教育、卫生、社会保险、社会福利、社会秩序、闲暇时间的分配等。SSDS 的基本特征是运用概念、分类和推荐的指标序列，把人口和社会统计有机地结合在一起，通过流量、存量及生命序列来描述人类活动状况。同时，它以矩阵来反映统计信息，借以描述社会系统的静态和动态状况，为社会和人口的投入产出模型、社会分层流动模型、教育活动分析模型、闲暇时间分配模型的建立奠定基础。SSDS 的建构原则是：第一，系统全面，整个体系以人的生命为经，以人的社会活动为纬，内容包括社会状况和人类生活环境的所有重要方面；第二，用个人、家庭或住户作为体系各部分之间的逻辑联系；第三，用存量、总流量、净流量生命序列来描述人类活动状况。SSDS 包括的基本信息有：一是个体和群体的存量、流量信息，如关于个人、家庭、住户的存量、流量信息数据；二是经济信息，如关于社会服务项目，社会救济的分配、消费、积累等；三是关于时间的信息，如关于日、周、月、年等的时间利用方式，闲暇时间的构成与分配等。

(5) 世界银行的世界发展指标

20 世纪 40 年代中后期，联合国与世界银行签订了关系协定，确立了平行、松散的关系框架。世界银行在保留相当大独立性的前提下，成为联合国的一个专门机构。世界银行每年出版一份重要文件——《世界发展指标》（WDI），对监督实现联合国千年发展目标的进展情况具有重要意义。《世界发展指标》承担着重要的数据收集整理工作，提供全球社会与经济数据的第一手资料。WDI收录了从1960年迄今社会、经济、金融、自然环境和环境等方面的数据资料，包括208个国家及18个地区与收入群的695种指标，分为人口、环境、经济、政府与市场、全球联系五大部分。该指标体系的主题结构见表5-3。①

表5-3 世界发展指标体系

主题	指标维度
人口	人口与统计 劳动与就业 贫困与收入 教育 健康
环境	土地利用与农业生产 能源生产与利用 城市化 排放 对真实储蓄的估计
经济	国民经济核算（当地货币） 国民经济核算（美元） 衍生国民经济核算 购买力平价 贸易 政府财政 货币 国际收支平衡 外债
政府与市场	投资环境 工商业环境 金融深度 税收和贸易政策 国防开支与武器贸易

---

① 世界银行：《世界发展指标（2013）》，中国财经出版社，2013。

续表

主题	指标维度
政府与市场	运输、电力与通信 信息与技术
全球联系	投资与贸易 资金流量 发展援助与帮助 OECD 国家中的外国劳动力与人口 旅游与旅游业

2. 各国政府制定的社会指标体系

以下简单介绍各国政府制定的社会指标体系。①

（1）美国

美国商务部、人口普查局编制的《美国社会指标》是一种规划性指标体系。它包括人口与家庭、健康与营养、住房与环境、交通运输、公共安全、教育与训练、工作、社会治安与福利、收入与生产率、社会参与和社会活动、文化、闲暇与时间利用等 11 个大类，有 61 个二级指标和众多的三级指标。这 11 个方面的社会指标可大致分为三类：表明系统功能的指标、表明福利的指标和表明公众主观感觉的指标。系统功能指标反映的是向某系统投入的资源（如公共教育经费）和该系统产出的成果（如某医科大学培养出的医学博士的人数）。福利指标是与人们的生活福利直接相关的现象指标，由这些指标反映出的变化趋势可以推断人们的生活是变好了还是变坏了。例如反映通货膨胀、失业、犯罪等方面现状与变化趋势的指标。公众主观感觉指标反映的是公众社会态度。例如，公众对住房、环境、交通运输、社会保障等的评价。其中每一大类都包括公众感觉的测量项目和国际比较项目。例如在"工作"一类中，公众感觉包括对工作的意愿、对一些工作相对重要性的认识、对工作总的满意程度等；国际比较主要包括劳动力参与率、失业率和经济部门就业比较等方面。这套指标体系是为

---

① 本节内容主要参考陈立新《社会指标与社会协调发展》，湖南大学出版社，2005，第77～81页。

了确定政府和私人政策的社会环境状况而建立起来的规划性指标体系，目的是通过对一些指标的测量，反映各个领域中个人生活的质量，以监测和评价政府及私人的决策。因此，这一指标体系不是理论性的指标体系，其基本出发点是现实和未来的政策。它并不要求表现不同指标变化的因果关系，而是将重点放在测量的现状上。

（2）日本

日本从1970年开始采用OECD的"社会关注"项目研究社会指标和纯国民福利指标，后来在社会指标的开发方面有了很大的进展。而纯国民福利指标的研究则由于概念体系在国际范围内不统一，以及存在计算技术等问题而进展不大。1974年，日本根据最初拟定的社会指标体系，用1960年、1965年、1970年的资料进行了初步试编，1975年以后又进行了1975年、1976年、1977年的试编。1979年，日本根据研究成果和实践经验又提出了一套新的指标体系。1983年开始每年对指标体系编辑一次。1984年日本国民生活审议会鉴于日本社会、经济和人们价值观所发生的变化，又拟定了新的指标体系，即"国民生活指标"体系。这个体系分为三大部分，由148个指标组成。日本认为社会指标是"对社会或国民生活各个方面的状况，用经济指标以外的非货币指标，综合地、系统地进行测量所用的一套指标体系。"编制社会指标的目的在于测定国民生活福利水平，发现社会经济方面存在的问题，这对制定相应的社会政策是很有用的。

日本的"国民生活指标"内容为：第一部分：生活领域。包括健康、环境与安全，经济安定，家庭生活，劳动与工作、学校生活，地区与社会活动，学习与文化活动。第二部分：关心领域。包括国际化与生活，信息化与生活，高龄化与生活，城市化与生活，国民生活的差距，家庭与社会病理。第三部分：主观意识。这部分指标内容来自民意测验或舆论调查，目的在于从人们的主观意识和心理方面来了解国民的生活意识和需求。

日本的专家们根据第一、第二部分指标内容的时间序列，做成相应的指数，然后进行算术平均，求出各个领域的综合偏差值。最后根据各部分测算结果对国民生活进行评价。

(3) 英国

20世纪60年代末，英国中央统计局开始注意社会统计。在美国社会指标运动的影响下，着手准备编辑社会指标刊物。1970年，英国第一本《社会趋势》问世，以后每年定期出版一册。这本书在社会指标研究方面有一定影响。社会科学家、政策制定者以及媒体，一直将它作为数据资料来源加以引用，其内容逐年有所增加。由于《社会趋势》中的数据是按时间顺序排列的，所以，在观察英国社会变化方面，它是一本非常有用的文献资料。但在国际比较方面，《社会趋势》还不够理想。《社会趋势》中的社会指标体系包括以下几个领域：①人口；②交通运输、通信与环境；③资源与支出；④就业；⑤闲暇；⑥收入与福利；⑦卫生保健与公共安全；⑧教育；⑨住房；⑩法律实施。

(4) 德国

德国的社会指标体系分为10个目标领域和56个目标量纲及众多的具体指标。10个目标领域分别是：人口、社会的地位和变动、就业和工作条件、收入和收入分配、消费、交通、住宅、健康、教育和公众参与。德国社会指标体系是按照社会发展目标建立起来的，它是根据德国的宪法和有关法令、管理条例及社会集团的规划性报告中提出的目标领域和目标量纲，然后选取若干指标来反映和评价这些目标量纲。例如，在"收入和收入分配"目标领域中，包含着收入增加水平、对不同需求满足程度的情况、收入贫困化情况、收入的可靠性稳定性、收入状况等5个目标量纲，有"绝对"贫困率、底层20%的人的收入和顶层5%的人的收入之比等17个具体指标。德国的社会指标体系作为围绕社会目标建立起来的体系，具有一定的评价作用，指标具有较强的针对性。但德国的指标体系所依据的社会目标体系是不完整的，缺乏一个总的、最高层次的社会目标，因而，10个目标领域之间的联系没有得到阐明，10个目标领域自身的意义也没有得到充分的解释。

(5) 印度

社会指标的重要性在印度得到了广泛的承认。不少机构及研究人员就社会关注的各个领域提出了大量的社会指标。1982年，印度中央统计组织出版了《印度的社会情报：趋向与结构》，它共分为7个部分，其内容包括：①人口：人口增长率，城市人口百分比，人口性别比例，婴儿死亡率，受计划生育方法有效保护的夫妻百分比；②保健和营养：婴儿成活率，每10万人口医院床位，每10万人口医生数，每人每年保健开支，每人每日平均吸收热量和蛋白质；③住房：按房屋结构分类的住房百分比，无饮用水、供水不足和供水充足的村庄百分比，按饮用水水源（城乡）计算的住户百分比；④教育：按年龄、性别分类的有文化人数百分比，不同教育级别在校女生百分比，各级教育女教师百分比，中学教师与学生比例，教育经费占财政总支出比例，小学教育的辍学和留级情况，教育经费占国民生产总值的百分比，每人每年平均教育经费，某些类型的学校每个学生的平均费用，每千人口中有文化的人的比例，大中学校入学人数中女生比例，大学教育中女生入学趋势；⑤劳动和就业：产业工人百分比，妇女参加有组织活动的百分比，制造业和矿山工人实际收入指数，工厂工伤事故发生率和频率，公共和私人制造部门雇用工人工时损失千分比；⑥收入：每人每年家庭最终消费开支，每人年收入；⑦犯罪：犯罪案例数，青少年犯罪率，按性别分组被捕青少年人数，自杀案例数。作为发展中国家，印度的社会指标体系的特点是制定了邦和县级适用的指标体系。

3. 国外学术界提出的各类社会指标体系

（1）英格尔斯现代化指标体系

"英格尔斯现代化指标体系"是一个在我国流传甚广的现代化评价指标体系。它于20世纪80年代末首先在我国出现，流传至今。在20世纪80年代末至90年代中期这段时间里，它主要出现在教科书上，其后开始被我国部分学者用来对我国和国外其他国家的现代化进程进行描述和分析，从而使它在更大的范围内产生影响。在大多数文献中，这个现代化实现程度的判定指标体系都由以下11项判定标准组成。

人均国民生产总值达到3000美元以上；

农业产值占国民生产总值的比例低于15%；

服务业产值占国民生产总值的比例在45%以上；

非农业劳动力占总劳动力的比例在70%以上；

成人识字率在80%以上；

在校大学生占20~24岁人口的比例在10%~15%以上；

平均每个医生服务人口在1000人以下；

婴儿死亡率在3%以下；

人口自然增长率在1‰以下；

平均预期寿命70岁以上；

城市人口占总人口的比例在50%以上。

据北京大学谢立中教授考证，1983年美国著名社会学家英格尔斯应北京大学社会学系之邀到该系讲学，讲课中提到有一个叫拉西特的学者曾经在70年代从60个方面对72个国家进行了比较研究，得出了一些有意思的结果。他主要对其中的14个方面做了简单介绍，并说可以某个典型数字为依据画一条线来区分发达国家和不发达国家。这些讲课内容后来通过该系教师孙立平、韩明谟等人在文章或著作中加以引用而得以发表。中国社会科学院社会学研究所朱庆芳研究员看到后，觉得很受启发，遂将其进一步发展成一个"综合评价指标体系"。这就是所谓"英格尔斯现代化指标体系"的由来。①

（2）社会质量指标体系

1997年，1000多名欧洲学者在阿姆斯特丹通过一项宣言，即《欧洲社会质量的阿姆斯特丹宣言》（以下简称《宣言》）。《宣言》阐明了提出社会质量这一全新的社会发展理念的根本动机："考虑到所有市民的基本尊严，我们声明：我们不想在欧洲城市目睹日益增长的乞讨者、流浪汉，我们也不希望面对数量巨大的失业群体、日益增长的贫困人群，以及只能获得有限医疗服务和社会服务的人群。这些以及其他指标

---

① 谢立中：《社会发展理论·评估·政策》，社会科学文献出版社，2012，第383页。

都表明欧洲社会为所有市民提供的社会质量不足。"尽管是一个产生于欧洲的研究理念，社会质量却已跨过欧洲边界，开始在亚洲的许多国家和地区受到高度关注。比如有的国家（例如泰国）的政府首脑也试图运用社会质量的框架寻求政治质量的提高和改进。在欧盟，许多国家更是早就采用社会质量指标体系来衡量各自社会的进步程度。

社会质量作为一个全新的概念，目前学者们已经将其发展为一个有很大拓展空间的基础性理论框架。从概念上来说，"社会质量是指人们能够在多大程度上参与其共同体的社会与经济生活，并且这种生活能够提升其福利和潜能"。社会质量的概念内在地包含了四个方面的内容：一是社会经济保障，指人们获取可用来提升个人作为社会人进行互动所必需的物质资源和环境资源的可能性。为了使个体在社会上免于贫困和被剥夺，制度和组织系统要为社会成员提供各种形式的社会经济保障，保障人们在面对各种社会风险的情况下获得所必需资源的权利，这些资源包括收入、教育、健康照顾、社会服务、环境、公共卫生和个人安全等。社会经济保障指向的是社会正义，以抗拒社会给个人造成的风险。二是社会凝聚，指以团结为基础的集体认同，揭示的是基于共享的价值和规范基础上的社会关系的本质，考察一个社会的社会关系在何种程度上能保有整体性和维系基本价值规范。社会如何整合一个个群体、社区，这些群体、社区又如何整合为社会，人们对置身于其中的社会的认知如何，这些都是社会凝聚的要旨所在。从根本上说，社会凝聚指向的是团结和整合问题，以最大限度地减少社会分化或分裂。三是社会包容，指人们接近那些构成日常生活的多样化制度和社会关系的可能性，人们在何种程度上可以获得来自制度和社会关系的支持。社会成员在社会生活中如何通过各种制度融入其中，社会是否有某个人或者某些群体因为具有某些方面的特征而遭受来自正式或非正式制度的系统性排斥，从而导致社会关系的紧张。简言之，社会包容关乎个体平等的权利和价值，并在此维度上减少社会排斥。四是社会赋权，指个人的力量和能力在何种程度上通过社会结构发挥出来，社会关系能在何种程度上提高个人的行动能力。人们必须在一定程度上自主并被赋予一定的权能，以便在社会经济的急剧变迁面前，有能力全面参与。赋权的含义就是增能，它意味着使个体能够控制自己的生活，能够利用各种机会以增加选择的空间。因此，它超越了政治参与这一狭隘的赋权含义，更多地聚焦于个体在知识、技能、经验等方面所具有的潜能以及这些潜能可以实现的程度。社会赋权关注的是社会为个人发挥自身能力而提供的生活机会是否公平，它指向人的尊严。欧洲社会质量指标由上述四个方面的95个指标构成（见表5-4）。①

表5-4 欧洲社会质量指标

域	子域	指标
社会经济保障		
金融资源	收入充足性	1. 用于健康、服装、食品、住房的家庭收入（低中收入家庭）
	收入保障	2. 个人生活事件影响家庭贫困风险的可能性大小 3. 那些收到福利津贴（免息审查、现金和服务）以确保其生活在欧盟贫困线水平以上的家庭在各国总人口中所占的比例
住房与环境	住房保障	4. 能够维持其住宅的人在人口总数中所占的比例 5. 隐性家庭的比例（即一定数量的家庭在同一房屋居住）
	住房条件	6. 每个家庭成员所占用的单位居住面积（家庭成员/平方米） 7. 居住在没有基础设施（水、卫生和电力）的房屋的人口所占的比例
	环境条件	8. 每一万名居民中遭受犯罪侵害的人数 9. 那些居住在遭受污染（水、空气和噪声污染）的地方的家庭所占的比例
健康与照顾	健康供给保障	10. 法定或自愿的医疗保险所覆盖的人口比例
	健康服务	11. 每一万名居民中医生/护士的数量 12. 去医院的平均距离〔以分钟测量，不以长度（米）来测量〕 13. 救护车的平均反应时间
	照顾服务	14. 花费在有偿护理和无偿护理上的平均时间
就业	就业保障	15. 雇主更改劳动关系/劳动合同条款和条件前通知被雇者的时间长度 16. 雇主在终止劳动合同前通知被雇者的时间长度 17. 雇用临时工在被雇者中所占的比例 18. 非法劳动力的比例

---

① 张海东主编《社会质量研究理论、方法与经验》，社会科学文献出版社，2011，第270页。

续表

域	子域	指标
就业	工作环境	19. 由于下列原因减少工作时间并得到同意的员工数（父母离世、为亲属的医疗救助提供帮助） 20. 每十万名劳动者中发生工伤（致命/非致命）的数量（如果可能，提供每个部门的资料） 21. 从事全职工作的员工每周（实际工作周）工作的小时数
教育	教育保障	22. 未完成义务教育的学生（较早离开学校者）比例 23. 教育费用占国民平均净工资的比例
	教育质量	24. 离校（取得或没有取得毕业证）一年内就业的学生比例
社会凝聚		
信任	一般信任	25. 大多数能够被信任的程度
	特殊信任	26. 对政府、选举代表、政党、军队、法律制度、媒体、工会、警察、宗教机构、公共服务和经济交易的信任 27. 诉诸欧洲法庭的案件数 28. 家庭、朋友、休闲、尊敬父母、政治以及父母对子女的责任的重要性
其他整合的规范与价值观	利他主义	29. 志愿服务：每周利他服务的小时数 30. 自愿献血的人口比例
	宽容	31. 对移民、多元化和文化差异的态度 32. 对他人的自我认同、信仰、行为和生活方式偏好的容忍程度
	社会契约	33. 对导致贫穷原因的认识：个人或是结构 34. 是否愿意支付更多的税款——如果它能提升穷人的境况 35. 代际：多缴1%的税来改善本国老年人的处境的意愿 36. 为社区/邻居做些实事的愿望：捡垃圾，帮助社区的老年人、残疾人和病人购物，帮助社区成员填写（税单）表格，打扫街道/门廊/过道 37. 男女家务分工：你和配偶在家务分工、养育子女和赚取家庭收入方面是否达成共识
社会网络	网络	38. 政治、自愿组织、慈善组织和运动俱乐部的参与情况——积极或不积极 39. 得到家庭、邻居和朋友支持的情况 40. 与朋友和同事接触的频率
认同	国家的/欧洲的认同	41. 民族自豪感 42. 对欧洲和民族的认同感
	区域/社区/地方认同	43. 地域、社区和地方认同感
	人际关系认同	44. 家庭和亲属网络的归属感

续表

域	子域	指标
社会包容		
公民权	宪法/政治权利	45. 具有公民权的居民比例 46. 具有地方选举权并实际参与选举的居民比例
	社会权利	47. 有权获得公共养老金的人口比例（养老金由政府支出） 48. 男女收入比例
	公民权利	49. 具有获得无偿法律咨询权利的人口比例 50. 遭受歧视的人口比例
	经济和政治的网络	51. 少数种族群体被选举或任命为议会、私人公司和基金会董事会成员的比例 52. 女性被选举或任命为议会、私人公司和基金会董事会成员的比例
劳动力市场	获得有偿就业	53. 长期失业（12个月以上） 54. 非自愿兼职或临时就业
服务	健康服务	55. 享有基本公共健康照顾权利的人口比例
	住房	56. 无家可归者的比例 57. 社会住房的平均等待时间
	教育	58. 中学入学率和高等教育入学率
	社会照顾	59. 有需要者获得照顾服务的人口比例 60. 有需要者获得照顾服务（包括照顾儿童）所需的平均等待时间
	金融服务	61. 不同收入等级中被拒绝贷款的群体比例 62. 照顾需求得到现金支持或建议的可及性
	交通	63. 能够使用公共交通的人口所占的比例 64. 公共交通系统的密度和公路密度
	公民/文化服务	65. 每一万名居民中拥有公共体育设施的数量 66. 每一万个居民中拥有公共/私人文化服务和文化设施的数量（例如电影、戏剧等）
社会网络	邻里参与	67. 经常与邻居接触的人口比例
	友谊	68. 经常与朋友接触的人口比例
	家庭生活	69. 感受到孤独/孤立的人口比例 70. 与亲属（共同居住和非共同居住）保持联系的频率 71. 不同类型家庭收到的非正式（非货币）援助
社会赋权		
知识基础	知识应用	72. 在多大程度上社会流动是由于知识背景（根据正式学历）造成的

续表

域	子域	指标
知识基础	信息的可获得性	73. 具备识字和计算能力的人口比例 74. 免费媒体的可获得性 75. 网络可及性
	信息的方便性	76. 用多种语言提供社会服务信息 77. 自由倡议、提议和指导中心的可用性
劳动力市场	雇佣合同控制	78. 是工会会员的劳动力比例（区分公共和私人的受雇者） 79. 集体协议下的劳动力比例（区分公共和私人的受雇者）
	工作流动前景	80. 接收工作培训的雇佣劳动力比例 81. 接受政府提供的培训（不仅仅限于技能培训）的劳动力比例（如果付费请注明） 82. 参与"回到工作计划"的劳动力比例
	工作和家庭生活的协调（工作生活的/平衡）	83. 实施工作与家庭生活相协调政策的组织和单位在各种工作单位中所占的比例 84. 为此采取具体措施的单位和雇员所占的比例（参见上面的指标）
制度的开放性和支持性	政策系统的开放性和支持性	85. 是否有咨询和直接的民主过程（例如，普选）
	经济系统的开放性	86. 实际参与主要经济决策（例如关于公司搬迁、外来投资和工厂关闭等的公众听证会）的公众的数量
	组织的开放性	87. 有工作委员会的组织和机构在组织中所占的比例
公共空间	对集体行动的支持	88. 国家和地方用于自愿和非营利性居民活动的政府开支在公共预算中所占的比例 89. 过去12个月中被禁止的示威游行在所有游行（已举行的和被禁止的）中所占的比例
	文化丰富	90. 国家和地方投入文化活动的预算比例 91. 自治文化团体和组织活动的数量 92. 定期以不同形式进行文化活动的人口比例
人际关系	支持个人生理的和社会自立的服务	93. 国家和地方对残障人群（身体的和精神的）的公共开支在中央和地方政府预算中所占的比例
	个人服务的支持	94. 学龄前和已上学儿童的护理水平
	社会互动的支持	95. 住房环境设计（聚会场所、照明、布局）的开放程度

（3）社会健康指数（Index of Social Health）

社会政策创新协会（Institute for Innovation in Social Policy）的马克·米格林夫选择涉及健康、死亡率、不平等和服务享有等16项社会议题来包括人生所有阶段,每个年龄组各自选取指标。前提是同一年龄组的个体具有普遍性经历,每个人都会经历不同的年龄阶段,因而会形成一个整体框架,同时能突出当代重要的社会趋势,如儿童和老年人的社会生存状况。五个指标适用于所有年龄组:杀人者、与饮酒有关的交通死亡事故、食品券的使用、可负担住房和贫富差距。三个指标适用于儿童:婴儿死亡率、儿童受虐待和儿童贫困。适用于青少年的包括:青少年自杀、滥用毒品和中学辍学。适用于成年人的包括:失业、周平均收入和医疗保险的享有。两个指标适用于老年人:65岁以上贫困人口和用手头现款治病花费。该指数将16个领域的最佳表现组合起来构建一个"典范年"(Model Year),作为标准,年度表现是根据过去的最佳表现测量的,如2001年为46,较2000年下降了8个点,较1973年的77下降了31个点,2004年为54。

(4) 社会进步指数(Index of Social Progress)

社会进步指数(Index of Social Progress),缩写为ISP,是由美国宾夕法尼亚大学的理查德·J. 埃斯蒂斯(R. J. Estes)教授在国际社会福利理事会的要求和支持下于1984年提出的。1988年埃斯蒂斯在《世界社会发展的趋势》一书中又提出了加权社会进步指数(Weighted Index of Social Progress,WISP)。该指数将众多的社会经济指标浓缩成一个综合指数,以此作为评价社会发展的尺度。

社会进步指数包括10个社会经济领域的45项指标(见表5-5)。10个领域分别为教育、健康状况、妇女状况、国防、经济状况、人口、地理、政治参与、文化多元性、福利。未加权社会进步指数的计算,实际上是将每个指标的权数看作1,假定各指标在描述国家的发展水平方面具有同等的重要性。加权社会进步指数是在ISP的基础上,对各子领域的指数值作因子分析得到一组统计权数,然后对各子领域得分进行加权,最后得到加权社会进步指数值。[1]

---

[1] 转引自苏江丽《国外社会指标的应用与研究对我国建立低收入预警社会指标体系的启示》,《生产力研究》2007年第19期。

表 5-5　社会进步指数指标构成

教育分指数（N=6）	妇女状况分指数（N=6）
小学程度年龄组入学百分比（+）	女性出生时预期寿命（+）
一年级入学完成小学教育百分比（+）	女性成人识字率（+）
中学程度年龄组入学百分比（+）	已婚妇女避孕百分比（+）
大学程度年龄组入学百分比（+）	每一万个出生生命中母亲死亡率（-）
成人文盲百分比（-）	女性小学入学率与男性相比百分比（+）
教育占国民生产总值百分比（+）	女性中学入学率与男性相比百分比（+）
健康状况分指数（N=7）	**经济状况分指数（N=6）**
1岁时预期寿命（+）	以美元计算的人均国民生产总值（+）
每1000个出生生命中婴儿死亡率（-）	实际人均国内生产总值（+）
5岁以下生命死亡率（-）	人均国民生产总值年度增长率（+）
千人中1名医生的人口（-）	年度通货膨胀率（-）
人均日常卡路里供应与所需相比的百分比（+）	人均食品生产指数（+）
1岁完全接受免疫儿童百分比（包括：白喉、百日咳和破伤风混合疫苗）（+）	外部公共债务占国内生产总值百分比（-）
1岁完全接受免疫儿童百分比（麻疹）（+）	
地理分指数（N=3）	**人口分指数（N=5）**
集体拥有耕地百分比（+）	总人口（+）
自然灾害易受伤害指数（-）	每1000人口中的出生率（-）
每百万人口中平均死于自然灾害人数（-）	人口增长率（-）
	15岁以下人口所占百分比（-）
	60岁及以上人口所占百分比（+）
文化多元性分指数（N=3）	**福利分指数（N=5）**
拥有共同母语的最大百分比（+）	首次颁布老年、伤残、死亡保障法律年代（+）
拥有共同基本宗教信仰最大百分比（+）	首次颁布疾病与产妇保障法律年代（+）
拥有共同或相似种族血统最大百分比（+）	首次颁布工伤法律年代（+）
	首次颁布失业救助法律年代（+）
	首次颁布家庭补助法年代（+）
政治参与分指数（N=3）	**国防分指数（N=1）**
违犯政治人权指数（-）	
违犯公民自由指数（-）	国内生产总值中军事开支所占百分比（-）
综合人民苦难指数（-）	

　　社会进步指数是评价社会发展状况的一个有效工具，它不仅可以用于不同国家、不同地区间社会发展状况的比较，也可用于一国内部不同地区间社会发展水平的横向比较，还可用于一国不同时期发展水平的动态比较。与 PQLI 相比，社会进步指数的计算在社会经济领域及指标的选择上也比较广泛，因而能在一定程度上全面反映一个国家

的社会进步状况。不过，社会进步指数也有其局限性，具体如下。

首先，在发展领域及指标的选择上，未做出详细的理论说明。为什么选择这些领域作为评价社会进步的依据？这些领域是否包括了社会发展的所有方面？这些领域及相应的指标是否适合于对所有国家社会发展水平的比较？其次，在各子领域指标的选择上也极不平衡。比如，国防子领域仅选择了军费支出占 GNP 比重一个指标，而人口子领域则选择了 5 个指标，这势必影响加权指数中权数构造的准确性。再次，在子领域和指标的选择上，忽略了一些重要的社会发展领域。比如，缺乏反映社会秩序与安全、闲暇时间的利用以及反映财富分配方面的指标。最后，所选择的这些领域及相应的指标，并不适合于反映所有国家的社会进步状况，没有注意到处于不同社会发展阶段的国家间的差异性，因而势必影响比较的准确性。

（5）不丹幸福指数

1972 年，时任不丹国王吉格梅·辛格·旺楚克提出了国民幸福总值（Gross National Happiness）的概念，这一概念强调国家的公共行动应当推动福利（well-being）的拓展与民众真实幸福的提升，而并非当时多数国家所唯一关注点，即通过经济增长来实现物质的扩张，后者常常用国民生产总值（Gross National Product，GNP）来衡量。透过相关的政府文件以及国家领导人和有关学者的论述，不丹国民幸福总值四大支柱可概括为：①社会与经济的可持续与公平发展。②环境保护。③文化保护与促进。④政府善治。

从 2005 年到 2010 年这五年时间，不丹发展研究院先后进行了两次全国性的调查，在不断的调整与完善中，开发出了一套比较成型的用于测算不丹国民幸福总值的指标体系。这套指标体系既体现了不丹决策层对国民幸福总值的理解，又一定程度地吸收了西方学术界自 20 世纪 60 年代以来生活质量相关领域的研究成果。不丹王国最新发布的国民幸福总值测算结果，是在不丹发展研究院 2010 年 4 月至 12 月实施的一项全国范围内的大规模抽样问卷调查的基础上完成的。这次问卷调查最终形成的国民幸福总值测算指标体系包含九大领域 33 项指标：①心理幸福感，包含生活满意度、正向情感、负向情感和精神性 4 个指标。②健康,包含自评健康状态、健康天数、长期残疾和心理健康4个指标。③教育,包含识字、学历、知识和价值4个指标。④文化,包含语言、工艺、文化参与、行为和着装4个指标。⑤时间利用,包含工作时间和睡眠时间2个指标。⑥政府善治,包含政治参与、政治自由、服务提供和政府绩效4个指标。⑦社会活力,包含社会支持、社区关系、家庭和犯罪受害者4个指标。⑧生态的多样性与恢复能力,包含污染、环境责任、野生动物和城市问题4个指标。⑨生活水平,包含家庭收入、财产和居住质量3个指标。①

(二) 国内社会建设评价指标体系

学术界制定的指标体系,根据所依据的理论框架的不同,可以划分为两种基本类型:一种是基于政府绩效考评理论的指标体系;另一种是基于社会建设理论的指标体系。

1. 基于政府绩效考评理论的指标体系

中山大学政治与公共事务管理学院陈天祥教授开辟了学者研究政府社会建设绩效评估指标体系的先河。他以投入、管理过程、产出及结果的框架模型,以十七大报告第八个专题"社会建设"内容为依据,综合考虑政府管理的实际,从当代政府绩效评估所蕴含的民众本位的价值取向出发,引入公民满意度指标的设计,构建5大领域67项具体指标组成的政府社会建设绩效评估指标体系(见表5-6)。②

表5-6 政府社会建设绩效评估指标体系

指标		维度		
		投入	管理过程	产出及结果
领域	教育发展与教育公平	政府教育支出占GDP的比重	政策的合理性	九年义务教育实现率
		人均教育经费支出	公平教育政策	每百名在校学生拥有专任教师数

---

① 沈颢、卡玛·尤拉:《国民幸福——一个国家发展的指标体系》,北京大学出版社,2011。
② 陈天祥:《政府社会建设绩效评估框架体系探讨》,《中山大学学报》(社会科学版) 2009年第2期。

续表

指标		维度		
		投入	管理过程	产出及结果
领域	教育发展与教育公平	公共财政对弱势地区、学校、学生的支持		大学生毛入学率
				教育公平的实现程度
				公民的满意度
	社会保障	政府社会保障支出占财政支出比重	政策的合理性	基本养老保险覆盖率
		政府社会保障对弱势地区和人均的支持度	弱势群体社会保障政策	基本医疗保险覆盖率
				居民最低生活保障覆盖率
				失业保险覆盖率
				工伤保险覆盖率
				弱势群体的救助率
				公民的满意度
	医疗卫生	政府医疗卫生支出占GDP的比重	政策的合理性	新型农村合作医疗参合率
		财政支持弱势地区医疗卫生的投入	对弱势地区的医疗卫生支持政策	农村自来水普及率
			突发公共卫生事件应急处理机制建设	社区卫生服务人口覆盖率
				婴儿死亡率（每千人的死亡率）
				孕产妇死亡率
				人均期望寿命
				每万人拥有病床数
				每万人拥有职业医生数
				公众满意度
	公共安全与社会管理	在公共安全与社会管理中的财政支出水平	政府突发性事件应急处理体系建设	万人发案率
		政府在公共安全与社会管理中人力资源投入水平	政府公共安全监管体系建设	刑事案件破案率
			政府公共安全监管执行力	重大刑事案件破案率
				群体性事件数
				公众的安全感

续表

指标		维度		
		投入	管理过程	产出及结果
领域	公共安全与社会管理			万车死亡率
				万车重伤率
				万车重大交通事故发生率
				重大火灾事故发生数量
				食品药品安全指数
				亿元 GDP 死亡率
				亿元 GDP 重伤率
				每万人公交车辆拥有量
				城市管理秩序
	就业与分配公平	政府就业与再就业的财政投入	就业与再就业政策	城镇登记失业率
			公共就业服务体系建设	城镇再就业率
			促进分配公平政策及其执行	农村剩余劳动力转移率
				残疾人员就业比率
				城镇居民基尼系数
				农村居民基尼系数
				地区之间收入差距
				城乡之间收入差距
				公众满意度

国家行政学院经济学部张占斌教授对地方政府社会建设绩效考核指标体系进行了探讨。他认为在加强对地方政府政绩考评指标研究中，应该特别重视对社会发展方面的指标设计和考核，同时要体现落实科学发展和构建社会主义和谐社会的重要意义。他提出地方政府社会建设绩效考核指标体系的主要内容应当包括：劳动就业、社会分配、社会保障、人力资源、科学技术、文学艺术、卫生保健、居民生活、社会安全9个二级指标、252个三级指标。①

---

① 因指标众多，这里不再列出，详见张占斌《关于地方政府社会建设绩效考核指标体系的初步探讨》，《学习论坛》2009 年第 9 期。

李晓壮认为，地方政府社会建设绩效评价，即是对地方政府及其组成部门在推进社会建设过程中，运用科学的方法、标准和程序，考核、研判其所取得的"政绩"的评价，是对社会建设结果的评价。根据构建地方政府社会建设绩效评价体系的系统性、可行性、独立性和易操作性，以及社会建设8个领域之间的内在逻辑关系，确定地方政府社会建设绩效评价体系框架应包括民生社会事业绩效、社会管理绩效、社会结构绩效、社会规范绩效四个领域，共计28个指标构成（参见表5-7）。①

表5-7 地方政府社会建设绩效评估指标体系

分类评价指标	序号	单项评价指标	单位
民生社会事业绩效	1	每万人发明专利数	件
	2	每万人大学学历人数	人
	3	每万人执业（助理）医师数	人
	4	城乡居民养老保险覆盖率	%
	5	每千名老年人社会养老机构床位数	张
	6	居民对义务教育满意度	%
	7	居民对医疗卫生服务满意度	%
	8	居民对社会保障满意度	%
	9	居民对社会救助满意度	%
	10	居民对劳动就业满意度	%
社会管理绩效	11	每万人社会组织数	个
	12	每万人劳动争议案件数	件
	13	信访案件结案率	%
	14	食品、药品抽检合格率	%
	15	亿元GDP安全生产事故死亡人数	人
	16	每万人刑事立案数	件
	17	居民对社会治安满意度	%
	18	居民对保护环境满意度	%
	19	居民对交通状况满意度	%

---

① 李晓壮：《地方政府社会建设绩效评估研究》，北京工业大学博士学位论文，2012。

续表

分类评价指标	序号	单项评价指标	单位
社会结构绩效	20	城镇化率	%
	21	第三产业从业人员占三产就业人员比重	%
	22	城乡收入比	—
	23	恩格尔系数	%
	24	中产阶层占就业人口比例	%
社会规范绩效	25	居民对惩治腐败满意度	%
	26	居民对司法公正满意度	%
	27	居民对干部作风满意度	%
	28	居民对社会诚信满意	%

2. 基于社会建设理论的指标体系

陆学艺将社会建设划分为两大方面：一是实体建设，如社区建设、社会组织建设、社会事业建设、社会环境建设等；二是制度建设，如社会结构的调整与构建、社会流动机制建设、社会利益关系协调机制建设、社会保障体制建设、社会安全体制建设、社会管理体制建设等。① 郑杭生等人则认为社会建设应主要包括社会公共事业、社会建设基本制度、社会公平与公正等规范体系建设、社会秩序、社会管理水平等内容。河南师范大学薛君在综合了上述理论观点的基础上，提出了一个由实体建设、规范体系建设和制度建设三个维度组成的社会建设指标体系。其中，实体建设指的是通过提供公共产品和服务满足人们的公共需求，规范体系建设是通过深层理念和意识形态的建设形成共同的道德、规范和价值观，制度建设则是通过对越轨和冲突行为的预防和控制使社会更加有序与和谐。具体的指标体系参见表5-8。② 这一指标体系提出了一个具有一定理论基础的概念框架，但在指标的可操作性上则考虑不足。

---

① 陆学艺：《关于社会建设的理论和实践》，《国家行政学院学报》2008年第2期，第13~19页。

② 薛君：《社会建设的内涵、认知及其指标体系建构》，《重庆社会科学》2011年第8期，第42~48页。

表5-8 由实体建设、规范体系建设和制度建设三个维度组成的社会建设指标体系

一级指标	二级指标	三级指标	四级指标
实体建设	社会公共事业建设	公共科学建设	基础科学研究
			应用科学研究
			公益性研究和技术推广
		公共教育建设	小学、中学、大学学生入学率
			小学、中学、大学公共资金投入
		公共文化建设	文化设施（公共图书馆、公共博物馆与纪念馆）
			文化遗产保护与利用
			文化培训与教育
			群众性公益文化活动
		公共卫生建设	疫病监测与疾病干预控制
			预防接种与儿童保健
			妇女及生殖保健
			老年保健
			健康教育与健康信息
		公共体育建设	公共体育设施
			公共体育活动
		公共住房建设	廉租房建设
			经济适用房建设
			商品房市场管理
		公共社区建设	社区基本生活设施条件建设
			社区治安安全建设
			社会便民系列服务建设
			社区环境建设
	社会福利保障体系建设	社会保险建设	各类保险（养老、医疗等）覆盖率
			各类保险（养老、医疗等）水平
		社会救助建设	社会救助体系覆盖率
			社会救助体系水平
			社会救助体系的完善性

续表

一级指标	二级指标体系	三级指标体系	四级指标体系
实体建设	社会福利保障体系建设	社会福利建设	社会福利体系覆盖率
			社会福利体系水平
			社会福利体系的完善性
规范体系建设	主流价值观建设	以人为本的价值观	
		民生	
		公平的价值观	
		效率的价值观	
		幸福	
	主流意识形态建设	科学发展观	
		"三个代表"重要思想	
		邓小平理论	
		毛泽东思想	
制度建设	社会结构的调整与建设	社会组织关系	
		城乡关系	
		阶层关系	
	社会流动机制建设	劳动力移动	
		移民	
	社会利益关系协调机制建设	收入初次分配机制	
		收入再次分配机制	
	社会安全机制建设	群体性事件	
		重大刑事案件	
		公共预警机制	
		公共危机处理机制	

上海社会科学院陈江岚从评价社会发展、监测社会矛盾两个方面构建了一个社会建设评价指标体系。从公众生活质量、发展的社会环境和公共福利的制度基础三个方面，客观描述社会发展状态。从分析特定地区社会发展中可能存在的主要矛盾入手，设计矛盾监测类指标（见图5-1）。①

---

① 资料来源：陈江岚：《社会建设评价指标体系的研究》，http://wenku.baidu.com/view/e-4ddca8da0116c175f0e4802.html，2014年11月1日。

从学术界对社会建设指标体系的研究来看，关于地方政府绩效评估方面的指标体系研究尚处于初始阶段。现有成果大多仅是一种理论框架，难以在政府管理实践中加以直接运用。

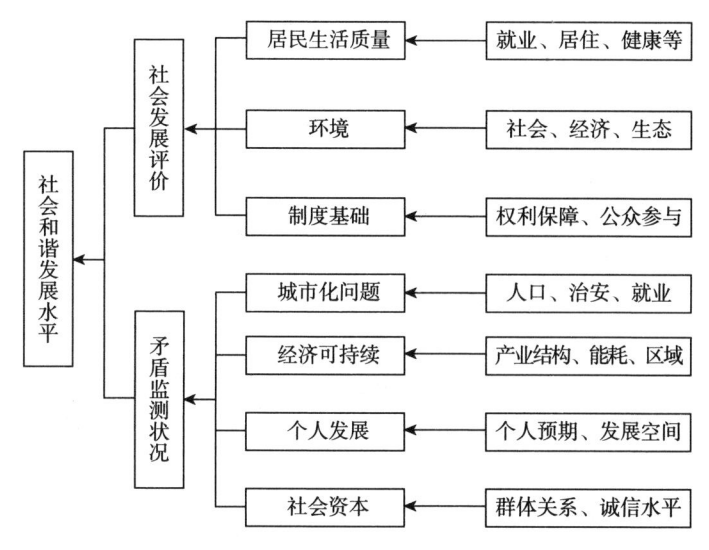

```
                    ┌─ 居民生活质量 ←── 就业、居住、健康等
            ┌ 社会 ─┤
            │ 发展 ├─ 环境       ←── 社会、经济、生态
            │ 评价 │
            │      └─ 制度基础   ←── 权利保障、公众参与
社会和谐发展水平 ┤
            │      ┌─ 城市化问题 ←── 人口、治安、就业
            │ 矛盾 │
            └ 监测 ├─ 经济可持续 ←── 产业结构、能耗、区域
              状况 │
                   ├─ 个人发展   ←── 个人预期、发展空间
                   │
                   └─ 社会资本   ←── 群体关系、诚信水平
```

图 5-1 社会建设评价指标体系

从政府角度看，当前从中央到地方，都意识到加强社会建设对转变发展方式，解决发展中不平衡、不协调的状况，根治当前诸多社会矛盾和问题的紧迫性和重要性。目前，一些地方政府已经制定了自己的社会建设考核指标体系，如北京市、广东省和深圳市；还有一些地方政府正在加紧研究制定，如上海市。

1. 北京市社会建设指标体系

北京市早在 2007 年就成立了推进社会建设工作的专门机构，即北京市社会工作委员会（北京市社会建设办公室）。2011 年 12 月，《北京市"十二五"时期社会建设规划纲要》正式出台。这是全国第一个省级社会建设规划。其中，围绕五大体系建设，提出了"十二五"时期北京社会建设的 28 项核心指标（见表 5-9）。①

---

① 《首个省级社会建设"十二五"专项规划出台——北京"十二五"社会建设 28 项量化指标》，《领导决策信息》2012 年第 2 期。

表5-9 北京市"十二五"时期社会建设主要指标

类别	序号	指标	目标	属性
社会服务	1	城镇居民人均可支配收入年均增长（%）	8	预期性
	2	农村居民人均纯收入年均增长（%）	8	预期性
	3	城镇登记失业率（%）	≤3.5	预期性
	4	城镇职工五项保险参保率（%）	98	约束性
	5	城乡居民养老、医疗保险参保率（%）	95	约束性
	6	提供各类政策性保障住房（万套）	100	约束性
	7	全市从业人员平均受教育年限（年）	12	预期性
	8	城乡居民平均期望寿命增加（岁）	1	预期性
	9	全市养老床位达到（万张）	12	预期性
	10	每千名常住人口执业（助理）医师（人）	4	预期性
	11	人均体育场地面积（平方米）	2.1	预期性
	12	基层公共文化设施建设覆盖率（%）	≥97	预期性
社会管理	13	城市社区规范化建设达标率（%）	100	约束性
	14	城市网格化社会服务管理覆盖率（%）	>90	约束性
	15	社区服务管理信息化网络覆盖率（%）	>90	约束性
社会参与	16	每万人拥有社会组织（个）	20	预期性
	17	社会工作从业人员/专业人才（万人）	36/2	预期性
	18	注册志愿者（万人）	200	预期性
	19	基层自治组织选举居（村）民参与率（%）	90	预期性
社会环境	20	市民公共行为文明指数	≥83	预期性
	21	亿元地区生产总值生产安全事故死亡率降低（%）	>38	约束性
	22	重点食品安全检测抽查合格率（%）	>98	约束性
	23	药品抽验合格率（%）	≥98	约束性
	24	群众安全感指数（%）	≥90	预期性
社会关系	25	和谐社区（村镇）创建率（%）	90	预期性
	26	和谐企业创建率（%）	>80	预期性
	27	基层社会矛盾纠纷调处率（%）	≥95	预期性
	28	信访事项按期办结率（%）	≥95	预期性

2. 广东省社会建设指标体系

广东省发改委与统计局从2005年起即开始实施《广东省社会建设综合评价指标体系》，对该省社会建设工作起到了促进作用。2011年广东省委省政府下发了《关于加强社会建设的决定》后，由广东省社工委牵头，在原《广东省社会建设综合评价指标体系》的基础上，起草制定广东省社会建设考核评价指标体系。2013年7月16日，广东省社工委第一次全委会审议通过了《广东省社会建设综合考核指标体系》。该《指标体系》成为广东社会建设领域唯一的考核项目。该指标体系的立意是作为推动社会建设工作的帮手，而不是用来反映社会建设发展水平的，因此采用的指标注重社会建设领域"与期待的目标有差距，需要加强以弥补不足的"（见表5-10）。

表5-10 广东省社会建设综合考核指标体系

序号	一级指标	二级指标	指标权重	方向性	数据来源
1	一、社会事业（39分）	规范化幼儿园达标率	2	正指标	省教育厅（省信息中心）
2		城镇登记失业率	2	逆指标	省人力资源和社会保障厅（省信息中心）
3		城镇居民人均可支配收入	2	正指标	省统计局、国家统计局广东调查总队
4		农村居民人均可支配收入	2	正指标	省统计局、国家统计局广东调查总队
5		基本社会保险覆盖率	2	正指标	省人力资源和社会保障厅
6		每万人口拥有收养性社会福利单位的床位数	2	正指标	省民政厅（省信息中心）
7		住房保障工作目标责任完成率	2	正指标	省住建厅（省信息中心）
8		每万户籍人口接受服务的残疾人数	2	正指标	省残联
9		每万人口医师数	2	正指标	省卫生厅
10		环境卫生绿化指数	4	正指标	省住建厅、省卫生厅
11		符合政策生育率	2	正指标	省人口计生委
12		每万人口拥有公共文化设施面积	3	正指标	省文化厅（省信息中心）
13		体育工作达标率	2	正指标	省体育局
14		城市每万人口公交车辆拥有量	2	正指标	省交通厅（省信息中心）
15		城镇人口所占比重	2	正指标	省统计局
16		每万人口拥有城乡社区服务设施数	2	正指标	省民政厅（省信息中心）
17		基本公共服务支出占地方公共财政支出比重	3	正指标	省财政厅

续表

序号	一级指标	二级指标	指标权重	方向性	数据来源
18	二、社会安全（27分）	应急管理工作	6	正指标	省应急办
19		治安刑事指数	3	逆指标	省公安厅
20		食品重点品种监测总合格率	3	正指标	省食品药品监管局
21		药品安全指数	2	正指标	省食品药品监管局
22		交通、火灾死亡人口比率	2	逆指标	省公安厅
23		生产安全指数	5	逆指标	省安全生产监管局
24		每十万人群体性事件数	2	逆指标	省公安厅
25		人民调解指数	2	正指标	省司法厅
26		法律援助率	2	正指标	省司法厅
27	三、社会公平（18分）	城乡居民人均收入发展速度与人均GDP发展速度之比	3	正指标	省统计局、国家统计局广东调查总队
28		城镇居民人均可支配收入与农村居民人均可支配收入之比	3	逆指标	省统计局、国家统计局广东调查总队
29		城镇最高最低组别收入比	3	逆指标	省统计局、国家统计局广东调查总队（省信息中心）
30		进城务工人员随迁子女平等接受义务教育指数	3	正指标	省教育厅
31		城市民族工作	4	正指标	省民族宗教委
32		行政复议案件按时办结率	2	正指标	省法制办
33	四、社会参与（16分）	社会组织工作	3	正指标	省民政厅
34		社区参与指数	3	正指标	省民政厅
35		每万人拥有持证社工人数	3	正指标	省民政厅（省信息中心）
36		志愿者工作指数	4	正指标	团省委
37		已建工会企业工资集体协商建制率	3	正指标	省总工会

3. 深圳市社会建设指标体系

2011年1月1日，《中共深圳市委深圳市人民政府关于加强社会建设的决定》（深委发〔2011〕1号）文，对深圳市社会建设进行战略部署，制定深圳市社会建设考核指标体系，包括市民生活、公共服务、社区服务、社会管理、社会服务产业5个领域31项具体指标，见表5-11。

表 5-11 深圳市社会建设考核指标体系（2011 年版）

领域	序号	指标名称	单位	统计责任单位
市民生活	1	常住人口增长率	%	市统计局
	2	平均预期寿命	岁	市卫生人口计生委
	3	平均受教育年限	年	市统计局
	4	居民人均可支配收入	元	国家统计局深圳调查队
	5	恩格尔系数		国家统计局深圳调查队
	6	保障性住房建筑面积增幅	%	市住房建设局
公共服务	7	高中入学率	%	市教育局
	8	高等教育毛入学率	%	市教育局
	9	每万人病床数	张	市卫生人口计生委
	10	每万人执业医生数	人	市卫生人口计生委
	11	人均公共图书馆图书藏量	册	市文体旅游局
	12	公共交通出行分担率	%	市交通运输委
	13	每万人社会组织数	个	市民政局
	14	每千名户籍老人机构养老床位数	个	市民政局
	15	职工基本养老保险参保率	%	市人力资源保障局
	16	社会事业和公共服务人均财政支出水平	元	市财政委
社区服务	17	每万人持证社工人数	人	市民政局
	18	社区服务设施达标率	%	市民政局
	19	居委会直选率	%	市民政局
社会管理	20	登记失业率	%	市人力资源保障局
	21	残疾人就业率	%	市残联
	22	国民经济各行业平均工资标准差系数	%	市统计局
	23	主要农产品质量安全监测超标率	%	市农业局
	24	食品生产监督抽查合格率	%	市市场监管局
	25	药品安全抽样合格率	%	市药品监管局
	26	亿元 GDP 生产安全事故死亡人数/人	亿元	市应急办（安监局）
	27	每万人暴力案件立案数	宗	市公安局
	28	非户籍人口和出租屋登记率	%	市综治办
	29	生效案件执行率	%	市法院
	30	社会治安满意度		国家统计局深圳调查队
社会服务产业	31	社会服务产业增加值占 GDP 比重	%	市统计局

深圳的一些区也在国内较早地开展了构建社会建设指标体系的尝试。2010年盐田区出台了《关于进一步加强社会建设的若干意见》，并据此制定了《盐田区社会建设指标体系（试行）》。该指标体系包括居民生活质量指标、社会公平指标、社会安全指标、经济指标、生态指标、社区建设指标、社会文明指标、市民幸福感8个方面（见表5-12）。① 深圳市南山区制定了《南山区社会建设标准体系》，从区域化党组织体系建设、民主政治体系建设、社会管理体系建设、公共服务体系建设、人才培养体系建设、社区多元文化体系建设6个方面，制定了178项具体的工作标准（因内容较多，此处未列）。

表5-12 深圳市盐田区社会建设指标体系（2010年版）

类别	序号	指标名称	代码	计算单位	2010年	2009年	增长率（%）
A 居民生活与就业	1	居民人均可支配收入	A1	元	30231	27015	11.9
	2	恩格尔系数	A2	%	35.84	34.37	1.5
	3	人均住房建筑面积	A3	平方米	24.29	24.33	-0.2
	4	每万人口医生数	A4	人	18.82	16.34	15.2
	5	城镇登记失业率	A5	%	2.45	2.55	-0.1
B 社会保障	6	社会保障和就业支出占财政支出比例	B1	%	7.29	6.18	1.1
	7	基本养老保险参保人数	B2	人	113108	97367	16.2
	8	基本医疗保险参保人数	B3	人	160742	137213	17.1
	9	工伤保险参保人数	B4	人	130349	112856	15.5
	10	失业保险参保人数	B5	人	40431	34988	15.6
	11	每千名户籍老人拥有机构养老床位数	B6	张	51.9	50.4	3.0
	12	残疾人就业率	B7	%	96	88	8.0
	13	社会救助人次	B8	人次	3631	3915	-7.3

---

① 具体内容参见：http://news.sznews.com/content/2011-07/27/content_5887401_2.htm。

续表

类别		序号	指标名称	代码	计算单位	2010年	2009年	增长率（%）
C	公共安全	14	每万人暴力案件立案数	C1	宗	5.6	6.5	-13.8
		15	生产、交通、火灾事故死亡人口比率	C2	人/十万人	8.14	6.59	23.5
		16	主要农产品质量安全检测超标率	C3	%	1.19	1.19	持平
D	经济发展	17	人均生产总值	D1	元	129195	110852	16.5
		18	第三产业比重	D2	%	73.16	71.05	2.1
E	环保与生态	19	万元生产总值能耗	E1	吨标煤	0.541	0.562	-3.7
		20	城市污水集中处理率	E2	%	97	95.4	1.6
		21	空气质量优良率	E3	%	99.18	100	-0.8
		22	行政区内绿化覆盖率	E4	%	68.6	68.25	0.4
		23	城市人均公园绿地面积	E5	平方米	22.55	19.8	13.9
		24	绿道长度	E6	公里	10.4	3.4	205.9
F	社区建设	25	社区服务中心数	F1	个	24	23	4.3
		26	社区健康服务中心数	F2	个	15	15	持平
		27	社区计划生育服务站数	F3	个	18	18	持平
		28	社区文体活动场所数	F4	处	182	182	持平
		29	安全文明小区数	F5	个	180	176	2.3
		30	社区居民自治指数	F6	%	—	—	区民政局从2011年起测算
G	社会文明	31	公益文化活动数	G1	场次	1621	1833	-11.6
		32	性别平等指数	G2	%	38.85	40.82	-2.0
		33	居民诉求表达畅通率	G3	%	91.83	—	—
		34	每万人口注册志愿者人数	G4	人	287.27	236.79	21.3
		35	每万人口持证职业社工人数	G5	人	2.54	1.84	38
		36	每万人口大专及以上文化程度人数	G6	人	1517.56	1417.92	7

续表

类别	序号	指标名称	代码	计算单位	2010年	2009年	增长率（%）
H 居民幸福感	37	收入分配满意率	H1	—	63.5	—	—
	38	交通满意率	H2	—	75	—	—
	39	教育满意率	H3	—	77.6	—	—
	40	医疗满意率	H4	—	61.3	—	—
	41	文化体育满意率	H5	—	77.1	—	—
	42	社会治安满意率	H6	—	78.5	—	—
	43	人际关系和谐满意率	H7	—	83.6	—	—
	44	社会事务公众参与状况满意率	H8	—	74.9	—	—
	45	社会福利社会保障满意率	H9	—	70.6	—	—
	46	居住状况满意率	H10	—	74.5	—	—
	47	精神压力满意率	H11	—	66.4	—	—
	48	生态环境满意率	H12	—	79.8	—	—

（三）国内社会建设相关指标体系

近年来国内在社会领域提出的主要指标体系包括社会发展综合评价指标体系、小康社会及和谐社会指标体系。

1. 社会发展综合评价指标体系

随着20世纪60年代中期以后世界范围内的"社会指标运动"的高涨，社会发展综合评价指标作为一种新的社会发展评价方法，日趋完善并为人们所接受。1982年，我国开始学习和引进这种方法。此后，上海、北京等地和中国社会科学院、国家统计局、国家计委、国家科委等部门也相继开始探索、制定适合我国情况的社会发展综合评价指标体系。其中，国家部门制定且影响较大的指标体系主要有两个——中国社会科学院社会学研究所与国家统计局于1989年合作制定的社会发展综合评价指标体系，国家统计局与中国科技促进发展研究中心于1992年合作制定的社会发展综合评价指标体系。

北京大学谢立中教授认为，当时的几个主要的社会发展综合评价指标体系存在的一个共同缺陷是，它们都包含了许多不能或不是反映社会发展最终成果的指标在内。他认为，社会发展的最终目标是为了增加社会产出，提高人类需求的满足水平。因此，社会发展的终极含义应是人类需求满足水平的不断提高，而可测量的直接标志则应是用以满足人们需求的各种社会产出的增长（因为人类需求的满足本身是个内在的、难以度量的东西）。据此，他提出了一个基本以社会产出指标为元素的社会发展综合评价指标体系（见表5-13）。①

表 5-13　社会产出指标体系

指标名称	权数	指标用途和含义
一、经济产出指数 [①×②]	25	反映经济活动的实际经济收益
①国民收入指数*	25	反映经济产出的总量规模
②财产分配平等系数指数		反映经济产出的分配状况
二、政治产出指数 [(①+②+③)×④]	25	反映政治活动的实际政治收益
①立法活动产出指数 (a+b)	7.5	反映立法活动的产出
a. 当年制定法规数目指数	3.75	
b. 有保障的公民权益指数	3.75	
②司法活动产出指数 (a+b)	7.5	反映司法活动的产出
a. 刑事与治安案件发案指数**		
b. 交通与火灾事故发生指数**	6	
③组织管理活动量指数	1.5	
④权力分配平等系数指数	10	
三、文化产出指数 [①+②+③]	25	反映行政活动的产出 反映政治利益的分配状况 反映文化活动的实际社会收益
①重大科技成果指数	7.5	
②教育产出指数 (a×b×c)	10	反映科技活动的产出 反映教育活动的产出
a. 各级各类学校在校生总人数指数		
b. 教育质量系数指数	10	
c. 教育平等系数指数		
③文艺活动产出指数 (a+b+c+d+e)		

---

① 谢立中：《我国社会发展综合评价指标的再探讨》，《南昌大学学报》（社会科学版）1994年第1期。

续表

指标名称	权数	指标用途和含义
a. 艺术表演和电影观众总数指数	7.5	反映文艺活动的产出
b. 图书借阅册次指数		
c. 博物馆参观人次指数	2.25	
d. 出版印张总数指数		
e. 广播电视覆盖人口指数	0.75	
四、人口生产活动产出指数	0.75	
（①+②+③）	1.50	
①家庭与社会生活产出指数		
（a×b×c×d）	2.25	反映人口生产活动的实际社会收益
a. 人口总量指数		
b. 平均人力资本价值指数	25	
c. 平均社会交往人次指数		反映家庭与社会生活的产出
d. 社会关系质量系数指数	15	
②医疗卫生产出指数		
（a+b+c）		
a. 诊疗人次指数		
b. 婴儿死亡率指数**	7.5	
c. 前十位疾病死亡人数指数**	3	反映医疗卫生活动的产出
③体育活动产出指数	2.25	
（a+b+c+d）	2.25	
a. 体育锻炼达标人数指数		
b. 体校在校生数指数	2.5	
c. 县以上单位举办运动会场次指数		
d. 国内外竞赛破纪录和获冠军人次指数	0.75	反映体育活动的产出
	0.25	
五、社会总产出指数	1.25	
	0.25	反映社会活动的总产出或总收益

* 各年国民收入指数均需按不变价格计算。

** 均按倒算法计算指数，即以基年数除以各年数，得各年指数。

2. 小康社会指标体系

早在20世纪90年代中期，国家统计局会同国家计委和农业部制定了《全国人民小康生活水平的基本标准》，得到政府部门和社会的认同。该标准包括5个方面共16项指标：第一类指标为经济发展水平，由人均国民生产总值1项指标组成；第二类指标为物质生活水平，由城镇人均可支配收入、农民人均纯收入、城镇人均居住使用面积、农村居民人均钢筋砖木结构住房面积、人均蛋白质日摄入量、城市居民每万人拥有铺装道路面积、农村通公路的行政村比重、恩格尔系数8项指标组成；第三类指标为人口素质，由成人识字率、人均预期寿命和婴儿死亡率3项指标组成；第四类指标为精神生活，由教育支出比重和电视机普及率2项指标组成；第五类指标为生活环境，由森林覆盖率和农村初级卫生保健基本合格县的百分比2项指标组成。

2000年10月，中共十五届五中全会明确提出将全面建设小康社会作为我国的发展目标。随后国内的一些机构对小康目标指标体系进行了深入研究，比较有影响的包括国务院发展研究中心、中国社科院、国家统计局等提出的指标体系。国务院发展研究中心根据全面建设小康社会的内涵及其目标确定的原则，以及体现综合性、简洁性和可操作性的要求，借鉴国际经验，设计了一套小康社会的指标体系，并提出了2020年的目标值（见表5-14）。① 中国社科院"全面建设小康社会指标体系研究"课题组根据小康社会和现代化的内涵，参考英格尔斯提出的10个现代化指标，围绕全面建设小康社会的目标构建了自己的指标体系（见表5-15）。② 国家统计局统计科学研究所从经济发展、社会和谐、生活质量、民主法制、文化教育、资源环境六个方面研究制定了由23项指标组成的《全面建设小康社会统计监测指标体系》（见表5-16），③ 并据此对全国及各地全面建设小康社会的进程进行了监测。

表5-14 国务院发展研究中心全面建设小康社会指标体系及2020年目标值

主题	2020年目标值
一、经济主题	
1. 人均国内生产总值	4000~5000美元
2. 非农产业就业比重	大于60%
3. 恩格尔系数	城镇：小于30%；农村：小于40%
4. 城乡居民收入	城镇：20000元；农村：8000元

---

① 国务院发展研究中心信息网，http://www.drcnet.com.cn/eDRCnet.common.web/docview.aspx?leafid=21199&docid=-105842&version=integrated。
② 孙凤：《和谐社会与主观幸福》，科学出版社，2008，第9~10页。
③ 国家统计局统计科学研究所全面建设小康社会统计监测课题组：《2007年中国全面建设小康社会进程统计监测报告》，《统计研究》2009年第1期，第5~11页。

主题	2020 年目标值
二、社会主题	
5. 基尼系数	小于 0.4
6. 社会基本保险覆盖率	100%
7. 平均受教育年限	10 年
8. 出生时预期寿命	75 岁
9. 文教体卫增加值比重	10%
10. 犯罪率	小于 15 起/万人
11. 日均消费性支出小于 5 元的人口比重	0
三、环境主题	
12. 能源利用效率	2.4 美元/千克煤
13. 使用经改善水源的人口比重	100%
14. 环境污染综合指数	
四、制度主题	
15. 廉政建设	
16. 政府管理能力	

表 5–15　中国社会科学院全面建设小康社会指标体系

指标	权重	小康社会目标（2010 年）
一、社会结构指标	20	
第三产业从业人员比重	5	35%
城镇人口占总人口比重	5	45%
非农业增加值占 GDP 比重	4	90%
出口额占 GDP 比重	3	30%
教育经费占 GDP 比重	3	4.0%
二、经济与科教发展指标	25	
人均 GDP	6	12800 元
人均社会固定资产投资	4	5340 元
工业企业总资产贡献率	3	13%
城镇实际失业率	3	4.0%
R&D 经费与 GDP 比	3	1.3%
人均教育经费	3	300 元
每万人专利受理量	3	3.5 件
三、人口素质	20	
人口自然增长率	4	5.6‰
每万职工的专业技术人员	4	4500 人
每万人口在校大学生人数	2	130 人
大专以上文化程度人口占 16 岁以上人口比重	3	7 人
每万人医生数	4	20 人
平均预期寿命	3	73 岁

续表

指标	权重	小康社会目标（2010年）
四、生活质量和环保	20	
恩格尔系数	4	33%
人均生活用电量	4	320度
每百户电话拥有量	3	30部
每百户拥有电脑量	2	30部
工业"三废"处理率	4	85%
农村引用自来水占农村人口比	3	85%
五、法制及治安	15	
每万人刑事案件立案数	4	22件
每万人治安案件发案数	3	20件
每万人拥有律师数	4	1.1人
每10万人交通事故死亡人数	4	6.4人

表5-16　国家统计局全面建设小康社会统计监测指标体系

监测指标	单位	权重（%）	标准值（2020年）
一、经济发展		29	
1. 人均GDP	元	12	≥31400
2. R&D经费支出占GDP比重	%	4	≥2.5
3. 第三产业增加值占GDP比重	%	4	≥50
4. 城镇人口比重	%	5	≥60
5. 失业率（城镇）	%	4	≤6
二、社会和谐		15	
6. 基尼系数	-	2	≤0.4
7. 城乡居民收入比	以农为1	2	≤2.80
8. 地区经济发展差异系数	%	2	≤60
9. 基本社会保险覆盖率	%	6	≥90
10. 高中阶段毕业生性别差异系数	%	3	=100
三、生活质量		19	
11. 居民人均可支配收入	元	6	≥15000
12. 恩格尔系数	%	3	≤40
13. 人均住房使用面积	平方米	5	≥27
14. 5岁以下儿童死亡率	‰	2	≤12
15. 平均预期寿命	岁	3	≥75

续表

监测指标	单位	权重（%）	标准值（2020年）
四、民主法制		11	
16. 公民自身民主权利满意度	%	5	≥90
17. 社会安全指数	%	6	≥100
五、文化教育		14	
18. 文化产业增加值占GDP比重	%	6	≥5
19. 居民文教娱乐服务支出占家庭消费支出比重	%	2	≥16
20. 平均受教育年限	年	6	≥10.5
六、资源环境		12	
21. 单位GDP能耗	吨标准煤/万元	4	≤0.84
22. 耕地面积指数	%	2	≥94
23. 环境质量指数	%	6	=100

除机构外，一些学者也开展了小康社会指标体系的探索，如陈友华采用10个指标测量全面小康社会的水平（2004）。[①] 指标体系分为4类：一是经济发展：人均GDP；二是生活质量：恩格尔系数、人均居住面积、平均预期寿命、高中入学率；三是社会结构：城市人口比例、非农劳动力比例；四是社会公平：基尼系数、贫困发生率、社会保障覆盖率；宋林飞的"全面小康社会指标体系"由4类18个指标组成。一是经济发展：人均GDP、第三产业比重、城市化率、R&D投入占GDP比重；二是生活水平：城镇居民人均可支配收入、农民人均纯收入、人均住房建筑面积、恩格尔系数；三是生活质量：每千人拥有医生数、信息化普及程度、环境综合指数、人均预期寿命、文化教育娱乐服务支出占家庭消费支出比重；四是社会发展：每万人拥有大专以上文化者、城镇就业率、贫富差距指数、社会保障覆盖率、社会安全率；[②] 李君如构建了一个包含4类共计22个指标的体系。一是经济发展，包括人均GDP、第三产业产值比重、非农产业就业比重、出口商

---

① 陈友华：《全面小康社会建设评价指标体系研究》，《社会学研究》2004年第1期。
② 宋林飞：《中国小康社会指标体系及其评估》，《南京社会科学》2010年第1期。

品中机械及运输设备的比重、非国有固定资产投资比重5个指标。二是社会发展，包括城乡收入比、城市化水平、R&D 经费占 GDP 比重、高中阶段教育毛入学率、非正常死亡率、财政供养比、农村居民家庭人均年纯收入、城乡养老保险覆盖率8个指标。三是人民生活，包括城镇调查失业率、预期寿命、万人刑事案件发案数、农村居民恩格尔系数、人均年生活用电量5项指标。四是生态环境，包括森林覆盖率、自然保护区面积占国土面积比重、工业固体废物综合利用率、单位能耗产出率（万元能耗）4个指标。①

3. 和谐社会指标体系

和谐社会理念提出后，不少政府部门、研究机构或研究者尝试展开了对和谐社会的定量分析工作。2007年上半年，北京社科院课题组从公开渠道收集了18个和谐社会综合评价指标体系（见表5-17），其中3个指标体系是由统计部门提出的，包括国家统计局、北京市和湖北省统计局；4个指标体系由研究机构提出，包括中国社科院、中国科学院、深圳社科院和江苏社科院；其余11个指标体系以研究者个人名义提出。

表5-17　2007年上半年收集的已有的18个和谐社会指标体系的概况

提出者	评价层面	体系结构	指标层次	指标数量	指标权重确定方法	无量纲方法	综合评价方法
国家统计局	国家	狭义	三级	25	平均赋权	阈值法	常规
中国社科院	未指明	广义	三级	38	主观赋权	z-score	常规
中科院	国家	广义	二级	6	无资料	无资料	无资料
北京统计局	地区	狭义	四级	20	专家咨询法	不明	常规
深圳社科院	地区	狭义	三级	35	主观赋权	阈值法	常规
湖北省统计局	地区	狭义	三级	16	无资料	无资料	无资料
江苏社科院	地区	广义	三级	27	无资料	无资料	无资料
孙伟、王雅林	未指明	狭义	三级	11	专家咨询法+层次分析	—	模糊

---

① 李君如等：《全面建设小康社会》，中国水利水电出版社，2006，第38~39页。

续表

提出者	评价层面	体系结构	指标层次	指标数量	指标权重确定方法	无量纲方法	综合评价方法
张德存	未指明	狭义	三级	29	专家咨询法层次分析	—	模糊
欧阳建国	未指明	狭义	三级	35	专家咨询法+层次分析	z-score	常规
蒋剑辉、王嘉佳	地区	广义	四级	23	—	—	因子分析
胡学锋	地区	广义	三级	20	平均赋权或专家咨询法	阈值法	常规
佚名	未指明	广义	三级	15	主观赋权	阈值法	常规
周春喜、陈钰芬	地区	广义	四级	34	专家咨询法+层次分析	阈值法	常规
盛明科	未指明	狭义	二级	6	未提及	未提及	常规
朝歌、陈晓芳	地区	广义	三级	42	专家咨询法	阈值法	常规
李海波、刘则渊等	地区	广义	三级	42	专家咨询法	—	模糊
于斌	未指明	广义	二级	10	未提及	阈值法	常规

和谐社会的综合评价对象可以分为两个层面，一是国家层面，即以整个国家作为评价对象；二是地区级层面，即以各个省市作为评价对象。18个指标体系中，国家统计局和中国科学院的指标体系以国家层面为评价对象，9个指标体系以地区层面为评价对象，另有7个指标体系没有明确指明针对哪一层面。

对于和谐社会这一概念存在广义和狭义两种理解，广义上的和谐社会主要是指社会同一切与自身相关的事情保持着一种协调的状态，包括社会与自然环境、经济、政治、文化之间的协调等。狭义上的和谐社会主要是指社会层面本身的协调，具体来说就是胡锦涛总书记关于和谐社会"民主法治、公平正义、诚信友爱、充满活力、安定有序、人与自然和谐相处"六大特征所涉及的内容。在18个指标体系中，有10个指标体系偏于广义的和谐社会概念，8个偏于狭义的和谐社会概念。

18个指标体系的指标数量为6~42个，平均为24个指标。其中3个指标体系的指标数量在10个及以下，5个指标体系的指标数量为

11~20个，4个指标体系的指标数量为21~30个，4个指标体系的指标数量为31~40个，2个指标体系的指标数量在41个及以上。从指标体系的结构来看，3个指标体系只有2个层次（即由具体指标直接合成和谐社会总指数），12个指标体系具有3个层次，3个指标体系有4个层次。

在18个指标体系中，有11个采用了常规多指标综合评价方法，3个采用模糊综合评价方法，1个采用因子分析进行多指标综合评价，3个由于缺乏资料或未作说明而无法获知所采用的评价方法。在11个采用常规综合评价方法的指标体系中，7个采用阈值法作为无量纲化的主要方法，2个采取Z-score方法，2个缺乏资料或未提及；在11个采用常规综合评价方法的指标体系中，2个采用专家咨询法确定指标权重，2个采用专家咨询法+层次分析法，3个为主观赋权，1个为平均赋权，1个为平均赋权或专家咨询法均可，2个未提及；绝大多数采用常规评价方法的指标体系均采用线性加权平均法作为指标合成方法，只有1个指标体系采取线性加权和非线性加权相结合的合成方法。在3个采用模糊综合评价的指标体系中，2个采取专家咨询法+层次分析法、1个采取专家咨询法确定指标权重。

国家统计局课题组采用定量分析的方法描述"社会和谐"的程度，即根据"和谐社会"内涵构建统计监测评价指标体系，用"社会和谐"的综合指数和若干分类指数，描述和判断近期我国社会和谐状态的变化情况（见表5-18）。①

表5-18 国家统计局课题组和谐社会监测评价理论指标体系

指标	单位
一、民主法治	
1. 公民自身民主权利满意度	%
2. 廉政指数	%
3. 社会安全指数	%

---

① 国家统计局课题组：《和谐社会统计监测指标体系研究》，《统计研究》2006年第5期。

续表

指标	单位
二、公平正义	
4. 基尼系数	—
5. 城乡居民收入比	以农为1
6. 地区经济发展差异系数	—
7. 高中阶段毕业生性别比	女性=100
三、诚信友爱	
8. 合同违约率	件/万人
9. 银行业主要金融机构不良贷款率	%
10. 消费者投诉率	件/万人
11. 慈善捐款占GDP比重	%
四、充满活力	
12. 基层选举投票率	%
13. 人口流动率	%
14. 制造业新产品销售收入比重	%
15. 企业注册率	%
16. 万人专利数	项/万人
17. 万人注册商标数	个
五、安定有序	
18. 15岁以下儿童性别比	女性=100
19. 城镇调查失业率	%
20. 基本社会保障覆盖率	%
21. 居民生活满意度	%
六、人与自然和谐	
22. 万元GDP综合能耗	吨/万元
23. 森林覆盖率	%
24. 常用耕地面积指数	%
25. 环境质量指数	%

2005年，北京市统计局着手进行和谐社会指数的课题研究，并探索建立和谐社会指标体系，监测北京市构建和谐社会的进展情况。该指标体系分三个大类：一是反映社会冲突客观现状的指标；二是反映社会主体主观诉求的指标；三是反映社会冲突协调机制效果的指标（见图5-2）。

由深圳市社会科学院设计的"和谐深圳评价体系"，将社会发展、社会公平、社会保障、社会关爱、社会安全、生态文明6个一级指标作为"和谐尺"的"寸"，其中又细分出39项指标作为"分"，以期

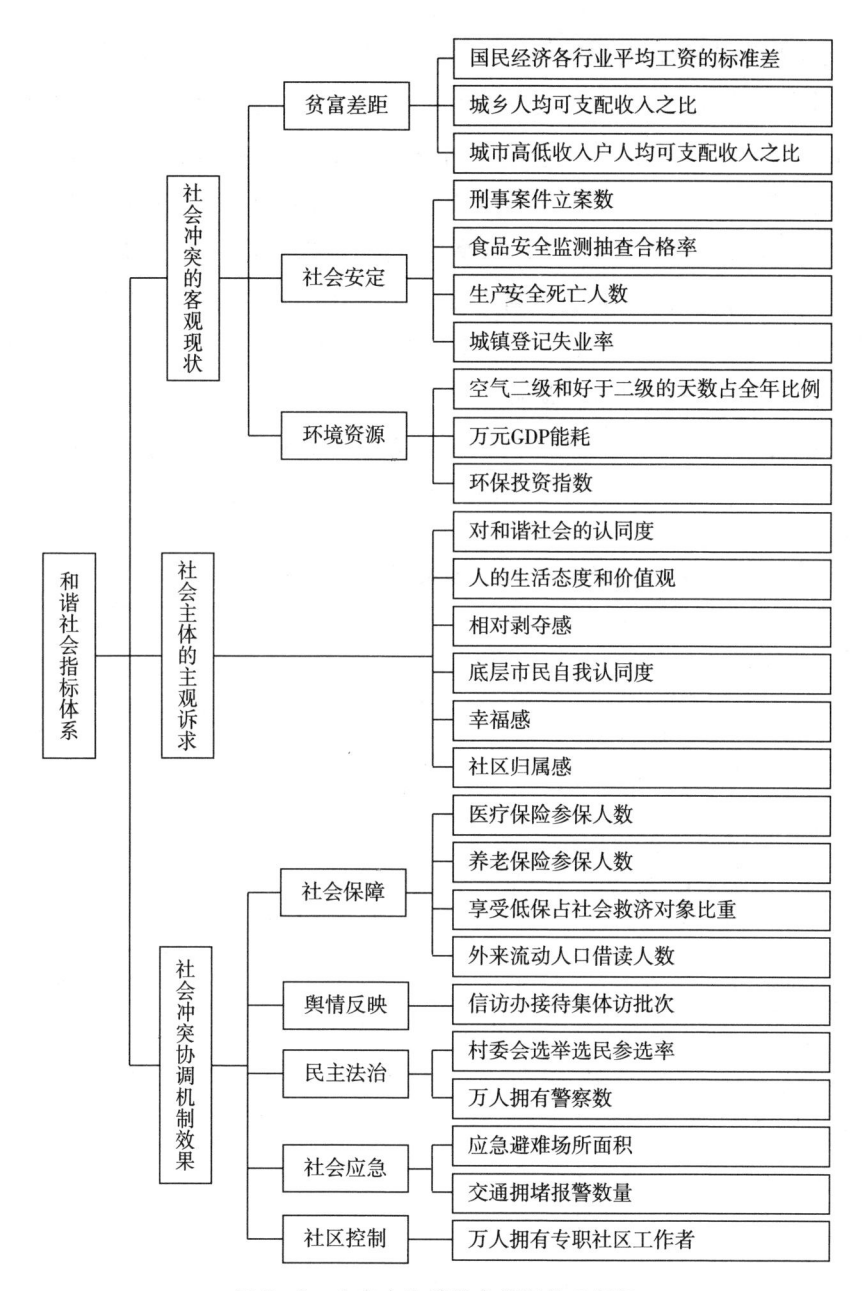

第五章 社会建设及相关子领域指标体系简介

```
和谐社会指标体系
├─ 社会冲突的客观现状
│  ├─ 贫富差距
│  │  ├─ 国民经济各行业平均工资的标准差
│  │  ├─ 城乡人均可支配收入之比
│  │  └─ 城市高低收入户人均可支配收入之比
│  ├─ 社会安定
│  │  ├─ 刑事案件立案数
│  │  ├─ 食品安全监测抽查合格率
│  │  ├─ 生产安全死亡人数
│  │  └─ 城镇登记失业率
│  └─ 环境资源
│     ├─ 空气二级和好于二级的天数占全年比例
│     ├─ 万元GDP能耗
│     └─ 环保投资指数
├─ 社会主体的主观诉求
│  ├─ 对和谐社会的认同度
│  ├─ 人的生活态度和价值观
│  ├─ 相对剥夺感
│  ├─ 底层市民自我认同度
│  ├─ 幸福感
│  └─ 社区归属感
└─ 社会冲突协调机制效果
   ├─ 社会保障
   │  ├─ 医疗保险参保人数
   │  ├─ 养老保险参保人数
   │  ├─ 享受低保占社会救济对象比重
   │  └─ 外来流动人口借读人数
   ├─ 舆情反映
   │  └─ 信访办接待集体访批次
   ├─ 民主法治
   │  ├─ 村委会选举选民参选率
   │  └─ 万人拥有警察数
   ├─ 社会应急
   │  ├─ 应急避难场所面积
   │  └─ 交通拥堵报警数量
   └─ 社区控制
      └─ 万人拥有专职社区工作者
```

图 5-2 北京市和谐社会指标体系框架

构成一个社会和谐度的综合监测体系。在"和谐尺"上，体现市民生活水准的"分寸"除人们熟知的人均可支配收入、恩格尔系数、教育支出占GDP比例等外，每万人拥有医生、律师、专利申请数和每十万人批准登记公民组织数等被列入"社会发展指标";体现社会公平的"分寸"除基尼系数、收入差距等常见指标外,还包括性别平等指数、政府民主决策率、重复上访率等指标,其中,"政府民主决策率"由政府公共决策的听证率、公示率等综合计算得出;体现保障和安全的"分寸"有登记失业率、社保参保率、劳动合同签订率、最低工资标准等4方面内容的"社会保障指标",还有每万人治安案件数、每十万人安全事故死亡人数等8项"社会安全指标"。①

北京市社科院课题组从社会公平、社会稳定、社会活力、社会治理、社会意识、人与自然等6个方面选取了具有代表性的25项指标,构成了一个主要针对大城市社会和谐程度的评价指标体系。②

表5-19 北京市社科院课题组和谐社会综合评价指标体系

指标	单位	数据来源*
一、社会公平		
1. 城乡消费水平对比(农村居民=1)	—	
2. 城市高低收入户收入比	—	
3. 人均社会捐款额	元/人	
4. 高等教育入学率	%	
5. 登记失业率	%	
二、社会稳定		
6. 刑事案件发案率	件/1万	
7. 交通、火灾事故死亡率	1/10万	
8. 甲乙类法定报告传染病发病率	1/10万	
9. 公共安全感	—	抽样调查
三、社会活力		
10. 整体创业活动率	%	抽样调查
11. 社会参与指数	—	抽样调查
12. 万人专利申请量	件/1万	
13. 人口流动率	‰	
四、社会治理		
14. 民主满意度	—	抽样调查
15. 万人律师数	1/1万	
16. 贪污贿赂和渎职案件发案率	件/10万	
17. 万人社会组织数量	个/1万	
18. 社区归属感	—	抽样调查

① 《深圳推出国内首个城市和谐评价体系》,《领导决策信息》2006年第2期,第18页。
② 齐心、梅松:《大城市和谐社会评价指标体系的构建与应用》,《统计研究》2007年第7期。

续表

指标	单位	数据来源*
五、社会意识		
19. 主流意识形态地位	—	抽样调查
20. 社会信任度	—	抽样调查
21. 人际友爱度	—	抽样调查
22. 社会发展乐观度	—	抽样调查
六、人与自然		
23. 生产总值能耗	吨标准煤/万元	
24. 环境空气质量优良率	%	
25. 城市绿化覆盖率	%	

上述研究都是对和谐社会综合评价指标体系建立的有益探索，但由于这一问题自身的复杂性，这项工作还远未完成，目前存在的主要问题包括：①对指标体系的理论建构不足。例如，由于对和谐社会的内涵和特征理解得不够深入准确，一些指标体系与社会发展、小康社会等其他社会评价指标体系极其相似，区别度较小。还有一些指标体系，由于缺乏理论依据，在选取指标时具有较大的随意性。②忽视精神层面的和谐。思想文化、道德风尚、社会心态的和谐也是和谐社会的重要内容，但多数指标体系缺乏相关内容的评价指标。③过于依赖统计指标。多数指标体系局限于从现有的统计指标中选取指标，而社会指标目前还是统计系统的弱项，因而指标选择的余地不大，经常不得不使用一些相关性不高的替代性指标。④在技术层面上，一些指标体系没有明确评价的对象或层次；绝大多数指标体系尚未对指标体系的有效性、可靠性和灵敏性等进行检验；由于多数指标体系还停留在构想阶段，因此对指标体系可操作性的考虑还不够；此外，模糊综合评价、多元统计综合评价等多种综合评价方法的使用力度有待加强。

二 社会建设子领域评价及相关指标体系

我们将社会建设界定为是由政府主导、多种社会主体参与的，以社会管理和公共服务为主要手段，旨在提升民生福祉和社会能力的一种社会活动。在深圳社会建设考核指标体系的指标选取过程中，除了可以参考国内外有关社会建设及相关指标体系外,还可参考涉及的各个领域现有的指标体系研究成果,以使我们的指标体系更加可靠、扎实和全面。

(一) 居民生活质量评价指标体系

在构造居民生活质量这部分指标体系时,可以参考两类指标体系:①生活质量指标体系;②人的全面发展指标体系。

1. 生活质量指标体系

生活质量研究可以分为个体生活质量和社会生活质量两大类。其中,社会生活质量侧重强调那些直接或间接地影响个体生活质量的社会因素,比如平等、公平、自由或团结等,关注的是整个社会的福利分配和群体关系,目前较有代表性的理念有社会凝聚、可持续发展、社会质量等。而个体生活质量主要关注个体层面的生活环境和感受。个体生活质量的经典划分方法是将生活质量划分为客观生活质量维度和主观生活质量维度。也有一些研究既包含客观生活质量,也包含主观生活质量。本指标关注的主要是个人客观生活质量。

对个体生活质量的研究,从起源上可以大致分为源于北欧的斯堪的纳维亚模式和源于美国的盎格鲁－撒克逊模式,前者关注客观生活条件,后者强调主观生活幸福感。斯堪的纳维亚模式对生活质量的理解,建立在对"资源"的控制基础上,这些"资源"包括收入、资产、教育、知识、社会关系和社会网络等。个体层面主客观生活质量的整合渐成趋势,最能够体现这种趋势的是基本需要概念和德国的综合生活质量概念。所谓"基本需要"包括物质需要（物质性的客观需要）、爱的需要（对于社会关系的需要）和自我存在的需要（融入社会并与自然和谐相处的需要）,衡量基本需要的满足需要综合主观和客观指标。德国综合生活质量概念则尝试通过不同的生活领域将客观生活质量（如工作条件、健康状况、社会关系等）和主观生活质量（如对具体领域客观生活条件的评估以及主观体验等）两方面的内涵结合起来。[①]

[①] 邢占军等:《公共政策导向的生活质量评价研究》,山东大学出版社,2011,第295页。

更多的研究是把个体和社会、主观和客观层面的研究整合起来。欧盟生活质量指标体系主要包括三个方面：第一是客观生活条件，包括住房、家庭构成、社会关系、参与、生活标准、收入、健康、教育和工作；第二是主观生活质量，包括各领域的满意度；第三是（感知的）社会质量，也属于主观评价范围。

国内的生活质量研究，更多地以社会条件层面的指标为主。例如，周长城以社会条件层面的指标为主，并且以保障和需求两条主线为脉络，构建了中国生活质量评价指标体系（见表 5-20）。①

表 5-20　生活质量需求满足程度评价指标体系

系统	领域	指标	
经济系统	收入水平	1. 城市居民人均可支配收入 2. 农民人均纯收入	
	消费结构	1. 人均消费支出结构	（1）食物比重 （2）衣着比重 （3）家庭用品及服务比重 （4）居住比重 （5）医疗比重 （6）文娱比重 （7）交通通信比重 （8）杂项比重
		2. 消费结构系数 3. 耐用消费品普及率 4. 人均生活用电量	
社会系统	人力资源发展状况	1. 人口健康	（1）人均预期寿命 （2）1 岁婴儿死亡率 （3）孕产妇死亡率（每 10 万活产婴儿） （4）传染病发病率
		2. 教育素质	（1）6 岁及以上人口的人均受教育年限 （2）综合入学率（辅之各级教育入学率） （3）成人识字率 （4）大专以上文化程度占 6 岁以上人口比重 （5）每万人口在校大学生人数 （6）每万职工拥有专业技术人员数 （7）每百万人口平均科学家人数

---

① 周长城等：《生活质量的指标构建及其现状评价》，经济科学出版社，2009，第 547 页。

续表

系统	领域	指标
社会系统	劳动参与状况	1. 城市失业率（逆指标） 2. 从业人员占总人口的比例 3. 非农劳动力占农村劳动力的比重
自然系统	环境质量	1. 环境噪声达标区面积 2. 城市空气污染指数年、日平均值 3. 水质综合合格率 　（1）农村饮用自来水人口占农村人口比重 　（2）城市用水普及率 4. 人均公共绿地面积 5. 生活垃圾无害化处理率

山东大学的邢占军等人关注公共政策对生活质量能够产生何种有效的干预和影响，以与个人导向的生活质量评价区别开来。他们构建了一套客观生活质量指标体系（见表5–21），一套主观幸福感指标体系。①

表5–21　中国居民客观生活质量指标体系评价指标

一级指标	二级指标	序号	三级指标
健康与基本生存质量	健康	1	千人拥有医生数
		2	5岁以下儿童平均死亡率
		3	围产儿死亡率
		4	平均预期寿命
	基本生存	5	农村自来水普及率
		6	衣着类支出占年人均消费性支出比例
		7	人均住房使用面积
		8	城市燃气普及率
		9	农村卫生厕所普及率
		10	千人民用载客汽车拥有量
		11	乡镇和行政村公路通达率
		12	万车车祸死亡率

---

① 邢占军等：《公共政策导向的生活质量评价研究》，山东大学出版社，2011，第295页。

续表

一级指标	二级指标	序号	三级指标
经济生活质量	收入	13	居民人均收入
		14	基尼系数
	消费	15	城乡居民人均生活消费支出
		16	居民消费价格指数
		17	城乡居民家庭恩格尔系数
	劳动就业	18	城镇登记失业率
		19	第三产业增加值占GDP比重
		20	工资收入占GDP比重
生存环境	资源及环境	21	单位GDP能耗
		22	城市空气质量达标率
		23	城市人均绿化覆盖面积
	污染及治理	24	化学需氧量排放量
		25	工业废气排放总量
		26	工业废水排放达标率
		27	工业固体废物综合利用率
		28	环境污染治理投资占GDP的比重
文化生活质量	教育	29	初、中、高等教育生师比
		30	成人识字率
		31	6岁及以上人口的人均受教育年限
	文化休闲	32	文化娱乐消费占生活消费总支出的比重
		33	人均文化事业费万人拥有公共文化娱乐场所
		34	万人接入互联网的用户数
		35	万人拥有图书、报纸、期刊数目
		36	彩色电视机普及率
社会生活质量	保障救济	37	基本社会保险覆盖率
		38	人均失业保险金发放
		39	城镇低保平均支出水平
		40	农村低保平均支出水平
		41	人均民政事业费支出
	社会互助	42	人均社会捐赠款数
		43	万人社会组织数

续表

一级指标	二级指标	序号	三级指标
社会生活质量	福利服务	44	千人医疗机构床位数
		45	城镇每万人便民利民网点数
		46	城市每万人公共厕所数

国家行政学院的丁元竹认为社会建设的最终目标是提高人民福祉,而衡量人民群众福祉的核心就是人民生活质量,因此他构造了一个生活质量评价体系(见表5-22),用以评价社会建设的效果。[①]

表5-22 生活质量评价指标体系

	指标	单位	传统/创新指标	数据情况	方向性	数据来源	可否国际比较	权重
一、居住环境与居住条件								23.13
1	生活污水处理率	%	传统	有	正	建设、环保部门		2.51
2	城市人均公共绿地面积	平方米/人	传统	有	正	建设部门	可	2.17
3	城市噪声污染程度的感受	1~5	创新	无	逆	抽样调查		2.27
4	年空气污染指数平均值	级	传统	有	逆	环保部门	可	2.40
5	城镇每万人口社区服务设施数	个/万人	传统	有	正	民政部门	可	2.13
6	城市空气质量满意度	1~5	创新	无	正	抽样调查	可	2.34
7	城市生活用水质量满意度	1~5	创新	无	正	抽样调查	可	2.46
8	居住区环境卫生状况满意度	1~5	创新	无	正	抽样调查		2.26
9	社区生活便利程度评价	1~5	创新	无	正	抽样调查		2.22
10	社区配套基础设施满意度	1~5	创新	无	正	抽样调查		2.37

[①] 丁元竹:《中国社会建设:战略思路与基本对策》,北京大学出版社,2008,第302页。

续表

指标		单位	传统/创新指标	数据情况	方向性	数据来源	可否国际比较	权重
二、生活出行与公共安全								24.59
11	城镇居民家庭可支配收入	元	传统	有	正	统计部门	可	2.16
12	恩格尔系数		传统	有	逆	统计部门	可	2.12
13	房价收入比	%	传统	有	逆	建设部门	可	2.19
14	从住宅到工作单位路上平均交通时间	分钟	创新	无	逆	抽样调查	可	2.05
15	每万人刑事案件立案数	件	传统	有	逆	公安部门	可	2.35
16	人口火灾发生率	%	传统	有	逆	统计部门	可	2.23
17	每万人口交通事故数	起/万人	传统	有	逆	公安部门	可	2.22
18	居民家庭收入满意度	1~5	创新	无	正	抽样调查		2.18
19	居民安全感体验	1~5	传统	无	正	抽样调查		2.49
20	居民对于全市整体社会治安状况的评价	1~5	传统	无	正	抽样调查		2.34
21	居民对于交通安全状况的评价	1~5	传统	无	正	抽样调查		2.24
22	居民对于交通拥堵的评价	1~5	传统	无	逆	抽样调查	可	2.20
三、社会福利与医疗健康								26.68
23	每千人口医生数	人	传统	有	正	卫生部门	可	2.11
24	城镇养老保险覆盖率	%	传统	有	正	劳动部门	可	2.32
25	城镇医疗保险覆盖率	%	传统	有	正	劳动部门	可	2.36
26	城镇失业保险覆盖率	%	传统	有	正	劳动部门	可	2.28
27	每日工作时间	小时	传统	无	正	抽样调查	可	1.84
28	最低生活保障人数占总人口的比例	%	传统	有	逆	民政部门	可	2.32
29	居民对于医疗保险的满意度	1~5	传统	无	正	抽样调查		2.28
30	居民对于养老保障的满意度	1~5	传统	无	正	抽样调查		2.34
31	医疗卫生收费满意度	1~5	传统	无	正	抽样调查	否	2.26
32	医疗机构就诊便利性	1~5	创新	无	正	抽样调查	否	2.16

续表

指标		单位	传统/创新指标	数据情况	方向性	数据来源	可否国际比较	权重
33	对工作的满意度	1~5	传统	无	正	抽样调查	可	2.23
四、教育与文化娱乐								16.48
34	初中毛入学率	%	传统	有	正	教育部门	可	2.20
35	高中阶段毛入学率	%	传统	有	正	教育部门	可	2.21
36	高等教育毛入学率	%	传统	有	正	教育部门	可	2.28
37	居民教育与服务支出占家庭消费支出的比重	%	传统	有	正	文化部门	可	1.86
38	经常参加体育锻炼人数占总人口的比例	%	传统	有	正	体育部门	可	2.05
39	教育收费合理性的评价	1~5	传统	无	正	抽样调查		2.22
40	对于城市文化氛围的评价	1~5	创新	无	正	抽样调查	否	1.84
41	享有休闲娱乐时间的充分程度	1~5	传统	无	正	抽样调查		1.83
五、社会公平与社会参与								9.12
42	新生儿人口性别比		传统	有	逆	计生、统计部门	可	2.46
43	基尼系数	—	传统	有	逆	统计部门	可	2.39
44	对社区生活的感受	1~5	传统	无	正	抽样调查	可	2.19
45	公共事务参与率	%	传统	无	正	抽样调查	可	2.07

2. 人的全面发展指标体系

人的全面发展是马克思主义人学研究的重要问题，这一问题在当代中国也得到前所未有的重视，成为社会主义和谐社会的本质规定和最高价值目标。不过相关研究还主要局限于理论定性层面。中央党校的万资姿在整合以往与人的发展相关的指标研究的基础上，构建了一个人的全面发展的指标体系（见表5-23）。[①]

---

① 万资姿：《人的全面发展 从理论到指标体系》，中央编译出版社，2011，第437页。

表 5-23 人的全面发展指标体系的结构

总体层	一级指标	二级指标	三级指标
人的全面发展	物质条件	物质福利	人均国内生产总值
			人均可支配收入
			城镇居民人均可支配收入
			农村人均纯收入
			人均最终消费支出（私人消费）
			恩格尔系数
			人均储蓄余额
		居住条件	人均住房建筑面积
			住房供水、电、气普及率
			享有住房卫生设施人口占总人口比重
			城镇社区服务设施数
			人均公共绿地面积
			住房购买力（即房价收入比）
		公共设施	交通和信息通信设施支出占国内生产总值比重
			人均道路面积
			每千人机动车辆拥有量
			每千人拥有公交车辆数
			每千人电单车拥有量
			每千人电话主线数
			每千人移动电话数
			每千人计算机拥有量
			每千人拥有上网主机数
	社会条件	人口与家庭	人口规模
			人口出生率和死亡率
			人口自然增长率
			人口性别比
			人口抚养比
			城镇人口比重
			结婚率与离婚率
			家庭平均人口数
			独生子女率
			已婚育龄妇女采取避孕措施百分比

续表

总体层	一级指标	二级指标	三级指标
人的全面发展	社会条件	社会参与	劳动力参与率
			失业率
			公益活动参与度
			志愿者及义工比例
		社会保障	社会保障费用支出占财政收入比重
			人均社会保障费用
			社会保障覆盖率
			城镇居民最低生活保障人数
			农村居民最低生活保障人数
			收养性福利事业单位数
			社会福利企业单位数
		社会服务	公共教育、卫生医疗支出占国内生产总值比重
			人均财政性教育、医疗经费
			义务教育普及率
			万人在校大学生数
			职业教育普及率
			正规教师比重
			每千人口医院卫生院床位数
			每千人口卫生技术人员
			每千人口拥有心理医生和中医数
			再就业率
		公共安全	犯罪率
			交通、火灾事故伤亡率
			食物中毒率
	政治条件	政治参与	投票率
			公务员人口数
		政局稳定和反暴力	非正常死亡率
			军事支出占中央政府支出及国内生产总值比重
			军事人员及其占劳动力总数比重
		法治和控制腐败	千人警察比
			每千人口拥有律师数
			每年腐败渎职涉案人员占公职人员比重

续表

总体层	一级指标	二级指标	三级指标
人的全面发展	政治条件	公民权利	言论自由评比
			参与宗教团体人数比
			非政府组织数量
			参与工会人数
	文化条件	文化生产	文化活动事业费占国内生产总值比重
			文化产业值占GDP的比重
			文化从业人员占社会总从业人员的比重
			体育事业中创造世界纪录、荣获世界冠军总量
		文化消费	人均文化娱乐消费在人均总支出中的比重
			非物质文化遗产项目数
		文化活动条件	每千人拥有图书报刊量
			每千人拥有的图书馆、博物馆、影剧院数量
			每千人拥有文艺表演场馆、文化馆（群众艺术馆）数量
			广电节目综合人口覆盖率
			每千人拥有体育场（馆）数
	环境条件	环境质量和利用程度	森林覆盖率
			人均水资源量
			人均用电量
			人均耕地面积
			农业生态园区产值占农业总产值的比重
			清洁能源占总能源的比例（可再生能源的消费份额）
			单位GDP能耗
		环境破坏与污染程度	土地荒漠化比重
			CO_2人均排放量
			工业产生的对人类危害物的排放量
			生态灾害（地质、地震、海洋灾害及赤潮等）发生频率
		环境治理与保护程度	环保投入占GDP比重
			每年空气质量等于或好于二级的天数
			每100毫升样本水中未含大肠杆菌比重
			城市生活垃圾无害化处理率
			噪声达标区覆盖率
			受保护地区占国土面积比例

续表

总体层	一级指标	二级指标	三级指标
人的全面发展	全面能力	生存能力	人均预期寿命
			孕妇死亡率和婴儿死亡率
			死因构成比
		知识能力	人均受教育年限
			各级入学率和升学率
			成人识字率
		创新能力	万人R&D科学家和工程师人数
			科技进步贡献率
			专利申请受理量
	机会平等	分配机会平等	基尼系数
			20%最高收入与20%最低收入所占社会财富之比
			各行业之间人均收入差距比
		城乡机会均等	城乡居民人均收入比
			城乡义务教育生均事业经费比
			城乡居民卫生保健人均投入比
		两性机会均等	接受高等教育的男女比例
			城镇就业人员的女性比重
			全国人大代表的女性比例
	选择自由	自由闲暇	每周人均闲暇时间
			人均看电视时间数
			每年人均外出旅游
			体育场地人年均使用次数
		自由职业变动	自主择业率
			三大产业间就业人员比重的变动
		知足充裕满足感	对个人及家庭经济收入满意度
			对住房状况及居住环境满意度
			对个人及家庭存款的满意度
			控制物欲能力的强弱
		身心健康愉悦感	对自身健康状况满意度
			精力充沛，能从容不迫地应付日常生活和工作压力而不感到过分紧张
			处事乐观，态度积极，乐于承担责任，事无巨细不挑剔

续表

总体层	一级指标	二级指标	三级指标
人的全面发展	选择自由	身心健康愉悦感	应变能力强，能适应环境的各种变化
			善于休息，睡眠良好
			对自己所享受的医疗保障的满意度
	主观幸福	自我实现成就感	对自己所从事的职业的满意度
			对自身级别、职务、职称的满意度（与自己的实际能力相符合的程度）
			对工作环境与工作关系的满意度
			对薪酬的满意度
			对自己的直接上级的满意度
			对单位管理制度与流程的满意度
			工作安全度评价
			自我感觉能力指数
			工作职责是否明确
			工作量是否合理
			工作和生活之间有无冲突
			工作能力被认可度
			晋升机会的满意度
			认为自身价值实现程度
		人际关系认同感	对自己人际关系的满意度
			与同事或亲朋好友关系融洽度
			对他人、企业和政府的诚信满意度
			在交友中所获得的尊重与信任度
			困难中所获帮助的互助度
			人际交往容忍度
			对邻居的了解程度
		心态平衡自信感	与别人相比，你的心态平衡程度
			与自己过去经历相比，对自己现状的满意度
			对自己缺点的自知自爱程度
			自我感觉社会福利的受惠程度
			对自身受教育程度的满意度
			对自己未来工作是否有很好的预期

续表

总体层	一级指标	二级指标	三级指标
人的全面发展	主观幸福	婚恋家庭幸福感	对家庭生活总的满意度
			对自己婚恋状态的满意度
			亲子关系的和谐度
			敬老关系感恩度

(二) 社会结构运行评价及相关指标体系

这部分指标体系的构建可以参考社会发展综合评价指标体系和和谐社会指标体系 (参见之前的相关内容), 这两类指标体系大都包含有关社会结构和社会运行的内容。此外, 还可参考两类指标体系: ①社会管理绩效指标体系; ②社会安全类指标体系。

1. 社会管理绩效指标体系

目前社会管理绩效评价大多作为政府绩效评价的一个组成部分或构成维度, 专门的社会管理绩效评价指标体系并不多见。中央将社会管理问题总体归纳为协调社会关系、规范社会行为、解决社会问题、化解社会矛盾、促进社会公正、应对社会风险、保持社会稳定等七个方面, 现有的不多的社会管理绩效评价指标体系大都是根据这些方面的表现来评价政府社会管理的绩效, 而这七个方面恰恰也是社会运行的主要内容。

汤柏生等人从公共服务保障、社会矛盾调处、社会治安防控、新型城市管理、综合信息管理、实有人口管理、有序规范管理七个方面构建了宁波市社会管理创新评价指标体系 (分为社会管理创新监测评价指标体系和社会管理群众感知度调查两部分, 见表 5 - 24、表 5 - 25)。①

---

① 汤柏生、章建雷、张秀明等:《构建宁波社会管理创新评价指标体系的探讨》,《宁波经济》(三江论坛) 2012 年第 5 期, 第 14 ~ 16 页。

表 5–24　社会管理创新监测评价指标体系

七大指数	序号	指标名称	计量单位	权重
公共服务保障（29）	1	城镇登记失业率▲	%	3
	2	新增城镇就业岗位	万个	3
	3	每千人医生数	人/千人	2
	4	每千人床位数	床/千人	2
	5	卫生事业费占财政一般预算支出比重	%	2
	6	人均民生财政支出	万元	3
	7	城乡居民养老保险参保率	%	2
	8	城乡居民基本医疗保险参保率	%	2
	9	新型农村合作医疗参合率	%	2
	10	当年住房公积金参建人数净增长率	%	2
	11	城镇住房保障实施比率	%	2
	12	每百位老人养老床位数	床/百人	2
	13	81890公共服务平台使用率	%	2
社会矛盾调处（15）	14	消费者投诉率▲	%	3
	15	劳资争议解决率	%	3
	16	医患纠纷解决率	%	3
	17	信访案件解决率	%	3
	18	注册志愿者人数占城区人口总数的比例	%	3
社会治安防控（16）	19	每10万人生产安全事故死亡人数▲	人/10万人	3
	20	每万人严重刑事案件立案数▲	件/万人	3
	21	生产及餐饮服务环节食品抽检合格率	%	2
	22	药品抽检合格率	%	2
	23	视频监控系统覆盖率	%	2
	24	社区警民比率	%	2
	25	数字化城管覆盖率	%	2
新型城市管理（11）	26	纳入电子监察的审批事项比例	%	2
	27	政府行政审批效率	%	3
	28	行政诉讼案件败诉率▲	%	3
	29	行政复议纠错率	%	3
	30	社会管理综合信息系统覆盖率	%	3
综合信息管理（5）	31	政府办公信息化水平		2
	32	互联网用户比例	户/万人	3

续表

七大指数	序号	指标名称	计量单位	权重
实有人口管理（15）	33	外来人口养老保险参保比率	%	2
	34	外来人口医疗保险参保率	%	2
	35	外来务工人员工伤保险参保率	%	2
	36	城乡低保人均年救助额差距倍数▲	倍	2
	37	慈善人均救济支出	万元	3
	38	月人均养老金	元	2
	39	每万人口平均拥有的福利床位数	床/万人	2
有序规范管理（9）	40	每万人口拥有律师人数	人/万人	3
	41	社区（村）依法自治达标率	%	2
	42	公民法律知识普及率	%	2
	43	公民维权意识普及率	%	2

注：带▲为逆指标。

表 5-25　社会管理群众感知度调查表

领域	序号	项目	单位	满意度
经济发展受益度评价	1	我市经济发展状况	%	
	2	我市的城市建设	%	
	3	您家目前的收入状况	%	
	4	您家目前的消费水平、消费质量	%	
	5	生活服务便捷程度	%	
	6	信息化对生活质量的提升程度	%	
社会稳定满意度评价	7	社会治安环境	%	
	8	市民文明程度	%	
	9	本地居民与外来人员相处	%	
	10	政府部门办事效率	%	
	11	政府工作人员廉洁自律	%	
	12	窗口行业服务态度	%	
	13	文明社区（村）建设	%	
	14	市民爱心程度	%	
	15	社会总体信用状况	%	
	16	公民法律意识、维权意识	%	

续表

领域	序号	项目	单位	满意度
民生保障满意度评价	17	就业环境	%	
	18	工资待遇	%	
	19	教育环境	%	
	20	看病就医	%	
	21	单位（或个人）社保参与程度	%	
	22	居住条件	%	
	23	交通出行	%	
	24	文化生活	%	
	25	食品、药品安全	%	
	26	养老保障	%	
	27	获取常用信息便捷程度	%	
生态环境满意度评价	28	空气质量	%	
	29	河网水系水质质量	%	
	30	噪声环境	%	
	31	小区生活环境、卫生状况	%	
	32	公民环保意识	%	
	33	政府对环保的重视情况	%	
	34	政府环保政策的落实情况	%	

浙江大学范柏乃等人认为社会管理绩效评估也是社会公众表达意志的一种方式，群众赞成不赞成、满意不满意应该是衡量和检验社会管理绩效的根本标准。因此，社会管理绩效的测评除了使用一些客观数据考量外，在推进社会主义民主政治建设的进程中更需要关注社会公众对政府的社会管理满意度。他们根据量表研制的理论与方法，通过文献调研、专家访谈、群众座谈和开放式问卷调查等多种方法，从协调社会关系、规范社会行为、解决社会问题、化解社会矛盾、促进社会公正、应对社会风险和保持社会稳定七个方面，初始编制了包含70项条目的中国地方政府社会管理绩效测评量表条目体系；运用隶属度分析、鉴别力分析和相关分析对量表条目进行实证筛选，最终形成了包括50项条目的中国地方政府社会管理绩效

测评量表（见表5-26）。①

表5-26　中国地方政府社会管理绩效测评量表

维度	条目	标识	维度	条目	标识
协调社会关系	1. 邻里关系更加友善	T_1	化解社会矛盾	26. 群众权益维护机制日趋健全	T_{26}
	2. 干群关系更加密切	T_2		27. 平等沟通协商机制更加完备	T_{27}
	3. 人际信任不断增强	T_3		28. 解决群众合理诉求更加及时	T_{28}
	4. 互帮互助明显增加	T_4		29. 群众利益协调能力明显提高	T_{29}
	5. 协作氛围日趋浓厚	T_5		30. 政府依法行政能力逐渐增强	T_{30}
	6. 一方有难多方支援	T_6		31. 化解社会矛盾能力明显提高	T_{31}
	7. 社会关系更加和谐	T_7	促进社会公正	32. 治安执法更加公正	T_{32}
规范社会行为	8. 尊老爱幼的氛围日趋浓厚	T_8		33. 公共服务更加均衡	T_{33}
	9. 诚实守信的百姓越来越多	T_9		34. 政策信息更加透明	T_{34}
	10. 爱护公物已得到普遍认同	T_{10}		35. 纠纷调解更加快捷	T_{35}
	11. 见义勇为的现象逐渐增多	T_{11}		36. 解决问题更加公平	T_{36}
	12. 助人为乐已成为一种美德	T_{12}		37. 选举制度更加科学	T_{37}
	13. 尊师重教风气越来越浓厚	T_{13}		38. 社会监督不断完善	T_{38}
	14. 讲卫生讲公德越来越普遍	T_{14}	应对社会风险	39. 重视从源头上消除社会风险	T_{39}
	15. 遵纪守法的观念日趋强化	T_{15}		40. 减少社会矛盾化解风险	T_{40}
解决社会问题	16. 解决社会问题的途径逐渐增多	T_{16}		41. 保障公民权益化解风险	T_{41}
	17. 解决社会问题的渠道更加通畅	T_{17}		42. 协调群众利益化解风险	T_{42}
	18. 解决社会问题的能力明显提高	T_{18}		43. 促进公平正义化解风险	T_{43}
	19. 解决社会问题的态度更加公正	T_{19}		44. 强化服务能力化解风险	T_{44}
	20. 解决社会问题的速度更加及时	T_{20}	保持社会稳定	45. 警民关系的融洽度不断提高	T_{45}
	21. 解决社会问题的成本不断降低	T_{21}		46. 公安机关执法能力明显增强	T_{46}
	22. 解决社会问题的程序更加民主	T_{22}		47. 社会治安公众参与明显提高	T_{47}
	23. 百姓对问题解决结果更加满意	T_{23}		48. 入室偷窃抢劫现象越来越少	T_{48}
化解社会矛盾	24. 社情民意表达渠道不断拓宽	T_{24}		49. 居民的财产安全感不断提高	T_{49}
	25. 群众信访工作机制逐渐完善	T_{25}		50. 社会稳定的满意度不断提高	T_{50}

2012年北京国际城市发展研究院（IUD）推出《中国社会管理创新

---

① 范柏乃、段忠贤、张兵：《中国地方政府社会管理绩效测评量表编制及应用》，《上海行政学院学报》2012年第6期。

报告 No.1》，在这本书中提出了一个社会管理绩效指数概念，并构建了社会管理绩效评估体系。该指数通过对社会管理领域中社会管理投入、社会管理政策、社会事业、社会和谐、社会生活、社会参与、社会环境等7方面共38个指标构建评价模型，以量化的手段对各地区社会管理进行客观评估与解读（见图5-3）。①

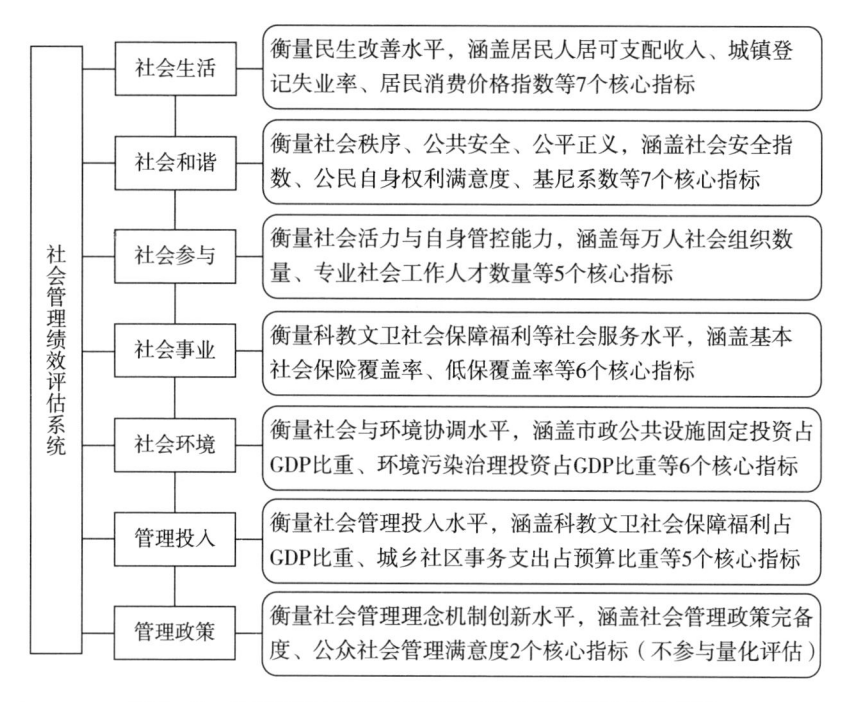

社会管理绩效评估系统	子领域	说明
	社会生活	衡量民生改善水平，涵盖居民人居可支配收入、城镇登记失业率、居民消费价格指数等7个核心指标
	社会和谐	衡量社会秩序、公共安全、公平正义，涵盖社会安全指数、公民自身权利满意度、基尼系数等7个核心指标
	社会参与	衡量社会活力与自身管控能力，涵盖每万人社会组织数量、专业社会工作人才数量等5个核心指标
	社会事业	衡量科教文卫社会保障福利等社会服务水平，涵盖基本社会保险覆盖率、低保覆盖率等6个核心指标
	社会环境	衡量社会与环境协调水平，涵盖市政公共设施固定投资占GDP比重、环境污染治理投资占GDP比重等6个核心指标
	管理投入	衡量社会管理投入水平，涵盖科教文卫社会保障福利占GDP比重、城乡社区事务支出占预算比重等5个核心指标
	管理政策	衡量社会管理理念机制创新水平，涵盖社会管理政策完备度、公众社会管理满意度2个核心指标（不参与量化评估）

图5-3 北京国际城市发展研究院社会管理绩效评估系统

2. 社会安全类指标体系

2005年10月21日，中国中央办公厅、国务院办公厅转发了《中央政法委员会、中央社会治安综合治理委员会关于深入开展平安建设的意见》。在积极推进平安建设的进程中，不少省市从各自实际出发，研究制定了平安省市（区县）的考核办法。2007年北京社科院课题组接受首都综治委的委托，构造了一个由基础工作、社会治安、社会稳定、社会管理、公共安全、城市秩序和社会评价等7个主要方面组成

---

① 北京国际城市发展研究院：《2012社会管理绩效排行榜》，《领导决策信息》2012年第41期。

的首都平安区县测评指标体系（见图5-4）。①

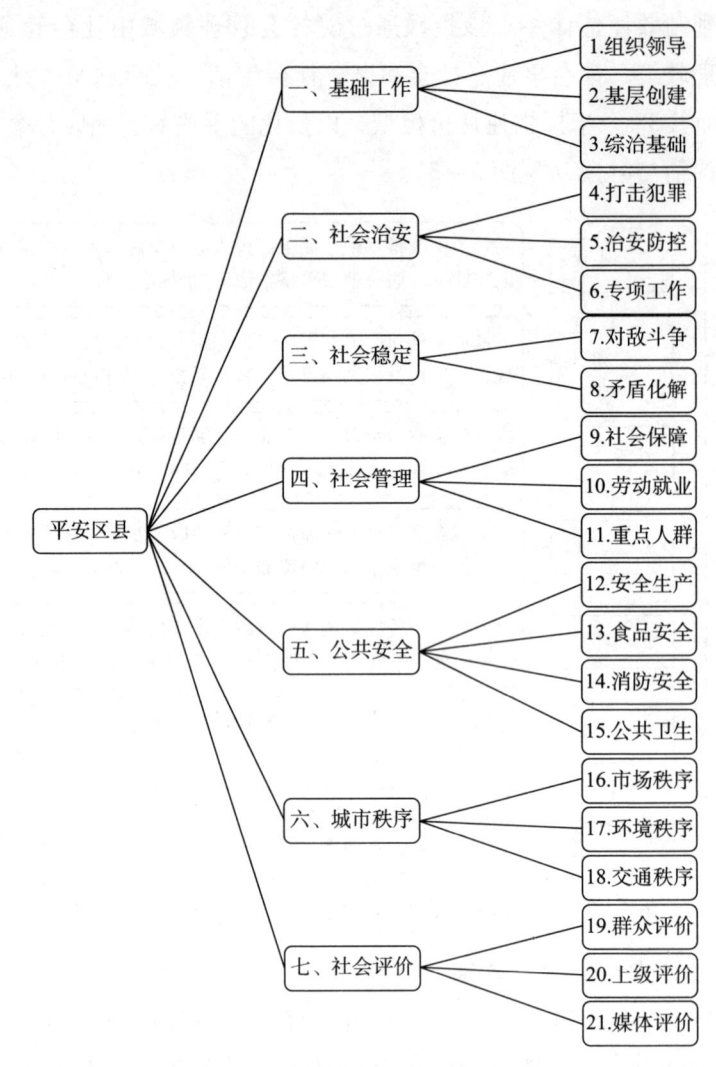

图5-4 首都平安区县测评指标体系

平安区县
- 一、基础工作
  - 1.组织领导
  - 2.基层创建
  - 3.综治基础
- 二、社会治安
  - 4.打击犯罪
  - 5.治安防控
  - 6.专项工作
- 三、社会稳定
  - 7.对敌斗争
  - 8.矛盾化解
- 四、社会管理
  - 9.社会保障
  - 10.劳动就业
  - 11.重点人群
- 五、公共安全
  - 12.安全生产
  - 13.食品安全
  - 14.消防安全
  - 15.公共卫生
- 六、城市秩序
  - 16.市场秩序
  - 17.环境秩序
  - 18.交通秩序
- 七、社会评价
  - 19.群众评价
  - 20.上级评价
  - 21.媒体评价

平安建设的基础来源于社会治安综合治理。随着形势的发展，社会治安综合治理的工作范围和工作内容不断扩展，迫切需要一个新的载体来推动社会治安综合治理工作不断走向深入，平安建设正是在这样的背景下应运而生。社会治安综合治理与平安建设相比，前者关注

---

① 齐心:《首都平安区县测评指标体系研究》,《统计与决策》2009年第4期。

的是社会治安问题,是社会某一方面、某一局部的平安;而平安建设关注的则是社会整体的运行状态,追求的是一种"稳定化、秩序化、理性化、和谐化"的社会运行状态。综合治理中的社会治安指的是"治安好、犯罪少"的狭义的"平安",而平安建设中的"平安"则是涵盖了经济、政治、文化和社会各方面的大"平安"概念。因此此类指标体系对我们构筑社会运行部分的指标体系有很强的启发意义。

中南大学的姬志洲在分析和评述社会系统稳定因素及社会评价指标体系的基础上,构建了一个社会公共事件预警指标体系(见表5-27)。[①] 社会公共事件预警指标是研究社会公共事件发生发展各要素现状、趋势和发现各种社会问题的一种量化手段。预警指标的建立可将具有代表性、指针性的有可能触发社会公共事件爆发的典型因素,纳入预警监测监控范围,并能够通过其波动幅度、频率的变化分析研究,判定发生社会公共事件发生的规模、概率,预测其发生发展的趋势,实现预警预控的管理目标。

表5-27 社会公共事件预警指标体系

一级指标	二级指标	三级指标	指标说明
生存保障指标	个人保障指数	(1)人均年储蓄率	直接反映居民的生活水平,是社会稳定的基础。比率越低,社会越稳定
		(2)城镇居民人均可支配收入增长率	
		(3)农村人口年人均收入增长率	
		(4)恩格尔系数	
		(5)居民生活费上升超过收入增长比率	
		(6)最低生活保障线下人口比重	
		(7)城镇失业率	
	社会保障指数	(8)社会保障总支出占GDP比重	
		(9)社会保障综合给付率(含低保)	
		(10)最低工资资金到位率	
		(11)离退休职工平均养老金增长率	
		(12)养老保险覆盖率	

---

① 姬志洲、林伯海:《完善社会公共事件预警指标体系的设计》,《求索》2007年第7期,第43~44页。

续表

一级指标	二级指标	三级指标	指标说明
生存保障指标	社会保障指数	(13) 失业保险覆盖率	
		(14) 医疗保险覆盖率	
经济支撑指标	经济增长指标	(15) 国内生产总值增长率	经济在整个社会发展过程中起决定性作用。本指标主要考察社会在经济基础方面的运行情况
		(16) 人均国内生产总值增长率	
		(17) 财政收入增长率	
		(18) 人均财政收入增长率	
		(19) 全社会固定资产投资额增长率	
		(20) 农业增加值增长率	
	协调发展指标	(21) GDP 增长与人口增长的比率	
		(22) 绿色 GDP 占传统 GDP 的比重	
		(23) 科技进步对经济增长的贡献率	
		(24) 农业 GDP 增长率与工业 GDP 增长率比值	
		(25) 第三产业增加值占 GDP 比重	
		(26) 全社会零售物价总指数	
		(27) 居民消费品价格增减指数	
社会分配指标	空间差距指标	(28) 东、中、西部地区人均收入差距变动比值差距比值	分配是社会运行中最为敏感和棘手的问题。本指标主要考察社会分配结构的合理性
		(29) 城镇居民可支配收入和农村居民纯收入差距比值	
		(30) 农村基尼系数和城镇基尼系数比值	
	阶层差距指标	(31) 10% 最富有家庭收入与 10% 最贫困家庭收入比值	
		(32) 10% 最高收入者与 10% 最低收入者收入比值	
		(33) 最低工资群体与平均工资群体工资比值	
		(34) 全国居民基尼系数	
		(35) 全国贫困人口占农业总人口比重	
社会控制指标	硬性控制指标	(36) 政府财政收入占 GDP 比重	主要考察和反映社会稳定运行的调控机制和调控能力方面的情况
		(37) 每万人警力配备人数比率	
		(38) 国家公务员职务犯罪率	
		(39) 重大贪污腐败案件发案率	
		(40) 重大刑事案件立案率	
		(41) 重大经济案件立案率	
		(42) 重大事故发生率	

续表

一级指标	二级指标	三级指标	指标说明
社会控制指标	硬性控制指标	（43）劳动合同纠纷受理件数增长率	
		（44）上访（含信访）率	
	软性控制指标	（45）离婚率	
		（46）宗教活动的活跃程度	
		（47）对党政主要领导人的认同度	
		（48）对社会公共道德的评价值	
		（49）媒体舆论导向负面效应评价值	
社会心理指标	民众满意指标	（50）对社会发展前景的信心度	主要考察和反映社会稳定运行的社会心理层面的状况
		（51）对政府职能部门行政效率的评价值	
		（52）对政府各级官员秉公办事的满意度	
		（53）对干群关系的满意率	
		（54）对经济收入的满意率	
		（55）对社会秩序的满意度	
	民众容忍指标	（56）对腐败现象的可容忍程度	
		（57）对司法不公正的可容忍程度	
		（58）对收入差距的可容忍程度	
		（59）对物价上涨的可容忍程度	
外部环境指标	境外扰动指标	（60）世界经济衰退影响度	考察和反映境外和自然环境系统对社会内部稳定的干扰作用
		（61）经济摩擦和制裁影响度	
		（62）国际性金融危机影响度	
		（63）武装干涉和恐怖主义袭击影响度	
	灾害扰动指标	（64）灾害造成的生命损失率	
		（65）严重灾害造成受灾面积比重	
		（66）严重灾害造成受灾财产比重	

不久以后，同样是中南大学的陈远章根据社会风险的逻辑构成设计了一套社会风险预警指标体系，采用 AHP 与 Delphi 法相结合来进行权重分析，设计了社会风险预警的评估模型，通过社会风险评价值的大小来反映社会风险预警程度（见表 5-28）。①

---

① 陈远章：《社会风险预警指标体系及其实证研究》，《系统工程》2008 年第 9 期。

表 5-28　社会风险预警指标体系

一级指标	二级指标	三级指标
社会保障指标	生存保障指标	（1）失业率，（2）养老保险覆盖率，（3）生育保险覆盖率，（4）工伤保险覆盖率，（5）医疗保险覆盖率，（6）失业保险覆盖率，（7）社会保障支出占GDP比重
	生活质量指标	（8）恩格尔系数，（9）人均住房面积，（10）廉租房覆盖率，（11）平均受教育年限，（12）生活垃圾无害化处理率，（13）出生时预期寿命
协调发展指标	经济增长指标	（14）人均国内生产总值增长率，（15）居民收入增长率，（16）非农产业就业比重
	经济健康指标	（17）万元GDP综合能耗，（18）人均绿地面积，（19）教育支出占GDP比重，（20）CPI指数
社会公平指标	空间差距指标	（21）地区人均收入与全国人均收入差距比例，（22）城镇居民可支配收入和农村居民纯收入差距比值，（23）农村贫困发生率
	阶层差距指标	（24）10%最高收入者与10%最低收入者收入比值，（25）全国居民基尼系数，（26）中等收入者的人数比例，（27）最高收入行业与最低收入行业人均收入差距比
社会秩序指标	社会控制指标	（28）社会核心价值认同度，（29）对社会公共道德的评价值，（30）每万人警力配备人数，（31）每万人中的律师人数，（32）上访（含信访）增加率
	社会活力指标	（33）选举投票率，（34）基层依法自治达标率，（35）社会流动率，（36）民间组织发育度
社会安全指标	自身困扰指标	（37）自然灾害级别，（38）事故灾难级别，（39）公共卫生事件级别，（40）社会安全事件级别，（41）万人重大经济案件立案数，（42）万人重大刑事案件立案数，（43）劳资纠纷增长率
	境外侵扰指标	（44）世界经济衰退影响度，（45）国外经济摩擦和制裁影响度，（46）国际性金融危机影响度，（47）国外武装干涉和恐怖主义袭击影响度
社会舆情指标	民众满意指标	（48）居民生活满意度，（49）工作状况满意度，（50）自然环境满意度，（51）干群关系满意率，（52）权益保护满意度，（53）政治文明满意度
	民众容忍指标	（54）对腐败现象的可容忍程度，（55）对司法不公正的可容忍程度，（56）对收入差距的可容忍程度，（57）对物价上涨的可容忍程度

中国人民公安大学相关课题组提出了一个"社会治安预警指标体

系"（见表 5-29）。①

表 5-29 社会治安预警指标体系

	先兆指标（7 项）	同步指标（7 项）	滞后指标（3 项）
社会治安秩序变化趋势	1. GDP 年增长率 2. 基尼系数 3. 市镇人口占总人口比重年增长速度	1. 青少年人口占总人口比重年增长速度 2. 城镇流动人口年增长速度 3. 国内旅游人次年增长速度*	
社会治安秩序状况	1. 刑事案件立案数年增长速度 2. 公安机关网上追逃人数年增长速度 3. 110 报警服务台接警量年增长速度	1. 重特大恶性刑事案件立案数比重 2. 扰乱公共秩序案件立案数年增长速度	法院一审判决的有组织犯罪案件年增长速度
社会治安秩序控制	刑事案件立案数与公安民警人数比例	1. 每千公里交通事故发生件数年增长速度 2. 治安灾害事故数年增长速度	年投入监狱关押犯人数年增长速度
犯罪的社会容忍程度			公众安全感系数年增长率

（三）公共服务水平评价及相关指标体系

这一部分可以参考的指标体系包括：①民生指标体系；②社会事业指标体系；③公共服务指标体系。

1. 民生指标体系

民生问题历来都受到重视，尤其是近年来，随着民生建设不断深入以及社会各界对民生问题的密切关注，多个省市相继开展了民生监测评价工作的探索研究。

2006 年底，深圳市在全国首推"民生净福利指标体系"并于 2007 年初开始实施，将老百姓的生存、生活和福利状况以及分享社会经济发展成果等方面，通过统计数据进行衡量，以此来考核政府公共财政的投向以及为老百姓办实事的效果。民生净福利是指经济发展所

---

① 社会治安动态预警研究课题组：《社会治安预警指标体系及其实现途径》，《中国人民公安大学学报》（社会科学版）2009 年第 3 期。

带来的全部经济福利减去用于补偿伴随经济发展而产生的负面效应的消耗后所剩余福利。"民生净福利指标体系"借鉴了福利经济学的有关成果,从民生净福利的内涵出发,力求从群众所能分享到的直接福利和间接福利的角度反映百姓公平分享经济社会发展的成果。该体系包含5个方面共计21项具体指标:①收入分配与公平指标:主要选取居民人均可支配收入增长率、基尼系数两个指标,以反映经济可持续增长是否有效地转化为全体市民收入水平的提高和公平的收入分配;②安全水平指标:主要选取主要农副食品安全检测平均抽样超标率、药品安全抽样合格率、达到Ⅰ级和Ⅱ级空气质量天数、主要饮用水水源水质达标率、交通事故死亡率5个指标,以反映食品、药品、饮水、空气、交通、人身等方面的安全水平;③社会保障水平指标:主要选取城镇登记失业率、零就业家庭户数、应届大中专毕业生就业比例、社会保险综合参保率、劳务工工伤保险参保人数增长率、劳务工医疗保险参保人数增长率、财政性社会福利支出、社会捐赠8个指标,以反映就业、保险、福利、救助、捐赠等方面的社会保障水平;④公共服务水平指标:主要选取财政性教科文卫体支出占财政支出比例、财政性环保投资经费占财政支出比例、财政性公共基础设施建设支出占财政支出的比例3个指标,以反映公共服务水平;⑤人的全面发展水平指标:主要选取人均受教育年限、职工在职培训小时数、人均公共图书馆馆藏图书3个指标,以反映教育、培训等人的全面发展水平。①

2005年,北京市初步建立起了反映北京经济社会发展全貌的大都市统计指标体系,指标体系中除大量经济指标外,还涉及与人民生计和生活密切相关的诸多民生领域的统计指标。然而,就现有大都市统计指标体系来说,关于民生的统计内容虽然比较丰富,但并不健全,而且内容分散在该指标体系的各个领域,不便于对民生问题进行全面把握和系统分析。为此,北京市统计局在大都市统计指标体系的基础上,整合统计数据资源,建立起一套系统、完整的北京市民生统计指

---

① 邹育根:《深圳市民生净福利指标体系之研究》,《特区实践与理论》2009年第3期,第77~79页。

标体系，以便对民生发展进行客观反映与评价（见表 5-30）。①

表 5-30　北京市统计局民生统计指标体系框架和内容

序号	领域	指标内容
1	就业收入	城镇登记失业率、城镇登记失业人员就业率、农村劳动力转移就业人数、失业人员技能培训人数、城镇在岗职工平均工资、城镇居民人均可支配收入、农村居民人均纯收入、城镇居民人均消费支出、农村居民人均生活消费支出、城镇恩格尔系数、农村恩格尔系数、▲城镇调查失业率、▲城镇零就业家庭就业率、▲接受再就业技能培训后就业率、▲北京生源高校毕业生就业率、▲大学生求职平均费用、▲公益性社会岗位数、▲农村居民人均转移性收入
2	福利保障	基本养老保险参保率、基本医疗保险覆盖率、"一老一小"参保人数、农村养老保险覆盖率、职工最低工资标准、失业保险金最低标准、基本养老金平均增加水平、生育保险覆盖率、新型农村合作医疗参合率、城镇居民享受最低生活保障人数、农村居民享受最低生活保障人数、城市居民最低生活保障标准、儿童社会福利机构床位数、养老服务机构床位数、收养性社会福利单位床位数、▲失业保险覆盖率、▲工伤保险覆盖率、▲农村居民最低生活费用标准、▲城镇居民最低生活费用标准、▲养老服务需求人数
3	文化教育	平均受教育年限、高等教育毛入学率、研究生在校生数、研究生毕业生数、普通高等教育在校生数、普通高等教育毕业生数、公共图书馆人均总藏数、有线电视入户率、每人拥有报纸份数、▲低保人员九年义务教育完成率、▲普通高考录取率、▲高等职业教育在校生数、▲高等职业教育毕业生数、▲高等教育专业设置与市场需求契合度、▲职前培训率、▲在职培训参与率
4	健康医疗	卫生机构个数、平均每千人拥有医院床位数、平均每千人拥有执业医师数、平均每千人拥有注册护士数、平均预期寿命、甲乙类传染病发病率、孕产妇死亡率、婴儿死亡率、出院者平均住院日、病床使用率、7岁以下儿童系统管理率、孕产妇系统管理率、妇科病普查率、▲社区卫生服务网络覆盖率、▲健康档案覆盖率、▲定期健康体检覆盖率、▲体育生活化社区覆盖率、▲每万人拥有健身指导站数、▲体育人口（经常参加体育锻炼人数）、▲亚健康人群所占比重、▲人均体育活动场地面积
5	居住交通	城镇居民人均住房建筑面积、农村居民人均住房面积、商品房竣工面积、经济适用房竣工面积、全市公路总里程、轨道交通运营里程、公共交通运营线路长度、公共交通运营车辆数、公共交通日客运量、经营性停车场车位总数、二环路高峰时段平均车速、三环路高峰时段平均车速、交通拥堵报警数量、民用机动车拥有量、廉租房房屋竣工面积、▲出租房面积、▲早晚高峰平均公交候车时间、▲公交出行平均转乘次数、▲日常上下班平均耗时、▲道路网密度
6	社会安全	食品安全监测抽查合格率、药品抽检合格率、每万辆机动车死亡人数、火灾事故死亡人数、亿元地区生产总值生产安全事故死亡率、煤矿百万吨死亡率、地震应急避难场所累计个数、万人刑事案件立案数、刑事案件破案率、▲食品安全监测抽查覆盖率、▲药品抽检覆盖率、▲农村饮用水卫生检测合格率、▲每万人口拥有警察数、▲社会治安群众满意度、▲食品公众安全满意度、▲药品公众安全满意度

---

① 民生统计研究课题组：《北京市民生统计指标体系建设研究》，《数据》2010 年第 7 期，第 60~62 页。

续表

序号	领域	指标内容
7	资源环境	万元 GDP 能耗、万元 GDP 水耗、污水处理率、生活垃圾无害化处理率、空气二级和好于二级的天数占全年比例、可吸入颗粒物年日均值、烟尘排放量、城八区区域环境噪声平均值、全年水资源总量、全市林木绿化率、城市绿化覆盖率、人均公(共)园绿地面积、▲固体废物综合利用处理率、▲废水排放达标率、▲市容环境卫生公共满意度

中国社会科学院的林宝按照马斯洛需求层次理论将人的需求划分为由低到高的五个层次,其中生理需求和安全需求是最基本的需求。借鉴这一理论,可以将民生问题界定为满足民众基本生计和满足基本健康和安全两个层次的问题,以此为主要内容建立了部门统计指标和社会调查指标相结合的民生问题预警指标体系,并初步探讨了指标体系的运行方式(见表5–31)。①

表5–31 民生问题预警指标体系的基本框架

层次	类别	领域	部门统计指标	社会调查指标
基本生计	基本生活水平	生活成本	低收入户收入物价相对变动指数	自感生活质量下降者比例
			房价收入比	房价评价指数
			主干道高峰时间平均车速	上下班平均交通时间
		收入分配	人群收入比(或基尼系数)	社会公平感
			城乡收入比	收入差距忍耐度
			地区收入差异系数	收入满意度
		社会救助	城乡低保覆盖率	社会救助满意度
			农村低保综合指数	农村低保满意度
	基本发展机会	就业	城镇新增人口就业率	就业形势评价指数
			城镇失业率(城镇登记失业率)	平均失业时间
		教育	义务教育择校生比重	义务教育满意度
			流动儿童接受义务教育比例	外来人口教育满意度
	基本健康	国民体质	国民体质综合指数	—
			儿童青少年体质合格率	—

---

① 林宝:《民生问题预警指标体系的构建》,《统计与决策》2010年第19期,第50~52页。

续表

层次	类别	领域	部门统计指标	社会调查指标
基本健康和安全	基本健康	医疗卫生	传染病发病率	传染疾病恐慌感
			医师人均每日担负诊疗人次	医院就医平均候诊时间
			门诊人均医疗费用负担系数	医疗卫生服务满意度
	基本安全	公共安全	刑事案件发案率	群众安全感
			食品抽检合格率	食品质量放心度
			药品抽检合格率	药品安全放心度
		社会保障	社会保险综合遵缴率	社会保障满意度
			养老保险平均替代率	
	基本生活环境	环境质量	空气污染指数二级和好于二级天数的比例	宜居城市评价指数
			噪声扰民举报量	安静小区认可度
		生活设施	人均群众体育健身活动面积	群众体育设施配置满意度

中央财经大学经济学院薛珑构建了一个包括公共教育、就业服务、社会保障、医疗卫生、人口计生、住房保障、公共文化、基础设施、环境保护9个一级指标和35个二级指标的城乡居民民生统计指标体系,并对近些年山东省城乡居民民生总体水平进行了实证分析(见表5-32)。[①]

表5-32 城乡居民民生统计指标体系

总目标 A	一级指标 B	权重	二级指标 C					总权重
			序号	名称	单位	期望值	权重	
城乡居民民生发展	公共教育 B_1	0.27	C_1	教育财政支出比重	%	25%	0.54	0.148
			C_2	九年义务教育巩固率	%	97%	0.30	0.081
			C_3	每万人普通高等教育在校学生数	人	176人	0.16	0.044
	就业服务 B_2	0.18	C_4	城镇登记失业率	%	<4%	0.50	0.092
			C_5	农村劳动力转移就业人数	万人	>120万人	0.50	0.092

---

① 薛珑:《城乡居民民生统计指标体系构建及实证》,《统计与决策》2013年第11期,第36~37页。

续表

总目标 A	一级指标 B	权重	二级指标 C					总权重
			序号	名称	单位	期望值	权重	
城乡居民民生发展	社会保障 B_3	0.18	C_6	社会保障财政支出比重	%	15%	0.33	0.061
			C_7	城镇职工社会基本养老保险参保人数	万人	1973 万人	0.20	0.036
			C_8	城镇基本医疗保险参保人数	万人	2950 万人	0.11	0.020
			C_9	失业保险参保人数	万人	1017 万人	0.06	0.012
			C_{10}	新型农村社会养老保险参保人数	万人	4100 万人	0.20	0.036
			C_{11}	新型农村合作医疗参合率	%	99.6%	0.11	0.020
	医疗卫生 B_4	0.12	C_{12}	医疗卫生财政支出比重	%	10%	0.42	0.050
			C_{13}	每千人拥有卫生机构床位数	张	4 张	0.23	0.027
			C_{14}	每千人口卫生技术人员数	人	2 人	0.23	0.027
			C_{15}	婴儿死亡率	‰	<7‰	0.12	0.015
	人口计生 B_5	0.03	C_{16}	人口自然增长率	‰	<6‰	0.50	0.016
			C_{17}	人口总抚养比	%	40%	0.50	0.016
	住房保障 B_6	0.08	C_{18}	城镇居民人均住房建筑面积	m²	32 m²	0.40	0.031
			C_{19}	农村居民人均住房面积	m²	34 m²	0.40	0.031
			C_{20}	保障性住房竣工数量	万套	14 万套	0.20	0.015
	公共文化 B_7	0.03	C_{21}	人均公共图书馆藏书量	册	1 册	0.16	0.005
			C_{22}	广播人口覆盖率	%	99%	0.30	0.009
			C_{23}	电视人口覆盖率	%	99%	0.54	0.017
	基础设施 B_8	0.05	C_{24}	公路通车里程	公里	245000 公里	0.33	0.016
			C_{25}	每万人拥有公共交通车辆	标台	15 标台	0.11	0.005
			C_{26}	电话普及率	%	98%	0.06	0.003
			C_{27}	城市自来水普及率	%	>99%	0.20	0.010
			C_{28}	用气普及率	%	>99%	0.11	0.005
			C_{29}	农村居民饮用自来水普及率	%	>90%	0.20	0.010
	环境保护 B_9	0.05	C_{30}	环境保护财政支出比重	%	5%	0.30	0.015
			C_{31}	工业废水排放达标率	%	>99%	0.16	0.008
			C_{32}	工业固体废物综合利用率	%	>98%	0.16	0.008
			C_{33}	污水年处理率	%	>90%	0.16	0.008
			C_{34}	生活垃圾无害化处理率	%	96%	0.16	0.008
			C_{35}	森林覆盖率	%	25%	0.08	0.004

河北大学经济学院课题组将民生质量划分为居民收入与消费、社会保障、就业、医疗、教育、居住、环境与公共安全七大领域，根据科学性、全面性、系统性、代表性、操作性和可比性原则，通过优化分析，建立了由29项代表性指标构成的民生质量评价指标体系（见表5-33）。①

表5-33 民生质量评价指标体系构成

领域层	指标层	单位	领域层	指标层	单位
收入与消费	城乡居民人均可支配收入	元/人	医疗	医疗卫生支出占地方财政总支出的比重	%
	居民消费价格指数	—		每万人拥有医生数	人/万人
	城乡居民人均消费性支出	元/人		每万人拥有病床数	张/万人
	城乡居民恩格尔系数	%	教育	教育支出占地方财政总支出的比重	%
社会保障	城镇基本养老保险覆盖率	%		人均受教育年限	年/人
	城镇基本医疗保险覆盖率	%		人均教育事业费支出	元/人
	农村社会养老保险覆盖率	%	居住	人均保障性住房完成投资额	元/人
	城乡居民低保覆盖率	%		住宅销售价格指数	—
	城镇失业保险覆盖率	%		城镇居民人均新建住房面积	平方米/人
	每万人福利院床位数	张/万人	环境与公共安全	建成区绿化覆盖率	%
	新型农村合作医疗保险覆盖率	%		单位GDP化学需氧量排放量	吨/亿元
就业	城镇就业增长率	%		单位GDP二氧化硫排放量	千克
	城镇登记失业率	%		生活垃圾无害化处理率	%
	在岗职工平均工资	元/人		公共安全支出占地方财政总支出的比重	%
	职业介绍成功率	%			

复旦大学社会发展与公共政策学院王威海、陆康强从社会学的视角提出以改善民生福利为目标，以理论与实际结合、全面与简便结合、客观与主观结合、可变与可比结合、投入与产出结合为原则，

---

① 李林杰、齐娟、王杨等：《民生质量评价指标体系研究》，《统计与决策》2012年第17期，第28~31页。

以裕民、智民、健民、怡民、便民、助民、安民、惠民为准则领域的民生指标体系以及民生指数构造法，并用实际数据进行了测试（见表5-34）。①

表5-34 社会学视角的民生指标体系

领域	序号	指标	领域	序号	指标
裕民	1	城镇居民人均实际可支配收入	助民	27	社会就业促成率
	2	农村居民人均纯收入		28	公积金缴存覆盖率
	3	▼城镇恩格尔系数		29	城镇职工失业保险参保率
	4	▼农村恩格尔系数		30	城镇从业人员基本养老保险参保率
	5	城镇居民人均消费支出		31	农村社会养老保险参保率
	6	农村居民人均消费支出		32	每千老人社会福利机构床位数
	7	▼农村贫困率			
智民	8	九年义务教育完成率	安民	33	▼城镇登记失业率
	9	初中毕业升学率		34	▼物价指数%
	10	高等教育毛入学率		35	▼最高最低20%居民收入比
	11	人口平均受教育年数		36	▼城乡居民人均收入比
	12	▼中小学师生比		37	▼每亿元社会零售消费咨询申诉举报数
	13	每十万人口拥有公共文化设施		38	食品抽检合格率
				39	▼交通事故死亡率
				40	▼每万人刑事、治安案件数立案、查办数
健民	14	平均预期寿命	怡民	41	城镇居民人均住房总建筑面积
	15	▼甲乙类传染病发病率		42	农村人均住房面积
	16	每千人拥有医院卫生院床位数		43	▼房价/职工月薪比
	17	每千人口拥有卫生技术人员数		44	▼城镇居民家庭居住支出占比
	18	城镇职工和居民基本医疗保险覆盖率		45	人均公共绿地面积
	19	农村合作医疗参合率		46	城市饮用水达标率
				47	达到Ⅰ、Ⅱ级空气质量天数

---

① 王威海、陆康强：《社会学视角的民生指标体系研究》，《人文杂志》2011年第3期，第161~171页。

续表

领域	序号	指标	领域	序号	指标
便民	20	每万人限额以上批零住宿餐饮企业数	惠民	48	城乡居民收入与 GDP 之比
	21	每万人公共汽车拥有量		49	城乡居民收入增幅与财政收入增幅之比
	22	行政村客车通达率		50	基本民生投入占财政支出比例
	23	人均城市道路面积		51	环保和城乡社区事务投入占财政支出比例
	24	城市燃气普及率		52	农林水事务投入占财政支出比例
	25	农村符合卫生标准自来水普及率		53	人均基本民生投入
	26	城镇每万人拥有社区服务设施数		54	人均环境和城乡社区事务投入
				55	人均农林水事务投入

注：表中带▼标记的为逆指标。

2. 社会事业指标体系

西安交通大学经济与金融学院李彬、田皓根据我国社会事业的基本情况和发展现状，从建立社会事业发展评价指标体系要以人为本、保证可持续发展出发，从社会事业发展整体的六个方面，即人口状况、教育与科技状况、生活水平和质量、医疗卫生、生态环境质量和社会稳定状况入手构建指标体系，以反映各地区不同时期社会事业发展的水平、发展的协调状况、发展的持续性和发展潜力的大小（见表 5 – 35）。①

表 5 – 35　社会事业评价指标体系

类别	指标体系	计量单位	指标内涵
人口状况指标	人口自然增长率（X1）	‰	综合反映人口变动情况
	15 ~ 64 岁人口比例（X2）	%	反映人口结构及社会负担情况
	人口预期寿命（X3）	岁	反映人民的综合健康状况
教育与科技状况指标	教育事业费占 GDP 比重（X4）	%	反映政府对教育事业的重视程度
	文盲半文盲占 15 岁以上人口比例（X5）	%	反映基础教育发展水平

---

① 李彬、田皓：《社会事业评价指标体系的建立及应用》，《统计与决策》2005 年第 15 期，第 58 ~ 60 页。

续表

类别	指标体系	计量单位	指标内涵
教育与科技状况指标	大专及以上受教育人口比重（X6）	%	反映高等教育发展水平
	人均受教育程度（X7）	年	反映人口的整体文化素质
	技术市场成交额（X8）	元	综合反映科技开发及转化能力
生活水平和质量指标	恩格尔系数（综合城镇、农村）（X9）	%	反映人民生活的改善和提高
	城镇居民人均可支配收入（X10）	元	反映城镇居民生活水平
	农民人均纯收入（X11）	元	反映乡村居民生活水平
	人均居住面积（分城镇、农村）（X12）	m^2	反映居民住房条件
	文教娱乐支出占消费支出比例（分城镇、农村）（X13）	%	反映人民的精神生活水平
医疗卫生指标	卫生事业费占GDP的比重（X14）	%	反映人民医疗保健事业发展的保障条件
	每千人口拥有病床数（X15）	张	反映医疗资源的保障状况
	每千人口拥有卫生技术人员数（X16）	人	反映卫生保健机构的技术保证程度
生态环境质量指标	治污投资占GDP的比重（X17）	%	反映对环保的重视程度
	森林覆盖率（X18）	%	反映生态水平及环境质量
	"三废"综合利用产品产值（X19）	元	衡量可持续发展的指标
社会稳定状况指标	城镇失业率（X20）	%	反映劳动力的就业状况
	养老保险覆盖率（X21）	%	反映社会保障体系的健全程度
	失业保险覆盖率（X22）	%	反映社会安全程度

3. 公共服务指标体系

公共服务类指标体系主要有两种类型：一种是民生类指标体系，另一种着重对公共服务的均等化加以测量。这里主要介绍前一类指标体系。

山东大学政治学与公共管理学院赵晏等人构建一套主客观指标相结合的我国政府公共服务质量指标评价体系，依据专家调查法和统计方法对该指标体系进行筛选，最终确定了包含37项指标的评价体系（见表 5-36）。[①]

[①] 赵晏、邢占军、李广：《政府公共服务质量的评价指标测度》，《重庆社会科学》2011年第10期，第113~120页。

表 5-36 政府公共服务质量评价指标体系

评价因素	评价指标编号与名称	单位	数据来源
文化教育	G1 学校学生人均预算内公共经费	元	教育部
	G2 义务教育升学率	%	中国教育年鉴
	G3 高等教育每十万人口平均在校学生数	人	中国教育年鉴
	G4 公共教育满意度	等级	抽样调查数据
	G5 文化产业增加值占国内生产总值比重	%	小康监测指标体系
	G6 电视节目人口覆盖率	%	各地统计公报
	G7 文化体育满意度	等级	抽样调查数据
医疗卫生	G8 每千人口医生数	人	中国卫生统计年鉴
	G9 病理检查与临床诊断符合率	%	中国卫生统计年鉴
	G10 农村自来水普及率	%	中国卫生统计年鉴
	G11 农村卫生厕所普及率	%	中国卫生统计年鉴
	G12 医疗卫生满意度	等级	抽样调查数据
就业和社会保障	G13 职业介绍机构指导率	%	中国统计年鉴
	G14 基本社会保险覆盖率	%	小康监测指标体系
	G15 城市人均低保支出水平	元	中国民政统计年鉴
	G16 农村人均低保支出水平	元	中国民政统计年鉴
	G17 就业服务满意度	等级	抽样调查数据
	G18 社会保障满意度	等级	抽样调查数据
公共安全	G19 社会安全指数	%	小康检测指标体系
	G20 社会治安满意度	等级	抽样调查数据
	G21 食品安全满意度	等级	抽样调查数据
基础设施	G22 城市燃气普及率	%	中国统计年鉴
	G23 城市每万人口公共交通车辆数	标台	中国统计年鉴
	G24 每千人口交通运输线路密度	公里	中国统计年鉴
	G25 邮路及农村投递路线密度	公里	中国统计年鉴
	G26 乡镇和行政村公路通达率	%	交通部统计公报
	G27 基础设施满意度	等级	抽样调查数据
环境保护	G28 环境质量指数	%	小康监测指标体系
	G29 "三废"处理达标率	%	小康监测指标体系
	G30 单位 GDP 能耗	吨标准煤	中国统计年鉴
	G31 城市生活垃圾无害化处理率	%	中国统计年鉴
	G32 环境质量满意度	等级	抽样调查数据

续表

评价因素	评价指标编号与名称	单位	数据来源
科技信息	G33 科学技术支出占财政支出比重	%	中国统计年鉴
	G34 技术市场成交额	万元	中国统计年鉴
	G35 政府信息公开满意度	等级	抽样调查数据
社会管理	G36 万人社会组织数	个	中国统计年鉴
	G37 万人城镇社区服务设施数	个	中国统计年鉴

中央财经大学财政学院李剑将评价指标归纳为投入类、能力类、效果类，并选择了6个基本公共服务项目作为一级指标体系，根据代表性和数据可得性的标准选取具体指标，形成二级指标体系，由此构建了一个基本公共服务评价指标体系（见表5-37）。①

表5-37 基本公共服务评价指标体系

项目	指标类别	指标
基础教育	投入类	普通小学生均预算内教育经费支出
		普通初中生均预算内教育经费支出
		财政性教育经费支出占地区财政支出的比例
	能力类	普通小学生师比
		普通初中生师比
	效果类	普通小学升学率
		普通初中升学率
		文盲人口占15岁及以上人口比重
公共卫生和基础医疗	投入类	人均财政医疗卫生支出
		财政卫生支出占财政支出的比例
		参加新农合人数占农村人口比重
	能力类	每千人口医院和卫生院床位数
		每千农业人口乡镇卫生院床位数
		每千人口卫生技术人员数
		平均每千农业人口乡村医生和卫生员数
		设卫生室的村数占行政村数

---

① 李剑：《基本公共服务评价指标体系研究》，《商业研究》2011年第5期。

续表

项目	指标类别	指标
公共卫生和基础医疗	能力类	每百万人口妇幼保健院（所/站）数
		每百万人口疾病预防控制中心数
		每百万人口卫生监督所（中心）数
		农村卫生厕所普及率
		农村水改受益人口比例
		饮用自来水人口占农村人口比例
	效果类	孕产妇住院分娩率
		围产儿死亡率
		5岁以下儿童中重度营养不良比重
		人口平均期望寿命
		甲乙类法定报告传染病发病率
		新农合补偿受益人次占参合人数比例
基本社会保障和就业	投入类	人均社会保障和就业支出
		社会保障和就业支出占财政支出的比重
		人均城乡社区事务支出
		城乡社区事务支出占财政支出的比例
	能力类	每万人口社区服务设施数
		参加城镇基本养老保险人数占城镇人口比例
		参加城镇基本医疗保险人数占城镇人口比例
		参加城镇失业保险人数占城镇人口比例
		参加农村社会养老保险人数占农村人口比例
		农村低保（元/人月）
		城市低保（元/人月）
		每十万人职业介绍所个数
		每十万人职业介绍机构人数
	效果类	城镇登记失业率
		就业人员平均工资
		职业介绍机构本年度介绍成功人数占本年登记求职人数的比重
		第一产业就业人员比例
		参加城镇基本养老保险人员人均基金支出
		年末领取失业保险金人数占年末参加失业保险人数比例
		参加城镇基本医疗保险人员人均基金支出
		领取农村社会养老保险金人数占年末参保人数比例

续表

项目	指标类别	指标
公益性基础设施	投入类	农村人口人均农林水事务支出
		人均交通运输、文化体育与传媒、城乡社区事务支出
		文化体育与传媒、农林水事务、交通运输、城乡社区事务支出占财政支出的比例
	能力类	灌溉面积占耕地面积比例
		农村人均用电量
		每平方公里铁路线长度
		每平方公里公路线长度
		万人均铁路线长度
		人均公路线长度
		高速公路占公路的比重
		城市用水普及率
		城市燃气普及率
		每万人邮电营业网点数量
		每万人拥有公共交通车辆
		人均城市道路面积
	效果类	每公顷粮食作物播种面积粮食产量
		铁路客运密度（=旅客周转量/营业里程）
		公路客运密度（=旅客周转量/营业里程）
		铁路货运密度（=货物周转量/营业里程）
		公路货运密度（=货物周转量/营业里程）
		人均邮电业务量
		城镇人口人均公共交通客运量
公共安全	投入类	人均公共安全支出
		公共安全支出占财政支出比例
	能力类	每万人口从事公共安全财政供给人员数
	效果类	人口火灾发生率
		万元 GDP 火灾损失率
		人口交通事故发生率
		万元 GDP 交通事故损失率
环境保护	投入类	人均环境保护支出
		环境保护支出占财政支出的比例

续表

项目	指标类别	指标
环境保护	能力类	每亿元 GDP 废水治理设施套数
		每亿元 GDP 废气治理设施套数
	效果类	每亿元 GDP 废水排放量
		每亿元 GDP 废气排放量
		每亿元 GDP 工业废物产生量
		工业废水排放达标率
		工业固体废物综合利用率

武汉大学社会保障研究中心徐琴利用层次分析法，提出了一个涵盖义务教育供给、公共卫生与基本医疗供给、基本社会保障及公共就业服务供给四个方面，涉及四个层级的评价指标体系（见表 5 – 38）。①

表 5 – 38　基本公共服务供给评估指标体系

基本公共服务供给状况指标 A	义务教育供给 B1 0.168	入学情况 C1 0.093	小学入学率 D1	0.031
			小学升学率 D2	0.031
			初中毕业率 D3	0.031
		教学质量 C2 0.035	义务教育财政拨款占财政一般预算支出比 D4	0.004
			生均义务教育财政拨款额 D5	0.003
			生均教学仪器设备值 D6	0.002
			师生比 D7	0.013
			课程开设率 D8	0.011
			生均校舍面积比 D9	0.002
		教学产出 C3 0.040	升学学生比率 D10	0.040
	公共卫生与基本医疗供给 B2 0.453	公共卫生 C4 0.181	人均疾病预防控制中心卫生技术人员数 D11	0.006
			统计内传染病发病率 D12	0.064
			儿童国家免疫规划接种率 D13	0.042
			婚前医学检查率 D14	0.008

---

① 徐琴：《基本公共服务供给评估指标体系的构建》，《统计与决策》2012 年第 5 期，第 40～41 页。

续表

基本公共服务供给状况指标 A	公共卫生与基本医疗供给 B2 0.453	公共卫生 C4 0.181	孕产妇系统管理率 D15	0.011
			7岁以下儿童保健管理率 D16	0.024
			健康教育培训覆盖率 D17	0.026
		基本医疗 C5 0.182	每千人口医疗机构床位数 D18	0.012
			每千人口卫生技术人员数 D19	0.012
			人均政府卫生支出 D20	0.033
			最近医疗点覆盖率 D21	0.076
			医疗机构诊断符合率 D22	0.049
		健康产出 C6 0.090	居民两周患病率 D23	0.054
			婴儿死亡率 D24	0.018
			孕产妇死亡率 D25	0.018
	基本社会保障 B3 0.261	基本养老保险 C7 0.087	基本养老保险制度覆盖率 D26	0.031
			基本养老保险覆盖率年增长率 D27	0.020
			基本养老保险制度抚养比 D28	0.004
			基本养老保险替代率 D29	0.012
			基本养老保险缴费率 D30	0.012
			基本养老保险社会化发放率 D31	0.008
		基本医疗保险 C8 0.087	基本医疗保险制度覆盖率 D32	0.031
			基本医疗保险覆盖率年增长率 D33	0.008
			地方财政医疗保险补助占地方财政收入比重 D34	0.016
			门诊费用平均报销比例 D35	0.016
			住院费用平均报销比例 D36	0.013
			基本医疗保险基金结余率 D37	0.003
		最低生活保障 C9 0.087	享受低保人数与实际贫困人口之比 D38	0.029
			农村低保人数与低保总人数之比 D39	0.006
			最低生活保障制度保障人数年增长率 D40	0.014
			财政低保投入占财政一般预算支出比重 D41	0.012
			财政低保资金增长额与财政支出增长额之比 D42	0.012
			地区平均低保标准与当地实际贫困线之比 D43	0.014

续表

基本公共服务供给状况指标 A	公共就业服务供给 B4 0.119	公共就业服务投入 C10 0.035	人均就业与再就业资金占财政支出的比重 D44	0.015
			人均就业与再就业资金 D45	0.015
			每万人口的公共就业服务机构人员数 D46	0.005
		公共就业服务执行 C11 0.065	年度万元培训补贴再就业人数 D47	0.010
			职业技能培训人数与城镇登记失业人数之比 D48	0.011
			再就业培训实现就业率 D49	0.005
			年度职业介绍补贴到位率 D50	0.009
			登记求职人员求职成功率 D51	0.004
			职业指导人数与城镇登记失业人数之比 D52	0.006
			公益性岗位数与城镇登记失业人数之比 D53	0.010
			扶持公共就业服务费用占就业与再就业资金之比 D54	0.010
		就业情况 C12 0.019	城镇登记失业率 D55	0.006
			登记失业人员再就业率 D56	0.010
			新增就业人员劳动合同签订率 D57	0.003

（四）社会管理能力评价及相关指标体系

目前关于社会管理的指标体系还比较少见，其中大部分还主要是通过社会运行状况来反映社会管理绩效的高低。山东省委党校张书林从社会民生、社会稳定、社会组织、社会参与、社会良性发展、虚拟社会管控与社会价值构建等角度建构了社会管理效能指标体系（见表5-39），有部分内容涉及社会管理的能力，但该指标体系还只是一个定性框架，距离可量化评价指标体系还有一定距离。[①]

表5-39 社会管理效能指标体系

领域	子域	测量指标
一、社会民生	1. 客观幸福指数	通过群众对学习、工作、医疗、养老、住房等方面的幸福的感受与判定

---

① 张书林：《社会管理科学化水平之效能指标体系与测评》，《中共四川省委党校学报》2012年第2期，第92~97页。

续表

领域	子域	测量指标
一、社会民生	2. 主观幸福指数	判定标准是居民在主观上对幸福生活的满意度
二、社会稳定	1. 社会治理的法治水平	通过考察在若干设定的社会治理过程中，在必要的关键环节上的法治因素与人治因素之比来衡量
	2. 社会秩序的维护水平	以某一时期破坏社会秩序的行为总量、破坏社会秩序的事件发生的频次、对遭受破坏社会秩序的修复程度来衡量
	3. 人际关系和谐的水平	用人际交往冲突的频次、人际关系融洽的周期来衡量
	4. 人民群众的社会安全感水平	以某一地区在某一时期刑事案件、治安案件的发生频度、烈度、危害度来衡量
	5. 群体性事件预防与处置水平	重点关注以下三个方面：第一，以利为民所谋为导向；第二，注重社会心态引导；第三，提高应急处理能力
三、社会组织	1. 社会管理对社会组织的覆盖程度	是不是把所有社会组织都纳入社会管理体系之中，有没有存在对社会组织管理上的疏漏或空白
	2. 社会组织参与社会管理、社会治理的水平	有意愿、有能力、有条件、有资源的社会组织是否都积极参与到社会管理过程之中，并在社会事务的管理中充分发挥出积极性、主动性、创造性
四、社会参与	1. 民众社会参与度	由民众社会参与的广度、深度、频度、烈度等因子构建的民众社会参与度指标衡量
	2. 民众社会满意度	通过随机抽取一定基数的民众进行电话调查的方式去收集数据，并通过具体设定的若干指标去衡量计算
	3. 民众利益维护度	可以借助：彻底解决群众上访问题的年度比例，随机抽取的群众问卷调查统计表，损害群众利益、激发群众不满的群体性事件发生率，侵吞群众利益的官员腐败案的出生率、死亡率，这一系列的具体指标去衡量
五、社会良性发展	1. 社会活力程度	通过社会管理效率提高情况、社会管理创新程度、社会管理参与者队伍的壮大等衡量
	2. 社会文明程度	通过对社会文化建设、社会道德建设情况的综合分析来考量

续表

领域	子域	测量指标
五、社会良性发展	3. 社会进步程度	通过社会大众物质需求的满足程度、精神境界的提升水平以及社会进步价值观的普及率等综合性指标来衡量
	4. 社会自由程度	借助民众实现自我管理的水平、个性充分解放的程度、自身才能得到最大限度发挥的状态来衡量
六、虚拟社会管控	1. 对网络舆论的掌控引导	通过正确对待网民的声音、建立与网民对话机制、提高对网络舆论突发事件的危机处理能力、网络舆情预警及监测的制度建设等方面衡量
	2. 对网络信息的过滤净化	可以采用随机抽取党务信息、政务信息、思想传播信息、经济活动信息、社会生活信息、文化娱乐信息、两性家庭婚恋信息、网络沟通跟帖信息、交友社交信息、民间舆情信息等10个方面的网络信息资料，集中透视地方党委政府是否都对这10个方面的网络信息资料都进行了过滤净化处理来衡量
	3. 网络服务社会管理的力度	考察社会管理目标任务的实现有多大的比例是通过网络空间达到的
七、社会价值构建	1. 中国特色社会主义理论体系	认可程度及功效发挥
	2. 中国特色社会主义的共同理想	认可程度及功效发挥
	3. 以爱国主义为核心的民族精神	认可程度及功效发挥
	4. 以改革创新为核心的时代精神	认可程度及功效发挥
	5. 以"八荣八耻"为主体的社会主义荣辱观	认可程度及功效发挥

第六章

深圳市区级政府社会建设
指标体系的构建

本书研究的主要目的是要为深圳市政府构建一个可以用来对区级政府社会建设工作加以评价的指标体系。在本章中，我们拟在前面几章讨论和介绍的基础上，对深圳市区级政府社会建设工作评价指标体系的建构提出一个初步的方案。

一 深圳社会建设的背景

（一）深圳城市发展与社会发展的基本情况

深圳市在地理区位上紧邻香港，在改革开放之前，就曾经是中国内地与海外世界在人才、物资和信息方面进行沟通的桥梁。改革开放之后，更是中国内地承接香港和海外世界人才、资本和信息的首选之地，在接触世界先进技术和管理经验、承接香港和海外投资方面具有内地其他地方无可比拟的便捷条件。这也是深圳市在改革开放后得以迅猛发展的一个重要原因。

深圳是我国改革开放以来最早确立的改革试验区，在经济发展乃至其他方面都曾经享有中国内地其他地方都不曾享有的特殊政策。深圳市之所以能够在短短数十年内从一个小县城发展成为一个超大规模的世界性城市，与深圳市享有的这种特殊政策当然具有无可争议的联系。

深圳人身上有一种永不服输、永立潮头的精气神，"敢为天下先"的创新精神为城市发展提供着不竭的精神动力。创新精神之所以成为深圳精神一以贯之的核心，成为深圳与生俱来的精神气质，主要是因为这个城市诞生的特殊性：天然担负着中国改革开放试验场的历史使命；独特的市民构成，移民文化与生俱来的目的性、包容性；优越的地理位置，毗邻港澳，有着其他城市所不具备的沟通世界的国际化视野，兼具世界海洋文化及岭南传统文化的基本特征。深圳作为中国改革试验田的使命尚未完成，创新精神也不会衰退。在面对国家发展的战略机遇期，深圳依然能在解放思想、政治体制改革、转变经济发展方式、实现科学发展的道路上做出不可替代的贡献。[①] 正如深圳市市长许勤总结的：未来深圳的发展，就是"创新、创新、再创新"。

据中国社会科学院财经战略研究院、社会科学文献出版社与中国社会科学院城市与竞争力研究中心联合发布的《中国城市竞争力报告 No.11——新基准：建设可持续竞争力理想城市》的报告[②]，2012 年综合经济竞争力指数（由经济增量指数和效率竞争力指数组成）排名前十的城市依次是：香港、深圳、上海、台北、广州、北京、苏州、佛山、天津和澳门。可持续竞争力指数排名前十的城市依次是：香港、上海、深圳、北京、广州、澳门、杭州、青岛、无锡、济南。宜商城市竞争力得分的前十名分别是香港、北京、上海、广州、佛山、苏州、深圳、武汉、青岛和杭州。和谐城市竞争力排名前十的城市依次是：香港、澳门、济南、西安、深圳、青岛、威海、大连、厦门、宁波。知识城市竞争力排名前十的城市依次是：北京、上海、深圳、香港、南京、杭州、广州、天津、武汉、大连。从这些排名来看，深圳在多

---

① 杨华：《新时期深圳精神之思想探源》，《中共天津市委党校学报》2013 年第 4 期，第 92~96 页。
② 倪鹏飞主编《中国城市竞争力报告 No.11——新基准：建设可持续竞争力理想城市》，社会科学文献出版社，2013。

个指数上都居于全国前列，特别是综合经济竞争力仅次于香港排在第2位。2013年深圳GDP超过2000亿美元，人均可支配收入超过4万元，人均GDP超过2万美元，人均GDP达到高收入国家水平。

改革开放之前，深圳还只是一个人烟稀少、经济落后的边陲小镇。1979年3月，国家将宝安县改设为深圳市，1979年11月，升格为地级省辖市。1980年8月，深圳市将靠近香港的327.5平方公里的土地划出，正式设立经济特区，到1990年1月，深圳在经济特区中分别设立福田、罗湖和南山3个行政区，特区内的城市管理组织架构基本成型，而特区外的宝安县则延续着农村管理体制。1992年，特区内的农村开始实施城市化，到2002年，以沙头角镇被改为街道办事处为标志，长达10年之久的特区农村城市化改革暂告一段落。2003年，特区外的农村开始实行城市化。至2004年末，特区外两区完成"撤镇建街"，27万居民全部"农转非"，土地全归转为国有，深圳由此成为全国第一个没有农村行政建制和农村社会体制的城市。为深化特区内外一体化进程，从2008年起，深圳先后设置了光明新区、坪山新区、龙华新区和大鹏新区。2010年7月，特区范围正式扩大到全市，特区一体化进程加快。①

1990年12月15日，深圳市第一次党代会提出建设"外向型、多功能国际性城市"。2008年，深圳市委、市政府正式出台《进一步解放思想学习追赶世界先进城市的决定》，力争到21世纪30年代，使深圳成为在全球城市体系中有较强集聚辐射能力和影响力的国际化城市。2010年，第五次党代会提出"加快建设现代化国际化先进城市"。2011年5月，《深圳市推进国际化城市建设行动纲要》以市政府文件形式正式印发，成为深圳国际化城市建设的纲领性文件。该《纲要》提出了深化国际化城市建设两个阶段的目标：在未来十年里，深圳将建成东南亚地区的明星城市、亚太地区有重要影响力的区域性国际城市；至2050年，将深圳建设成为生产要素的国际配置中心、决策运营的国际管理中心、知识技术的国际创新中心、信息资源的国际交流中

---

① 仲德涛：《我国新型城市化的探索与实践——以"深圳模式"为例》，《对外经贸》2012年第9期，第84~86页。

心、生态多元的国际宜居中心。经过30多年的高速增长，尤其在成功举办第26届世界大学生运动会之后，深圳的国际知名度得到提升、国际影响得到显著增强。未来通过与香港错位发展，推动形成全球性物流中心、贸易中心、创新中心和国际文化创意中心，并进一步加强金融合作，巩固和提升深港在全球金融竞争中的地位，深圳将成为大陆城市中率先迈向世界城市的有力竞争者。

深圳市坚持把建设资源节约型、环境友好型社会放在工业化、现代化发展战略的突出位置，生态城市建设开创新局面。深圳坚持节约资源和保护环境基本国策，相继出台了一系列环境保护的地方性法规，制定基本生态控制线管理规定，编制建设生态示范市规划，将全市一半土地划定为生态控制线严加保护。30年来，深圳先后荣获"国家卫生城市"、"国家园林城市"、"国家绿化模范城市"、"国家环保模范城市"、"国际花园城市"、"全球环境500佳"等称号。据北京社科院课题组对全国19个副省级以上城市的生态文明建设水平进行的测评，结果显示，深圳在所有副省级以上城市中生态文明建设水平最高，特别是生态自然方面大幅度领先其他城市，在生态经济和生态社会方面也处于前列。[1]

当然，深圳城市的发展也存在自身的问题。首先，经济特区的政策优势减弱。随着全国性制度的不断完善，各地的优惠政策不断推出，有一些甚至有迎头赶上之势，显然，深圳特区原来享有的政策优势逐渐缩小。在这种情况下，深圳必须探索出自己的"特"区之路。其次，深圳仍然存在区域不平衡问题。2009年，深圳全市生产总值达8201.23亿元，关内与关外生产总值比为"1.2∶1"，这意味着关外每平方公里产值仅相当于关内的21.2%。造成这一现象的根源在于"二线关"的存在，人为造成一个城市两种制度，人为分割的城市二元结构，导致特区内过度开发，特区外开发不足。在30年的增长差异之后，特区外无论是在基础设施、市政配套，还是在公共服务水平、城

---

[1] 齐心：《大城市生态文明建设评价研究》，载谭维克、刘林主编《中国城市管理报告（2013）》，社会科学文献出版社，2014。

市和社会管理等方面,均与特区内存在明显差距。再次,经济特区的发展压力激增。虽然深圳的生态状况在国内特大城市中领先,但深圳特区的发展仍然明显受到土地空间限制、能源和水资源短缺、人口膨胀压力、环境承载力等瓶颈性制约,亟须转变经济发展方式、突破增长极限。最后,文化氛围不够浓厚。由于存在着缺乏大学院校、科研院的先天不足,虽然深圳一直重视学术文化建设,但长期以来存在学术文化不够活跃、学术空气比较稀薄、学术氛围不够浓厚的问题。

从社会发展来看,深圳存在的主要问题有以下六个方面。

第一,社会发展落后于经济发展。改革开放以来,深圳"摸着石头过河",基本上走了一条"以工业化带动城市化"的发展道路。这在宏观上实现了经济规模和城市规模的快速扩张,但在微观上却出现了某种程度的不平衡、不协调。特别是在社会领域、在人均发展指标上,区域之间差距尤为突出,而且开始成为吸引人才、引进项目的制约因素。今天的深圳,已经到了一个必须以城市发展来带动现代产业、带动现代生活的新阶段,要更加注重综合配套、更加注重公共服务、更加注重生活质量,以社会建设的加强来支撑城市品质的提升。

第二,农民工的市民化和社会融入问题仍待解决。截至2011年底,全市已有农民工613万人,占全市常住人口的58.6%。作为全国最大的移民城市和农民工集聚地,深圳市研究制定了一系列有利于农民工就业、生活和发展的政策及措施,充分发挥农民工的积极性和智慧,为农民工转型进行了积极、有益的探索。但总的来看,农民工社会融入的问题并未得到根本解决。中国人民大学和工众网2012年联合发布的调研(调查共选取国内20个主要用工城市进行对比,数据从工众网农民工数据库①中随机抽取样本,由工众网工众研究中心采取电话调查方式进行访问,收集有效问卷2473份)结果显示,农民工主观感受"最不幸福"的城市是深圳。

第三,社会治安仍然是目前企业和群众反映比较突出的问题。2002年,深圳人均GDP就已超过5000美元,2008年人均GDP又突破

---

① 截至调查时共有注册用户532.9971万人。

1万美元。世界各国发展经验表明，当经济发展到一定水平后，社会需求趋向多样化、多层化，人们心理预期更高，在与客观供给能力不协调中，就可能形成更多的社会不稳定、不和谐因素。特别是深圳正处于经济发展转型期、社会建设加速期，社会管理难度、复杂程度和风险加大，稍有不慎就有可能引发社会的不稳定。深圳是一个有1000多万人口的移民城市，具有海纳百川的包容情怀，但社会矛盾也因此集中凸显，需要进一步通过改革缓和社会矛盾以达到长治久安。

第四，公共服务仍显不足。与城市快速扩张、人口总量急剧膨胀对社会服务产生的巨大需求相比，深圳市社会公共服务供给速度仍有滞后，教育、医疗卫生、文化和公交等社会公共服务资源相对不足，难以较好地满足发展需求。

第五，社会环境亟待改善。社会环境是城市发展环境的重要内容，社会环境的好坏直接影响市民群众的生活，影响城市综合竞争力，影响现代化国际化城市建设。过去30年是深圳经济特区高速城市化的30年，在城市化进程中，积累了多重矛盾，在社会环境方面离更高的要求仍有不小差距，亟须进一步的美化和提升。

第六，人口素质有待提升。深圳人口结构严重倒挂，人口整体素质不高，高中及以下人口占总人口比重超过八成，全面提高深圳市居住人口受教育水平的任务繁重。人是城市的灵魂，有什么样的人就会塑造什么样的社会文明和城市文明。培育现代社会文明不能仅仅依靠物质财富的积累，塑造现代城市文明也绝不仅仅是建高楼大厦。现代社会文明、城市文明都有更丰富、更深刻的内涵，其中首要的和根本的就是提升人的素质。

（二）深圳社会建设工作已经取得的成绩

深圳市比较早地提出了社会建设的理念和思路。2010年，召开建市以来第一次全市社会建设工作会议，提出把社会建设摆在与经济建设同等重要的位置去谋划、去推动，并出台了《关于加强社会建设的决定》，提出了"两步走"的社会建设目标（2015年初步建成民生幸福城市，到2020年社会建设走在全国前列），明确了"四个加快"的推进路径（加快保障和改善民生；加快社会管理创新；加快完善社区服务体系；加快培育发展和规范社会组织）。2012年深圳市又提出"社会建设是人的建设"的理念和"惠民生、保民安、稳民心、聚民智、借民力、修民德"的社会建设总要求。同时，该市还建立社会建设领导协调机制，成立了社会工作委员会。这些理念和措施在全省、全国都是比较早的，有力地推动了深圳市的社会建设。近年来，深圳市社会建设工作已经取得的成绩包括以下方面。

1. 逐年加大财政投入，为保障和改善民生奠定物质基础

深圳市委市政府把保障和改善民生作为全市工作重点，从财力投入、资源配备等方面加大向民生事业倾斜力度，努力使改革开放成果惠及全体市民。2012年市级财政对重点民生领域投入达518亿元，比2011年增长了14%；2013年市级财政在九类重点民生领域投入高达588.8亿元，占市本级财政投入的比例超过60%。从财政投入的绝对值来看，深圳在全国副省级城市中还是处于领先地位的。

2. 提出"来了就是深圳人"的理念，基本公共服务均等化取得阶段性成效

深圳市逐步淡化了户籍人口与非户籍人口的界限，积极推进基本公共服务"全覆盖"和"均等化"。目前《国家基本公共服务体系"十二五"规划》涉及地方事权的65个项目中，覆盖实有人口的有38项，覆盖户籍人口的有18项，覆盖户籍人口以及特定人群的有9项。为进一步提升保障水平，该市制定了《深圳市推进基本公共服务均等化三年行动计划（2013~2015年）》，明确重点推进的民生项目，到2015年，深圳市实施的基本公共服务项目将达到76项，其中覆盖实有人口的项目将达到41项。

3. 加大社会体制改革力度，构建社会建设制度体系

在全国率先实施居住证制度，将原来单一功能的"暂住证"转为具有综合服务和管理功能的"居住证"，持证居民在港澳自由行、劳动就业、社会保障、子女义务教育等方面都能享受户籍居民待遇，目前已累计办证2065.5万张。率先实施"一格多员"的网格化管理模式，把社区划分为若干责任网格，全市共规划形成了10043个工作网格,街道干部、社区工作站干部、协管员、社区民警、楼管员等相互捆绑责任,负责对矛盾纠纷和社会管理事务的排查、调处和上报,实行"多网合一,一网多格;一格多员,全员参与;同格同责,同奖同罚",基层管理更加精细化,得到了省综治委的大力推广。率先推行"居站分设"社区治理体制,实行工作站与居委会分离的社区治理体制,进一步强化政府的服务管理职能,理顺了政府基层管理和居民自治的关系,截至目前全市共设立社区工作站637个。2006年,以"居站分设"为核心的盐田区"社区管理体制改革"获得"第三届中国地方政府创新奖"。

4. 实施"风景林工程",构建社会管理服务体系

为了全面贯彻落实"惠民生、保民安、稳民心、聚民智、借民力"的指导思想,从2012年开始,深圳市实施了社会建设"风景林工程"。"风景林工程"是该市对推进社区社会建设做法的形象比喻,具体而言,就是在全市全面部署推广社区服务管理的好经验好做法,使之由"盆景"变成"风景",实现社会建设从单向突破向全面推进、从局部见效向整体提升。深圳市选取了"基层党建工作区域化、社区服务中心建设、社区居民议事会、社区公益服务岗位开发、社区楼(栋)长制度"作为"第一批盆景",推广以来,基层党组织在社区服务中的引领和组织作用更加凸显,社区服务供给方式更趋多元,居民在社区建设中的参与权、表达权、监督权得到充分保障,对社区服务的满意度明显提高。

5. 加快社会领域立法,构建社会建设法制保障体系

自从1992年获得立法权以来,深圳市不断推进社会立法工作进程,有力地促进了社会建设的持续、快速、健康发展。相继制定了《深圳经济特区公民无偿献血及血液管理条例》、《深圳经济特区人体器官捐献移植条例》、《深圳市义工服务条例》、《深圳经济特区欠薪保障条例》等法律法规。2012年,深圳市人大加快了社会领域立法步伐,在全国率先出台社会建设促进条例,这是国内首部社会建设地方性法规,是深圳全面推进社会建设的"基本法"。该条例以法律的形式对基本公共服务、社区建设、社会组织、社会管理创新等方面的发展目标、基本原则、总体要求进行了明确规定。特别是2012年深圳还率先出台了《深圳经济特区性别平等促进条例》，这是我国内地首部性别平等的地方性法规，首次从法律上明确性别平等的含义，清晰界定了性别歧视，创设了促进性别平等的工作机构。《条例》的出台填补了我国内地性别平等地方立法工作的空白，对落实男女平等基本国策具有重大现实意义。2014年4月1日起正式实施了《深圳经济特区行业协会条例》，在全国率先突破"一业一会"限制，实现"一业两会"甚至"一业三会"。

6. 加大社会组织培育管理力度，提升社会建设主体活力

2012年深圳市深化社会组织登记管理体制改革，出台了《关于进一步推进社会组织改革发展的意见》，推进登记管理体制等9项改革，直接登记范围扩大到8类社会组织，在放宽准入条件、跨区域组建等16个方面取得新突破，截至去年全市社会组织达7583家。特别是推动了"壹基金"在深圳落户，这是中国首家成功"转正"的民间公募基金，吸引更多的慈善资金往深圳聚集。加快培育和发展社区社会组织，加快构建社会组织孵化器集群，重点培育街道、社区社会组织发展，并探索建立社区基金会，作为社区基层自治组织的有益补充，目前已在光明新区开展试点。探索建立政府行政监管、社会公众监管和社会组织自律"三位一体"的综合监管体系。建立了联合执法机制，对190多宗社会组织违规违法行为进行了查处；建立了社会组织综合评估机制，开展了两批次共93家社会组织评估；建立社会组织信息公开平台，接受舆论和公众监督。推动工青妇等传统群团组织基层化、草根化、社区化发展，支持其发挥枢纽作用，孵化、培育和引导其他社会组织，全市共培育了8个非营利性社会组织孵化基地，凝聚和带动了数百家社会组织的健康发展。

7. 率先构建征信评估管理体系，全面推进社会信用体系建设

深圳率先探索企业信用和个人信用征信评估管理办法，建立政府公共诚信服务平台，开通企业信用信息服务网，集成30多个政府部门，涵盖70多万个市场主体。个人信用信息系统与全国公民身份证查询中心、政府部门、商业银行、全国信用卡中心联网。出台《深圳市

"阳光工程"实施意见》，深入持久开展诚信教育活动。2012年，为了全面贯彻落实省委省政府关于深入开展"三打两建"工作的指示精神，深圳市委市政府专门成立了"三打两建"办公室，组织领导全市打击制假售假、欺行霸市、商业贿赂，建立社会诚信体系和市场监管体系工作。立案查处了大量制假售假、欺行霸市、商业贿赂的案件，并出台了《深圳市信用体系建设工作方案》和《深圳市市场监管体系建设工作方案》。

8. 积极推进社会建设"织网工程"，实现社会管理工作的全覆盖

近年来，深圳市着力实施"织网工程"，通过信息化手段把各部门管理、服务的信息资源编织起来，实现信息资源互联互通、共建共享，再造为市民群众服务的工作流程。2012年，深圳市社会建设工作委员会会同市经贸信息委、综治办、民政局等牵头部门，共同研究制定了社会建设"织网工程"1+4指导文件。通过在坪山新区和龙岗区南湾街道试点，创建了以"一库一队伍两网两系统"为架构的"织网工程"新模式，公共基础信息资源库导入了17个市直部门2亿多条信息，实现了市、区两级人口、法人等基础信息共享，基于公共基础信息资源库的二次开发应用初见成效。深圳市"织网工程"通过了国家信息化专家组评审，得到了国家发改委、信息产业部等七部委的充分肯定，发改委将深圳列为信息惠民国家示范城市，在全国推广"织网工程"做法和经验。

9. 创新社会矛盾纠纷化解群众工作机制，确保社会建设有序推进

深圳市学习借鉴"枫桥经验"，依靠群众做群众工作，有效预防化解社会矛盾。在全市社区组建居民议事会，让社区居民都能参与社区决策管理，推动实现从"闭门议事"向"开放议事"的转变，目前共组建社区居民议事会744个，基本实现全覆盖。构建"大调解"工作体系，建设区、街道、社区三级"综治信访维稳中心"，建立健全人民调解、行政调解、司法调解联动的"大调解"工作机制，创新诉前联调、审前调解工作机制，大力推广人民调解"福田模式"，全市调解室达519个，基本实现了对交警、医院、劳动等矛盾纠纷较为集中的单位全覆盖，2013年调解案件超过8万宗。推广楼栋长制和高层楼宇"二+5"管理模式，最大限度地发动社会力量和群防群治力量，将市民群众变成社会治理的主体，目前共在18万余栋城中村自建房配备了楼栋长16.1万人，高层楼宇"二+5"模式在全市推广。

10. 大力加强"三支队伍"建设，打造社会建设人才高地

在社工队伍建设方面，完善以"政府推动、民间运作"为主要特征的现代社工工作体系，继上海之后，在全国较早出台了关于加强社工队伍建设的"1+7"文件。与上海相比，深圳市的政策文件更加系统、具体和完善，在全国率先建立起比较完整的制度体系。目前，全市专业社工已达5900多名。"深圳社会工作民间化专业化"项目成功入围第六届中国地方政府创新奖。在志愿者队伍建设方面，在总结大运志愿服务成功经验基础上，出台了《关于建设"志愿者之城"的意见》，推动志愿服务社区化，在全市建成100个社区U站、100家青春家园社区服务"专柜"、500个志愿服务固定服务点，全市注册志愿者超过95万人，此外，深圳市还组建了12万党员志愿者队伍。在基层队伍建设方面，采取了许多行之有效的措施，如优化基层党员干部队伍配备，提升社区党组织班子成员的结构和素质，充实基层党组织力量；实施队伍素质提升计划，通过多种方式开展专题培训，不断提高基层干部队伍的能力水平。

11. 积极探索指数化监测新机制，促进了社会建设的科学化、指标化和精细化

深圳制定的文明指数评价体系，通过7个一级指标、75个二级指标监测文明发展水平，促进文明创建活动可持续发展。深圳出台了政府绩效评估体系，每年对政府各部门绩效进行科学测评，制定了和谐深圳评价体系。出台《深圳市社会建设实绩考核办法》，通过指标考核、重点工作考核和公众满意度调查三种形式对各区社会建设工作的实绩进行量化考核。深圳实施社会建设指数化监测，是落实科学执政理念的具体体现，是促进社会建设科学化的有效实现形式。

（三）深圳社会建设工作下一步的重点

根据深圳市《2014年全市社会建设工作要点》，近期深圳市社会建设工作的重点包括以下几个方面。

1. 完善基本公共服务体系

（1）统筹推进社会事业改革创新。贯彻落实《中共深圳市委贯彻落实〈中共中央关于全面深化改革若干重大问题的决定〉的实施意见》和《深圳市2014年改革计划》，协调推动建立公办学校标准化建设制度和校长教师交流轮岗长效机制、健全最低工资和工资支付保障机制、深化医疗体制综合改革等社会事业年度改革项目，确保改革取得实效。关注社会领域改革热点，选择公益慈善、养老服务体制改革等事关市民群众切身利益的改革事项，率先探索突破。跟踪评估社会领域改革项目绩效，协调解决改革过程中出现的问题，推动改革取得实质成效。

（2）推进基本公共服务均等化。出台《深圳市推进基本公共服务均等化行动计划》，抓好任务分解落实。建立健全基本公共服务标准、项目、覆盖群体等正常增长机制，加快来深建设者的市民化进程。继续落实《深圳经济特区一体化建设三年实施计划（2013～2015年）》，加大原特区外交通、医疗、教育等基础设施的建设力度，提升原特区外基本公共服务保障水平。抓好2014年度12项重大民生工程的项目落实，及时公布116件年度民生实事推进情况，组织开展民生实事项目市民体验活动。

（3）创新基本公共服务供给方式。坚持"保基本、兜底线、促公平"原则，强化市、区政府在保障基本公共服务方面的主体责任，优化财政支出结构，加快构建以全市实际人口分布为依据、基本公共服务均等化为导向的财政投入及保障长效机制。放宽基本公共服务投资的准入限制，引导社会资本参与教育、医疗、文化、养老等社会事业建设。完善政府向社会力量购买服务制度，研究制定具体办法，强化购买服务项目的绩效评估。

2. 创新城市社会治理体制

（1）推进基层社会治理体制改革。出台关于规范社区综合党组织运行机制的指导意见，进一步推动社区综合党组织在社区发挥领导核心作用。优化街道、社区设置，加大市、区两级对基层人、财、物的倾斜力度。厘清基层事权，推进基层服务管理规范化建设，理顺社区各服务管理主体之间的关系，探索建立社区各服务管理主体的职责清单制度，试行社区行政事务准入制度，逐步解决社区工作负担过重的问题。推进社区事务民主协商，出台进一步加强居委会建设的实施意见，创新社区居委会发挥自我服务、自我管理作用的有效机制，促进社区自治。

（2）创新社会综合治理机制。扎实开展"平安细胞"创建活动，有效扩大"平安细胞"覆盖范围。强化流动人口和出租屋管理。加强群防群治队伍建设和规范管理，充分发挥群防群治力量的作用。改革信访工作制度，完善初信初访办理机制，实行网上（电话、邮件）信访受理、信访代理制度，逐步建立涉法涉诉信访与普通信访分离机制、健全涉法涉诉信访案件刚性终结申报机制。推进街道综治信访维稳中心规范化建设，进一步整合信访、司法、劳动等部门力量。加强特殊人群服务管理，健全一人一档、一人一策、一人一帮扶小组的"三个一"工作机制以及政府、社会和专业力量参与的三方联动机制。

（3）学习借鉴"枫桥经验"创新群众工作机制。印发《关于学习借鉴"枫桥经验"推进我市社会矛盾化解的通知》，完善社会矛盾纠纷调处机制，推广人民调解"福田模式"、劳动争议调解"龙岗模式"及横岗街道信访调解司法确认制，构建和谐邻里关系、劳资关系、医患关系等。健全群众利益诉求表达机制，完善群众建议征集制度，创新社情民意调查制度，探索利用大数据分析社情民意。落实重大决策社会风险评估机制，涉及群众切身利益的重要决策、重点改革、重大项目，出台或实施前要充分听取或征询市民群众代表的意见和建议。

（4）创新网络社会服务管理机制。关注网络社会民情动态，探索建立网络社会民生诉求收集、网络便民公共服务机制。正确引导网络舆论，完善政府各部门门户网站、政务微博、政务微信等新媒体建设。拓宽政务信息公开发布渠道，营造健康、绿色的网络环境，传播网络正能量。健全网络舆情处置机制，加快推进市网络舆情应对统一指挥平台建设。依法加强网络社会管理，健全基础管理、内容管理、行业管理以及网络违法犯罪防范和打击等工作联动机制。

（5）健全公共安全保障体系。健全"党政同责、一岗双责、齐抓共管"的安全生产责任体系，推进隐患排查治理体系建设，完善预防为主、日常监管的长效机制。加大安全事故查处力度，严肃追究失职渎职责任。落实企事业单位安全生产主体责任，加强基层安全监管力量建设，强化"末梢"管理。加强食品药品安全监管执法，严厉惩治危害食品药品安全犯罪。完善交通安全管理制度和设施，严格交通安全监管和执法。开展物流寄递实名制试点，建立物联网新技术全程电子化管理危爆从业单位、电梯等特种设备安全新机制。

（6）健全市民素质教育体系。弘扬优良传统，凝聚社会正能量，培育和强化市民的社会主义核心价值观。继续推进社会诚信体系建设，加强政务诚信、商务诚信、社会诚信和司法公信建设。强化人文关怀，注重社会心理疏导，培育自尊自信、理性平和、积极向上的社会心态。实施市民素质提升计划，加强社区学校建设，深入开展全民阅读、全民健身等活动。

3. 深入推进社会建设"风景林工程"和"织网工程"

（1）深化社会建设"风景林工程"。加大协调督办力度，确保按标准和进度完成第一批"风景林工程"建设项目各项任务。注重发挥项目作用，出台提升各项目服务功能的具体举措。基层党建工作区域化项目重点要按照新班子新制度新形象的要求，在选优配强社区综合党组织班子的基础上，进一步健全完善社区综合党组织运行制度体系；结合第二批党的群众路线教育实践活动，开展新一届"两委"班子集中培训，进一步提高"两委"班子成员的能力素质和制度意识；总结推广"社区第一书记"制度。社区服务中心项目重点要扩大运营主体范围，探索按服务项目招标，推动居民遴选服务项目。社区居民议事会项目重点要实现社区公共事务议事常态化和议决事项的落实，扩大非户籍居民参与面，切实保障议事制度有效运行。社区公益服务项目重点要建立项目开发常态化机制和资金使用监管机制。楼（栋）长项目重点要建立有效激励机制，完善楼（栋）长的服务管理，真正发挥楼（栋）长参与群防群治、社区自治的积极作用。遴选"风景林工程"第二批建设项目，制订实施方案和建设标准在全市推广。实施"风景林工程"盆景培育计划，及时挖掘、跟踪培育社会建设创新探索。加大对省级社会创新观察和试点项目的支持力度，巩固创建成果。建立深圳市社会建设创新项目库，遴选出版《深圳市社会建设创新案例选编》，展示、交流、共享社会建设创新资源。

（2）全面推进社会建设"织网工程"。按照《中共深圳市委办公厅、深圳市人民政府办公厅关于印发〈关于全面推进社会建设"织网工程"的实施方案（试行）〉的通知》规定的时间进度和标准要求，加大各区"织网工程"推进力度。加快实现商事登记及许可审批、社会信用、市场监管、网上办事大厅等信息系统与"织网工程"互联互通，加快建设和完善市公共信息资源库，建立以决策分析支持系统为核心的大数据管理平台，推进全市政务大数据中心建设，试点向社会开放政务数据。完善覆盖市、区、街道、社区的"织网工程"综合信息系统，统一基层社会服务管理信息采集，统一基层社会服务管理事项受理，统一基层社会服务管理事件分拨。建立"自主申报＋基层采集＋业务采集"的信息采集机制和关联比对核验机制。重新梳理部门业务流程，实施基于信息共享条件下的业务流程再造。建立以信息资源共享为核心的政务协同工作机制，优先在教育、卫生、入户、住房等领域实现跨部门业务协同应用。实施信息惠民工程，启动基本公共服务管理与评估信息系统建设，推进社保、医疗、教育、养老、就业、住房保障、公共安全、食品药品安全、社区服务、家庭服务等领域信息化与民生应用的深度融合，进一步发挥信息化对保障和改善民生的支撑性和带动性作用。推动全市统一的市民主页、企业主页和公共服务热线电话建设，为市民和企业提供快捷高效的在线服务。

4. 构建现代社会组织体制

（1）大力培育发展社会组织。深化社会组织登记制度改革，大力培育和发展社会福利、行业协会、公益慈善、社区服务类社会组织。加快出台《深圳市社区社会组织管理与促进办法》，充分发挥社区社会组织参与社区服务管理、提升居民自组织和社会再组织的能力水平。出台《深圳市社区基金会培育发展工作暂行办法》，开展社区基金会试点。以市、区社会组织孵化器（基地）和群团组织的社会组织孵化中心（基地）为依托，构建多方联动的社会组织孵化器集群。探索在前海开展国际经济类社会组织落地试点。

（2）着力规范管理社会组织。制定社会组织综合监管指导意见，明确政府各部门在落实社会组织综合监管方面的职责和分工。建立健全社会组织退出机制，引导活动不正常、运作能力弱、社会认可度低的社会组织有序退出。制定境外社会团体代表机构备案管理试点办法，规范相关机构和个人与境外非政府组织的合作。加强社会组织党建和群团工作，推进实施社会组织党建工作的"双引领双促进"工程。推进社会组织依法自治，完善社会组织法人治理结构，健全内部规章和自律机制。贯彻实施《深圳经济特区行业协会条例》，规范行业协会的组织和行为。加快推动社会组织信息化平台建设，完善社会组织信息公开和公众监督机制。引入独立的社会第三方咨询评价机构，全面开展社会组织等级评估。

（3）推动社会组织在社会治理和服务中发挥作用。编制政府转移职能、购买服务和具备承接资质条件的社会组织等"三个目录"，出台政府购买社会服务实施办法。鼓励和支持社会组织相关服务业发展，支持社会组织在促进产业升级、规范市场秩序、促进社会自治、提升社会廉洁度等方面发挥更大作用。出台具体举措，鼓励、吸引社会力量和民间资本参与发展社会服务业。

（4）加快推进社会工作专业人才队伍建设。研究制定进一步推动社会工作专业人才队伍发展的相关文件。探索建立专业社工人才认定标准，完善专业社工人才培养、评定、使用、晋升及政府购买专业社工人才服务等制度。加强专业社工队伍的教育培训和职业指导，着力提升专业社工的职业素养和业务能力。引导社区各类工作人员通过学习考试，取得专业社工资格，提升服务管理能力。利用前海作为全国人才管理改革试验区的有利条件，加强社工人才深港双向合作和交流。

5. 完善社会建设综合保障和各方参与机制

（1）健全社会建设统筹协调机制。健全社会建设领导体制和运行机制，充分发挥社会建设工作领导小组、"织网工程"工作领导小组的作用，完善社会工作委员会全体会议、主任会议等制度。加强对全市社会建设工作的分类指导，按照不同区域特征、行业特点和存在问题，加强指导工作的针对性。加大对日常和重点工作的督办力度，认真组织日常督查、专项督查和年终实绩考核。实施对各区社会建设工作的考评工作，组织开展指标体系测评和群众满意度调查。

（2）创新社会建设法治保障工作机制。出台《深圳市社会建设法治保障工作计划（2014～2015年）》。加快集体协商、全民健身、居住证、社会救助、食品安全、食用农产品、残疾人社会保障、学校安全管理和无偿献血等社会领域立法。组织开展社区建设、慈善事业发展、"织网工程"等方面的立法可行性研究。加强社会领域行政执法，抓好民生重点领域和重点工作有关法规规章的落实和执行。严厉打击各种危害社会秩序和民生领域的违法犯罪行为。认真落实市民法治素养大提升专项行动。推进法治公益广告宣传方案实施，综合运用多种传播方式，进一步扩大普法的受众面和影响力。

（3）发挥群团组织在社会建设中的桥梁纽带作用。创新工青妇等群团组织参与社会建设工作机制，引导工青妇的职工之家、社区U站、青春家园系列、阳光系列等服务项目在社区落地。继续推进"志愿者之城"建设，动员群团组织积极开展与民生密切相关的各类志愿服务活动。推动群团组织"整体打包"承接政府相关领域公共服务项目。

（4）完善社会建设综合保障机制。加强市、区社工委领导班子建设和干部队伍作风建设，实行市、区社工委机关干部联系街道（社区）制度。加强街道层面社会建设工作力量，提高推进工作部署落实的领导力和执行力。建立社会建设资金保障机制，加大市、区两级社会建设资金投入力度，带动牵引各类社会组织、企业、个人参与社会建设。继续联合高等院校、党校等机构组织开展专题培训。

（5）推进社会建设咨询和调研工作。成立市社会建设咨询委员会，健全咨询委员会运作机制，组织委员围绕社会建设重大问题、重要决策、重点工作开展咨询、研讨和调研。启动"十三五"深圳市社会建设专项规划研究。分类组织市民群众社会心理专题调查。开展深圳市社会领域形势分析与预测，发布《深圳市社会建设蓝皮书》。

（6）推进社会建设宣传工作。整合各类媒体资源，及时发布社会建设资讯，展示社会建设工作的目标任务、进度和落实情况等，营造有利于社会建设工作共建共享的良好舆论氛围。加快建立和完善公益广告宣传保障机制，强化各类媒介发布公益广告的主体责任，加大公益广告投放量。提高城市公共文明水平，广泛宣传《深圳公共文明公约》，抓好《深圳市基层（街道）文明创建和社会建设基本工作指标体系》落实。

（7）创新社会建设多方参与和监督机制。拓宽党群干群联络渠道，充分发挥党员干部联系群众的桥梁纽带作用。进一步发挥党代表、人大代表和政协委员的作用，组织开展社会建设工作专题视察以及各类议政、协商活动。制定企业社会责任评价标准，发布深圳企业社会责任指数，推进企业社会责任建设。探索研究社会企业培育办法，推动社会企业壮大发展。创新市民群众参与社会建设的形式，加强"直通车"、"民心桥"、"我说深圳事"、"代表议事会"、"委员议事厅"等平台建设，深入开展深圳关爱行动、社区邻里节、幸福活动周等活动。

二 建立社会建设量化评价指标体系的意义和作用

2004年，十六届四中全会提出"社会建设"，特别是十七大以来，一些地方政府积极探索加强和推进社会建设实践工作，取得了一些成绩，但总的来说还处于摸着石头过河阶段。其中很重要的原因在于没有建立一套社会建设评价指标体系，这使得地方政府不仅无法测量社会建设现状，也无法考核督促领导班子和领导干部抓好社会建设，如此，社会建设工作就很难推进。[①] 在国内诸多上级政府给被考核的下级政府领导班子设定的评价指标体系中，虽然逐渐从片面的经济指标

---

① 李晓壮：《地方政府社会建设绩效评估研究》，北京工业大学博士学位论文，2012。

体系向经济与社会协调发展的指标体系过渡，涉及社会建设方面的评价指标如失业率、社会保障覆盖率、农村新型合作医疗参合率、重大刑事案件破案率、义务教育目标完成率等方面，但总体上来看，这些指标所占的比重偏轻，且缺乏系统的通盘考虑，从而难以反映社会建设的全貌。① 目前，国内的一些城市，如北京、上海、成都等，都在尝试构建专门的社会建设政府绩效评价或考核指标体系，但大都处于研究酝酿阶段，尚未正式发布。深圳市在这项工作上走在了全国前列，继续完善深圳市社会建设评价指标体系，不仅对于推动深圳的社会建设工作具有重要意义，而且对于全国的社会建设亦有极强的示范意义。

由于社会建设包含的内容众多和造成的社会后果严重，如何测量各种社会政策施行的后果和社会建设的水平也不是一件简单的事情。单一社会指标只能反映社会建设某一侧面、某一属性的信息，而社会建设的发展变化是多因素、多层次、多系统综合作用的结果，因此必须建立多指标的综合评价体系，从各个方面来反映社会建设的总体态势和绩效状况。

社会建设综合评价指标体系能够发挥的功能和作用包括：①约束功能。通过将社会建设的责任与个人利益、组织利益直接挂钩，使地方政府对社会建设的结果负责，落实地方政府加强社会建设的责任。②导向功能。通过地方政府社会建设实绩考核，起到突出社会建设，扭转以往经济建设单边独进的政府工作方式的作用，有利于促进地方政府树立科学发展的政绩观。③监测功能。通过社会建设实绩考核，可测量不同社会建设领域的进展情况，促进社会各界对社会建设状况的了解，并采取比较一致的积极态度和行动。④决策功能。通过评估结果的反馈，及时发现问题、找出差距、总结经验教训，为制定未来社会建设发展战略规划提供科学决策依据。

---

① 陈天祥：《政府社会建设绩效评估框架体系探讨》，《中山大学学报》（社会科学版）2009年第2期，第166~176页。

三 指标体系设计原则

在制定深圳社会建设评价指标体系时，应遵循下列一般性原则：①理论原则，即符合理论界的主流观点，有深厚的理论基础。②政策原则，即依据中央文件，有很强的政策性。③深圳实际原则，即符合深圳实际，针对深圳问题。④促进工作原则，即根据全市社会建设的工作需要，有利于促进各区党政开展工作。⑤上下衔接原则，即要衔接广东省评价全省的幸福广东和社会建设评价指标体系，但不等同。⑥统计学原则，即要遵循统计学有关指标体系和指标设置的一般要求。

除此而外，以下几个具体原则也需要特别强调。

1. 将指标体系建立在对社会建设内涵和政府社会建设职能的深入理解上

指标体系的建立必须是"自上而下"的，而非"自下而上"的。所谓"自上而下"，是指先有对社会建设内涵和政府社会建设职能的深入理解，然后将之层层解析，最后形成指标体系。如此建立的指标体系，内隐一个明确的理论（概念/逻辑）架构作为支撑，每一个指标在这个体系中都有确切的不可替代的位置，都从一个侧面反映了概念的某个维度。有了这个理论架构，才能确保指标体系既不会遗漏重要的概念维度和相应的指标，也不会对同一个概念维度做过度测量（设置过多指标）。"自下而上"的指标体系构建方法则是先有指标，对指标进行排列组合后形成指标体系。两种方式形成的指标体系在形式上可能是十分相似的，但却存在质的不同。

2. 将社会建设的长远发展目标和短期工作目标结合

有一种观点认为，这样一个指标体系应该全部由社会建设的年度工作任务指标组成，而我们认为应该把社会建设的长远发展目标和短期工作目标结合起来。在经济发展领域，我们曾经有过很多短视的行为，追求短期的经济效益，但却不利于经济的长期健康发展。一般来说 GDP 提高是件好事，但当 GDP 和官员的政绩联系起来，却容易导致对GDP不计代价的疯狂追求。在社会建设领域，如果只有短期工作目标，易引发社会建设领域的短视行为，导致地方政府为了政绩盲目追求评价指标的"大跃进"，从而忽视社会发展的长远和根本目标。

3. 尽量精简指标的数量，并注意指标的可比性问题

建立指标体系的目的就是为了用尽量少的指标反映尽可能多的信息，因此指标并非越多越好，而是在满足需要的前提下越少越好。指标过多，可能造成不必要的信息冗余，相应地增加评价工作的行政成本。对于概念的同一维度，不宜设置过多的指标。对于彼此之间相关程度较高的指标，保留其中之一即可。各区（新区）之间不具有可比性的指标不应纳入指标体系。

四　指标体系的概念框架

前面我们介绍了，西方发达国家的政府绩效评估模式已经从注重效率（投入/产出）的评估，发展为注重实际效果评估、管理过程和能力评估的模式。深圳市社会建设评价指标体系正是对区级政府社会建设绩效的一种评价。按照上述思路，我们将整个指标体系划分为"结果"和"能力"两大部分，前者是对社会建设的成效、结果的评价，后者则是对社会建设的过程和能力的评价。社会建设能力对于社会建设而言只具有工具和手段的意义，但对于政府的"社会建设工作"而言，提升社会建设的能力也是重要的工作目标，因此二者在某种意义上都是对"结果"的评价。

社会建设的"结果"反映在个人层面，就是居民生活质量的提高，或者说人的全面发展；反映在社会层面，则是社会结构的优化和社会的良性运行。因此在社会建设的"结果"之下，我们设置了"居民生活质量"和"社会结构运行"两大类指标。以居民生活质量的提升作为考察社会建设成效的重要方面，凸显了社会建设以人为本的原则和理念。2013年的联合国《人类发展报告》提出了"社会能力"

概念，认为这是一种超越个人的人类发展①。因此对社会建设"结果"的考察不能仅在个人层面进行，还应在社会层面进行。所谓社会结构，是社会的一种静态特征，反映社会中各种比例关系的协调适度；社会运行则反映社会的动态特征，指的是社会安全、稳定、和谐地运转。

提供公共服务和开展社会管理是政府的两种基本职能，也是政府推动社会建设的两种最基本的手段。政府开展社会建设的过程和能力体现在提供公共服务的水平和开展社会管理的能力上。因此在"能力"之下，我们设置了"公共服务水平"和"社会管理能力"两大类指标。政府公共服务是与民生需求相对应的，政府通过提供各种公共服务满足各项民生需求，凸显了我们今天的社会建设是以民生为重点的社会建设。一般关于社会管理的指标体系（此类指标体系还很少）多侧重以社会运行状况来衡量政府社会管理的绩效，本指标体系则侧重衡量政府社会管理的能力。

通过居民各种需求的满足程度可以衡量居民生活质量的高低。我们将人的基本需要划分为生存、发展和享受三个层次，相应地设置了物质生活、人力资源和精神文化三个子指标。其中，收入、消费是生存的基本条件，教育、健康和就业则反映了人的发展潜力，休闲娱乐和公共文明则反映了人的精神需求的满足程度。

社会结构运行部分划分为社会结构和社会运行两个子系统。其中，社会结构主要包括人口、职业、阶层、城乡和收入分配结构。深圳市名义上没有农村和农村人口，因此不存在城乡结构问题。不过，深圳还是存在公共服务的区域均等化问题，只是这个问题暂时还没有

---

① 2013年联合国《人类发展报告》指出：脱离社会，个人生活将难以过得富足，甚至难以维持正常。但人类发展理念的本质却是关注个人，并假设发展是对个人能力或自由的扩展。然而，现实生活中却的确存在一些会影响到个人但又不能从个人层面来评价的社会方面（例如家庭或社区的生活状况），因为这些方面都是建立在社会关系的基础上，并在评价社会团结和社会融合时作为一个整体来考虑的。每个人都与其他人存在某种联系。社会制度会影响个人身份和选择。而健康和谐的社会则是个人安居乐业的必要前提。因此，人类发展理念的任务之一便是探索有利于人类发展繁荣的社会制度性质。对发展进行评价时不仅要看其对个人能力产生的短期影响，还要看其是否推动社会向有利于人类发展繁荣的方向前进。社会环境不仅会影响到当今人们的个人发展，还会影响到子孙后代。

找到好的指标，因此暂未纳入指标体系。深圳各区由于功能各不相同，因此就业结构不太具有可比性，也未纳入指标体系。社会运行部分我们设置了社会治安、社会稳定、公共安全和诚实守信等子指标。其中，社会治安是指打击违法犯罪等破坏社会秩序的行为，社会稳定的重点在于化解各类社会矛盾，公共安全则包括安全生产、食品（药品）安全、消防安全和公共卫生等内容，诚实守信则是深圳特色的内容，深圳一向较为重视社会信用体系的建设。此外，社会公平、社会活力也属于社会运行的范畴，但因为缺乏客观指标，所以没有单列。

公共服务水平部分，根据民生需求的层次，可以把公共服务划分为四个层次，分别是投入水平、社会保障、社会服务和社会事业。满足基本民生需求的是社会保障，涉及"衣食住行"中的"衣食"部分，包括社会保险、社会救助和社会福利等内容；更高层次的是满足"住行"等基本需求的各种社会服务；再高是科教文卫等各种社会事业，满足的主要是精神文化方面的民生需求。社会保障和社会事业的概念比较清晰，社会服务部分实际上是国务院发布"国家基本公共服务体系"中除去社会保障和社会事业之外的内容，包括就业服务、住房保障和人居环境三部分。可以说，这三部分完整地包含了所有基本公共服务的内容。

社会管理的能力可从主体和载体两个方面衡量。社会组织和公众（包括专业社工和志愿者）是除政府之外的重要社会建设和管理的主体。载体则是各类主体发挥社会管理功能的平台或空间，包括社区、基层党组织和数字化网格等。社会领域党建工作是北京市社工委的重要工作内容之一。北京市针对商务楼宇已经成为许多城市非公经济组织和新社会组织的主要集中点的现实，推行"党务进楼宇"，在完善城市基层治理结构的同时，实现了党的组织和党的工作对非公经济组织、新社会组织的全面覆盖。但深圳在这方面似乎强调得不够，有待加强。织网工程则是衡量区级政府利用现代信息化手段开展社会管理的能力。

根据以上思路，我们形成了深圳市社会建设评价指标体系的基本结构（见图 6-1）。

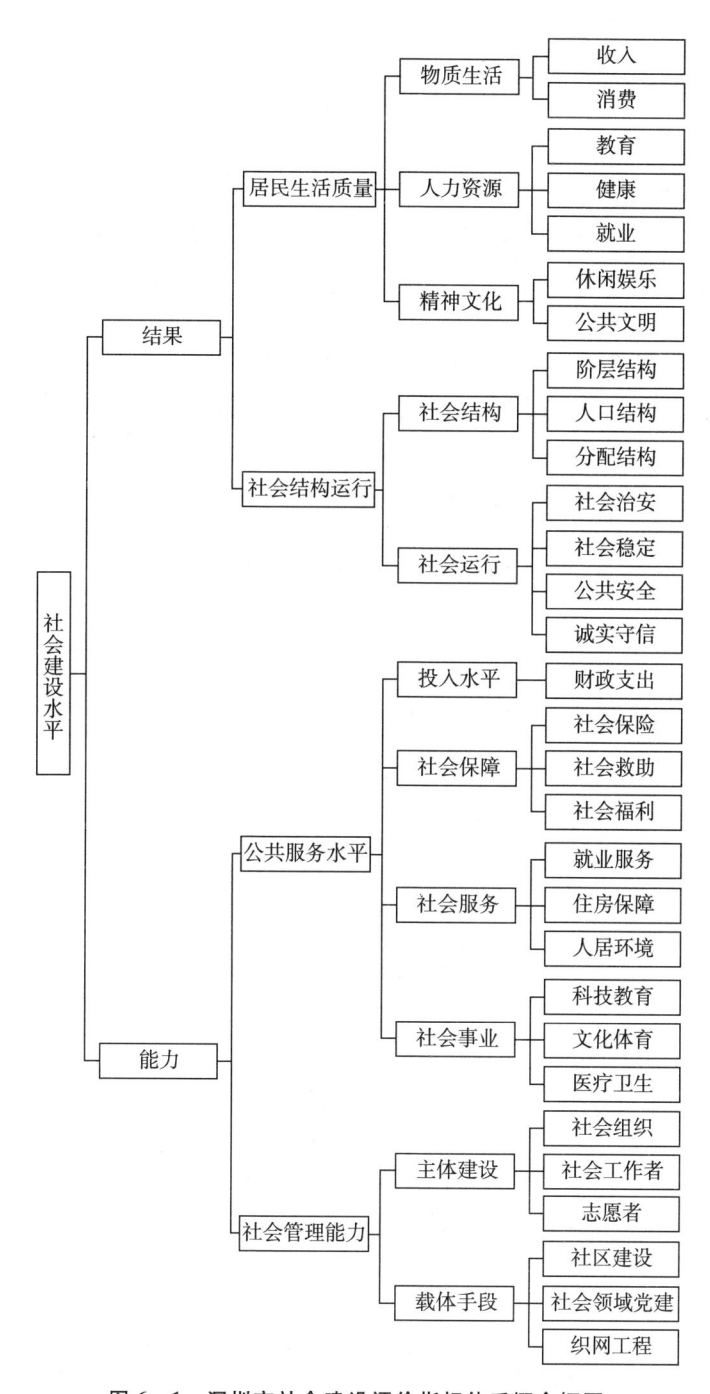

```
                                                   ┌── 收入
                                    ┌── 物质生活 ──┤
                                    │              └── 消费
                                    │              ┌── 教育
                       ┌── 居民生活质量 ── 人力资源 ─┤── 健康
                       │            │              └── 就业
                       │            │              ┌── 休闲娱乐
                       │            └── 精神文化 ──┤
           ┌── 结果 ──┤                            └── 公共文明
           │           │                           ┌── 阶层结构
           │           │              ┌── 社会结构 ─┤── 人口结构
           │           │              │            └── 分配结构
           │           └── 社会结构运行┤            ┌── 社会治安
           │                          │            ├── 社会稳定
           │                          └── 社会运行 ─┤── 公共安全
社会建设水平┤                                       └── 诚实守信
           │                          ┌── 投入水平 ── 财政支出
           │                          │            ┌── 社会保险
           │           ┌── 公共服务水平── 社会保障 ─┤── 社会救助
           │           │              │            └── 社会福利
           │           │              │            ┌── 就业服务
           │           │              ├── 社会服务 ─┤── 住房保障
           │           │              │            └── 人居环境
           └── 能力 ──┤              │            ┌── 科技教育
                       │              └── 社会事业 ─┤── 文化体育
                       │                           └── 医疗卫生
                       │                           ┌── 社会组织
                       │              ┌── 主体建设 ─┤── 社会工作者
                       └── 社会管理能力┤            └── 志愿者
                                      │            ┌── 社区建设
                                      └── 载体手段 ─┤── 社会领域党建
                                                   └── 织网工程
```

图 6-1 深圳市社会建设评价指标体系概念框图

五 指标筛选

综合深圳原社会建设评价指标体系、社会建设及相关指标体系的研究以及《深圳社会建设年鉴》提供的相关信息，我们构造了一个备选指标池（见表6-1）。

表6-1 深圳社会建设评价指标体系备选指标池

序号	类别	中类	小类	指标
1	居民生活质量	物质生活	收入	*人均可支配收入
2				城镇居民人均可支配收入年均增长（%）
3				在岗职工平均工资
4			消费	#人均消费支出
5				*恩格尔系数
6				#人均生活用电量
7				#每百户家用汽车拥有量
8		人力资源	教育	*平均受教育年限
9				#大专以上文化程度占6岁以上人口比重
10				#每万人口在校大学生人数
11				每万职工拥有专业技术人员数
12			健康	*平均预期寿命
13				城乡居民平均期望寿命增加（岁）
14				婴儿死亡率（每千人的死亡率）
15				孕产妇死亡率
16				5岁以下儿童平均死亡率
17				*#居民体质达标率
18				儿童青少年体质合格率
19				传染病发病率
20				居民两周患病率
21			就业	*城镇登记失业率
22				城镇调查失业率
23				±残疾人就业率
24				从业人员占总人口的比例

续表

序号	类别	中类	小类	指标
25	居民生活质量	精神文化	休闲娱乐	每周工作时长（闲暇时间）
26				文娱用品占居民生活消费总支出比重
27				人均旅游花费
28				旅游人次数
29				体育人口（经常参加体育锻炼人数）
30				#人均定销报纸数
31				#人均定销杂志数
32			公共文明	公共文明指数
33	社会结构运行	社会结构	阶层结构	±国民经济各行业平均工资标准差系数
34				中产阶层占就业人口比例
35				*人均可支配收入最高最低收入户差异倍数
36				基尼系数
37			人口结构	±常住人口增长率
38				#户籍人口比重（增长率）
39				#出生人口性别比
40				#性别比
41				#人口自然增长率
42				人口抚养比
43				劳动年龄人口比重
44				#65岁及以上老年人口比例
45				#人口密度
46			分配结构	*人均可支配收入发展速度与人均GDP发展速度之比
47				工资收入占GDP比重
48				居民收入增幅与财政收入增幅之比
49		社会运行	社会治安	±社会治安满意度
50				#每万人刑事立案数
51				#刑事案件破案率
52				*每万人暴力案件立案数
53			社会稳定	*每十万人群体性事件数
54				医患纠纷解决率
55				基层社会矛盾纠纷调处率

续表

序号	类别	中类	小类	指标
56	社会结构运行	社会运行	社会稳定	信访事项按期办结率
57				#离婚率
58				#劳动争议立案率
59				#劳动争议结案率
60				*劳动人事争议仲裁累计结案率
61				#民事案件调解率
62				±法院生效案件执行率
63			公共安全	±药品安全抽样合格率
64				*药品安全指数
65				±食品生产监督抽查合格率
66				*食品安全指数
67				±主要农产品质量安全监测超标率
68				*亿元GDP生产安全事故死亡率
69				亿元GDP重伤率
70				#交通事故直接经济损失下降率
71				#道路交通安全万车死亡率
72				万车重大交通事故发生率
73				#每万人交通违法总数
74				重大火灾事故发生数量
75				#火灾直接财产损失下降率
76			诚实守信	查办制假售假（欺行霸市、商业贿赂）案件数量（增长率）
77				*生效案件执行率
78				征信系统信息量
79	公共服务水平	投入水平	财政支出	重点民生领域财政支出增长率
80				社会资本投入公共事业增长率
81				±社会服务产业增加值占GDP比重
82				人均政府购买社会服务资金
83				*基本公共服务支出占财政一般预算支出比重
84			社会保障	社会保险	±职工基本养老保险参保率
85					*基本社会保险覆盖率
86					±每千名户籍老人机构养老床位数

续表

序号	类别	中类	小类	指标
87	公共服务水平	社会保障	社会保险	城镇职工五项保险参保率
88				基本养老金平均增加水平
89				#异地劳务工医疗保险参加率
90			社会救助	居民最低生活保障覆盖率
91				#居民最低生活保障人数
92				#城市低保资金年度增长率
93				弱势群体的救助率
94				*法律援助率
95			社会福利	儿童社会福利机构床位数
96				±每千名户籍老人养老机构床位数
97				*每万人拥有收养性社会福利单位床位数
98				#人均社会捐赠款数
99		社会服务	就业服务	城镇零就业家庭就业率
100				接受再就业技能培训后就业率
101				#就业困难对象再就业率
102				#城镇下岗失业人员再就业率
103				#新增人口就业率
104				每十万人职业介绍机构数
105				公益性社会岗位数
106				在职培训参与率
107				#培训机构培训人次
108				失业人员技能培训人数
109				#享受各项就业扶持政策（如职业培训补贴）的比重
110				#集体合同签订率
111				#劳动监察涉及劳动者比例
112			住房保障	±保障性住房建筑面积增幅
113				*住房保障工作目标责任完成率
114				人均保障性住房完成投资额
115				当年住房公积金参建人数净增长率
116				住房公积金缴存覆盖率
117				#住宅销售价格指数

续表

序号	类别	中类	小类	指标
118	公共服务水平	社会服务	住房保障	#住宅租赁价格指数
119				房价收入比
120			人居环境	±公共交通出行分担率
121				*公交站点500米覆盖率
122				#公共交通客流量
123				#旅客周转量
124				高峰时段平均车速
125				*每万人公交车辆拥有量
126				人均城市道路面积
127				#机场旅客吞吐量
128				噪声扰民举报量
129				环境噪声达标区面积
130				城市空气质量达标率
131				年空气污染指数平均值
132				城市每万人公共厕所数
133				#城镇生活污水处理率
134				#生活垃圾无害化处理率
135				基层公共文化设施建设覆盖率（%）
136				每万人限额以上批零、住宿、餐饮企业数
137				城镇每万人便民利民网点数
138				人均公（共）园绿地面积
139				城市燃气普及率
140				每万人邮电营业网点数量
141				#互联网宽带用户
142				#数字电视用户比重
143				#城市照明装灯总功率
144		社会事业	科技教育	*义务教育规范化学校覆盖率
145				*规范化幼儿园达标率
146				每万人发明专利数
147				±高中入学率
148				±高等教育毛入学率

续表

序号	类别	中类	小类	指标
149	公共服务水平	社会事业	科技教育	九年义务教育实现率
150				每百名在校学生拥有专任教师数
151				普通高考录取率
152				初、中、高等教育生师比
153				流动儿童接受义务教育比例
154				±人均公共图书馆图书藏量
155			文化体育	文化产业增加值占国内生产总值的比重
156				人均文化事业费
157				*每万人拥有公共文化设施面积
158				人均体育场地面积（平方米）
159				#举办1000人以上的群体健身活动次数及参加人数
160				#影院座位数
161				#电影观众人数
162			医疗卫生	*每千人病床数
163				*每万人执业医生数
164				#每万人卫生机构数
165				医师人均每人担负诊疗人次
166				*基层卫生机构诊疗量占全市总诊疗量的比重
167				社区卫生服务人口覆盖率
168				*符合政策生育率
169	社会管理能力	主体建设	社会组织	*每万人社会组织数
170				新增社会组织数量
171				购买社会组织服务资金数
172				#基层工会涵盖率
173			社会工作者	*每万人持证社工人数
174			志愿者	注册志愿者人数（万人）
175				*注册志愿者人数占常住人口的比重
176		载体手段	社区建设	社区公益项目数
177				±社区服务设施达标率
178				每万人口社区服务设施数

续表

序号	类别	中类	小类	指标
179	社会管理能力	载体手段	社区建设	*社区服务中心覆盖率
180				±居委会直选率
181				社区（村）依法自治达标率
182			社会领域党建	社会领域党组织覆盖率
183				两新组织党组织覆盖率
184				社会组织党员纳入管理率
185			织网工程（网格化管理）	城市网格化社会服务管理覆盖率
186				社区服务管理信息化网络覆盖率
187				信息服务平台使用率
188				视频监控系统覆盖率
189				数字化城管覆盖率
190				社会管理综合信息系统覆盖率
191				±非户籍人口和出租屋登记率

注：指标前加 * 号者为2013年深圳市社会建设考核指标体系中的指标，加 ± 号者为2011年深圳市社会建设考核指标体系中的指标，加#号者为《深圳社会建设年鉴》中的指标。

接下来要做的工作是对上述备选指标进行筛选。对于指标的筛选可以在指标和指标体系（量表）两个层面上进行。指标层面的筛选是指就指标的代表性、敏感性、鉴别度、数据可得性、可比性等属性进行定性或定量的分析，以确定哪些指标进入最终的指标体系。指标体系层面的筛选是指计算指标之间的相关性，以去除部分相关程度较高的指标，减少指标体系的数据冗余，或者计算整个指标体系的信度和效度，以去除那些不能给指标体系带来更高信度和效度的指标。指标体系层面的筛选方法主要是一些定量分析。由于我们无法获得所有备选指标的分区数据，所以指标体系层面的筛选难以开展，这部分我们将主要从指标层面进行指标筛选工作。

为了进行指标层面的筛选，我们制定了一个衡量指标的指标体系。这个指标体系包含三类指标："概念关联"类反映的是指标与社会建设内涵的吻合程度，"统计质量"类反映的是指标的数据质量，

"深圳特色"类反映的是指标为深圳所独有的程度。"概念关联"下有3个评价标准：代表性亦即指标的表面效度，也就是指标衡量社会建设某一侧面内涵的能力；灵敏性是指指标对政策干预的敏感性，地方政府能够在较短的工作周期内施加影响；方向性是指指标值的高低能够反映社会建设某一方面水平的高低，不存在模糊不清之处。"统计质量"下有5个评价标准：可比性是指指标在深圳的10个行政区之间具有可比性；鉴别度是指指标值在被评价对象之间具有一定的差异；稳定性是指指标值年度之间的变化比较平稳，不会出现大起大落的情况；及时性是指评价是按年度进行的，应该每年都能及时得到指标的最新数据；公认性是指指标为常见的社会指标，特别是属于官方统计指标。"深圳特色"下有3个评价标准：重要性是指指标反映的是当年深圳社会建设的重点工作；原指标是指指标也是原有深圳社会建设考核指标体系的指标，这样做的目的是尽可能保持工作的连续性和稳定性；特有性是指指标是深圳独具或特有的，能够反映深圳特殊市情的。按照符合上述标准的程度，可以给各个备选指标打分（括号中的数字为完全满足标准时可以获得的最高分数），然后根据指标得分情况对指标做出取舍。

表6-2 用于筛选指标的"指标体系"

概念关联（30）	统计质量（40）	深圳特色（30）
代表性（15） 灵敏性（10） 方向性（5）	可比性（10） 鉴别度（10） 稳定性（10） 及时性（5） 公认性（5）	重要性（15） 原指标（10） 特有性（5）

我们首先根据经验为每个三级指标选择1～3个四级指标作为备选，然后对所有备选的四级指标分别按上述11个方面进行打分，各个指标的得分结果见表6-3。对于每个三级指标，选择总分最高的四级指标（个别选了得分最高的2个指标）入选最后的指标体系。

表6-3 指标筛选打分表

类别	备选指标	代表性 15	灵敏性 10	方向性 5	可比性 10	鉴别度 10	稳定性 10	及时性 5	公认性 5	重要性 15	原指标 10	特有性 5	总分
收入	人均可支配收入	15	10	5	10	10	10	5	5	15	10	0	95
	在岗职工平均工资	12	10	5	10	10	10	5	3	12	0	0	77
消费	恩格尔系数	15	8	5	8	8	10	5	5	15	10	0	89
	每百户家用汽车拥有量	10	7	5	6	8	10	4	3	10	0	2	65
教育	平均受教育年限	15	8	5	8	7	10	5	5	15	10	0	88
	大专以上文化程度占6岁以上人口比重	13	6	5	8	8	10	5	4	13	0	0	74
健康	居民体质达标率	14	4	3	8	6	8	4	5	15	10	0	81
	平均预期寿命	15	7	2	6	5	8	4	5	14	10	0	76
就业	城镇登记失业率	13	6	4	8	4	8	5	4	15	10	0	79
	从业人员占总人口的比例	12	8	5	8	5	7	3	4	10	6	0	57
休闲娱乐	人均定销报纸杂志数	10	8	4	8	4	8	5	4	12	0	0	68
	每万人旅游人数	8	8	5	8	5	8	4	4	10	0	0	60
公共文明	公共文明指数	15	9	5	10	8	8	2	3	15	0	5	79
阶层结构	人均可支配收入最高最低收入户差异倍数	13	8	4	8	9	8	5	4	15	10	3	88
	基尼系数	15	5	3	6	9	8	4	5	15	0	0	76
人口结构	户籍人口比重	13	5	4	8	8	9	5	5	12	0	5	71
	性别比	12	5	4	8	6	10	4	5	10	0	5	69

续表

类别	备选指标	代表性 15	灵敏性 10	方向性 5	可比性 10	鉴别度 10	稳定性 10	及时性 5	公认性 5	重要性 15	原指标 10	特有性 5	总分
分配结构	人均可支配收入发展速度与人均GDP发展速度之比	10	7	3	8	5	8	5	4	14	10	0	74
	国民经济各行业平均工资标准差系数	12	5	3	6	6	8	4	4	13	5	0	66
社会治安	每万人暴力案件立案数	14	8	4	7	7	6	4	4	14	10	0	78
	刑事案件破案率	10	6	7	7	7	6	3	3	10	0	0	59
社会稳定	劳动人事争议仲裁结案率	8	6	7	7	7	7	4	3	13	10	0	72
	每十万人群体性事件件数	13	7	9	7	7	5	3	3	15	10	0	79
公共安全	食品安全指数	15	9	9	9	8	8	4	4	15	10	5	96
	药品安全指数	14	9	9	9	8	8	4	4	15	10	5	95
	亿元GDP生产安全事故死亡率	12	8	8	7	7	6	4	4	12	10	0	78
诚实守信	查办制假售假(散行霸市、商业贿赂)案件数量	10	9	6	6	6	7	3	3	13	0	5	68
	生效案件执行率	11	9	8	7	7	8	4	3	10	10	0	77
财政支出	基本公共服务支出占财政一般预算支出比重	14	9	9	10	10	10	5	5	15	10	0	97
	人均政府购买社会服务资金	11	9	6	8	9	8	5	3	14	0	4	77
社会保险	基本社会保险覆盖率	15	7	9	8	7	10	4	5	15	10	0	90
	异地劳务工医疗保险参加率	10	6	7	7	9	7	3	3	12	0	3	67
社会救助	法律援助率	10	7	8	7	7	7	4	4	11	10	0	75
	居民最低生活保障覆盖率	12	8	6	6	6	9	5	5	12	0	0	69

续表

类别	备选指标	代表性 15	灵敏性 10	方向性 5	可比性 10	鉴别度 10	稳定性 10	及时性 5	公认性 5	重要性 15	原指标 10	特有性 5	总分
社会福利	每万人拥有收养性社会福利单位床位数	15	8	6	6	7	10	5	5	13	10	0	85
	人均社会捐赠款数	13	6	7	7	8	8	4	4	14	0	0	71
就业服务	城镇下岗失业人员再就业率	12	7	6	6	5	7	5	5	12	0	0	65
	集体合同签订率	10	8	6	6	6	7	4	3	10	0	0	60
	享受各项就业扶持政策的比重	14	8	7	7	7	6	3	3	13	0	3	72
住房保障	住房保障工作责任完成率	14	10	8	9	8	9	5	5	15	10	0	80
	人均保障性住房完成投资额	13	10	5	8	7	9	3	4	10	10	0	79
人居环境	公交站点500米覆盖率	13	10	5	8	7	9	3	4	10	10	0	79
	生活垃圾无害化处理率	12	8	5	7	6	9	4	4	10	5	0	70
	人均公(共)园绿地面积	13	6	5	9	7	10	4	4	10	0	0	68
科技教育	义务教育规范化学校覆盖率	10	9	5	7	5	9	4	3	12	10	5	79
	规范化幼儿园达标率	8	8	5	7	6	8	4	2	10	10	5	73
文化体育	每万人拥有公共文化设施面积	15	7	5	8	9	9	4	5	15	10	0	87
	人均体育场地面积	12	7	5	7	9	8	5	4	12	0	0	69
医疗卫生	每千人病床数	15	6	5	7	8	10	5	5	14	10	0	86
	每万人执业医生数	15	8	5	7	8	10	5	5	14	10	0	85
	基层卫生机构诊疗量占全市总诊疗量的比重	12	8	4	7	6	9	4	3	2	10	0	65

续表

类别	备选指标	代表性 15	灵敏性 10	方向性 5	可比性 10	鉴别度 10	稳定性 10	及时性 5	公认性 5	重要性 15	原指标 10	特有性 5	总分
社会组织	每万人社会组织数	5	9	5	8	9	9	5	5	15	10	0	80
	党代表、人大代表、政协委员中社会组织代表比例	13	6	5	9	7	8	3	4	10	0	0	65
社会工作者	每万人持证社工人数	15	9	5	8	10	9	5	5	15	10	0	91
志愿者	注册志愿者人数占常住人口的比重	15	9	5	10	8	9	5	5	15	10	0	91
社区建设	社区服务中心覆盖率	10	8	5	8	6	8	5	4	12	5	5	81
	社区服务设施达标率	8	6	5	8	6	8	4	4	10	5	5	69
	建立社区居民议事会制度的社区覆盖率	10	9	5	8	6	8	4	3	12	0	5	70
社会领域党建	社区综合党委（或党总支）及党代表工作覆盖率	14	8	5	8	7	7	4	3	14	0	0	70
	社会组织党组织覆盖率	10	8	5	8	6	6	4	3	13	0	5	69
	社会组织党员纳入管理率	8	7	5	8	7	8	4	3	10	0	0	58
信息化管理	织网工程年度工作目标完成率	15	9	5	8	8	8	4	3	15	0	5	80
	织网工程覆盖率	13	9	5	7	6	9	4	3	12	0	5	73
	非户籍人口和出租屋登记率	10	9	5	6	7	8	5	4	10	5	0	69

六 指标体系的确定

在对所有备选指标按照上述 11 个方面进行衡量筛选后，我们就得到了最终的深圳市社会建设评价指标体系（见表 6-4）。下面对部分指标的取舍做些说明。

表 6-4 深圳市社会建设政府绩效评价指标体系
（括号中数字为指标权重%）

类别	中类	小类	序号	指标
居民生活质量（20）	物质生活（6）	收入（3）	1	人均可支配收入（3）
		消费（3）	2	恩格尔系数（3）
	人力资源（8）	教育（3）	3	平均受教育年限（3）
		健康（3）	4	居民体质达标率（3）
		就业（2）	5	城镇登记失业率（2）
	精神文化（6）	休闲娱乐（3）	6	人均定销报纸杂志数（3）
		公共文明（3）	7	公共文明指数（3）
社会结构运行（30）	社会结构（12）	阶层结构（4）	8	人均可支配收入最高最低收入户差异倍数（4）
		人口结构（4）	9	户籍人口比重（4）
		分配结构（4）	10	人均可支配收入发展速度与人均 GDP 发展速度之比（4）
	社会运行（18）	社会治安（4）	11	每万人暴力案件立案数（4）
		社会稳定（4）	12	每十万人群体性事件数（4）
		公共安全（6）	13	药品安全指数（3）
			14	食品安全指数（3）
		诚实守信（4）	15	生效案件执行率（4）
公共服务水平（30）	投入水平（5）	财政支出（5）	16	基本公共服务支出占财政一般预算支出比重（5）
	社会保障（7）	社会保险（3）	17	基本社会保险覆盖率（3）
		社会救助（2）	18	法律援助率（2）
		社会福利（2）	19	每万人拥有收养性社会福利单位床位数（2）

续表

类别	中类	小类	序号	指标
公共服务水平（30）	社会服务（9）	就业服务（3）	20	享受各项就业扶持政策的比重（3）
		住房保障（3）	21	住房保障工作目标责任完成率（3）
		人居环境（3）	22	公交站点500米覆盖率（3）
	社会事业（9）	科技教育（3）	23	义务教育规范化学校覆盖率（3）
		文化体育（3）	24	每万人拥有公共文化设施面积（3）
		医疗卫生（3）	25	每千人病床数（3）
社会管理能力（20）	主体建设（10）	社会组织（4）	26	每万人社会组织数（4）
		社会工作者（3）	27	每万人持证社工人数（3）
		志愿者（3）	28	注册志愿者人数占常住人口的比重（3）
	载体手段（10）	社区建设（4）	29	社区服务中心覆盖率（4）
		社会领域党建（3）	30	社会领域党组织覆盖率（3）
		织网工程（3）	31	织网工程年度工作目标完成率（3）

居民生活质量部分："人均可支配收入"和"在岗职工平均工资"都是可以反映收入水平的较好指标，考虑到"在岗职工平均工资"反映的职工收入水平，在指标的代表性上略逊于"人均可支配收入"指标，故选择"人均可支配收入"指标入选最终的指标体系。恩格尔系数较好地反映了消费的层级，每百户家用汽车拥有量则具有数据准确的优点，可作为备用指标。原指标体系中包含"平均预期寿命"和"居民体质达标率"两个反映居民健康水平的指标，建议去掉一个。"平均预期寿命"虽然能更好地反映居民健康水平，但其变化较为缓慢，对年度工作的反应不敏感，故选择"居民体质达标率"指标。原指标体系缺乏反映居民精神文化方面生活质量的指标，建议增加。深圳市每年开展城市居民公共文明的调查，可根据该调查获得的"公共文明指数"衡量居民的文明程度。

社会结构运行部分：深圳市提出适当提高户籍人口比重的工作目标，因此以"户籍人口比重"作为衡量人口结构的指标。性别比例失调一直是深圳人口结构的重要问题，可将"人口性别比"作为衡量人口结构的备选指标。原指标体系中有两个社会稳定类指标体系："劳动人事争议仲裁结案率"和"每十万人群体性事件数",建议只保留一个。考虑到"劳动人事争议仲裁结案率"在指标的代表性上不如"每十万人群体性事件数",故选用后一个指标。原指标体系中关于公共安全共有4个指标:"食品安全指数"、"药品安全指数"、"交通和火灾死亡人口比率"、"亿元GDP生产安全事故死亡率",建议适当予以删减,后两个指标的稳定性较差,建议删除。原指标体系中的"生效案件执行率"指标能够在一定程度上反映社会诚信状况,但在指标的代表性方面不是十分理想,在没有更综合的反映社会信用体系建设指标的情况下暂时保留该指标。

公共服务水平部分:"基本社会保险覆盖率"指标能够较好地反映社会保障水平。但如果"基本社会保险覆盖率"指标的鉴别力较低,也可用"异地劳务工医疗保险参加率"取代该指标。原指标体系中缺乏反映就业服务的指标,建议增加一个相关指标,如"享受各项就业扶持政策的比重",该指标较好反映了就业方面公共服务的力度。原指标体系中有两个反映人居环境(且都反映交通状况)的指标:"公交站点500米覆盖率"和"每万人公交车辆拥有量",建议去掉一个,或者用"生活垃圾无害化处理率"、"人均公(共)园绿地面积"等反映其他方面人居环境的指标替换掉其中一个。原指标体系中有两个科技教育类指标("义务教育规范化学校覆盖率"、"规范化幼儿园达标率"),建议只保留一个。原指标体系中有3个医疗卫生(含人口计生)类指标:"每千人病床数"、"每万人执业医生数"、"符合政策生育率",其中符合政策生育率指标可能鉴别力不强,建议删除,"每千人病床数"、"每万人执业医生数"指标保留一个即可。根据两个指标打分情况,保留前者。

社会管理能力部分:目前尚缺乏综合反映社区建设水平的统计指标,只能根据今年社区工作重点选择一些工作指标。原指标体系中缺乏反映社会领域党建的指标,建议增加一个。原指标体系中也缺乏反映政府利用现代信息技术开展社会管理能力的指标,建议增加。目前"织网工程"是政府在这一领域的主要动作,故选择"织网工程年度工作目标完成率"指标。

七 指标体系的测评方法

在确立了指标体系的构成后，为了达到测评的目的，首先需要根据各个指标重要性的不同，赋予一定的权重。表6-4括号中的数字为我们对各个指标的建议权重，在实际使用中可以根据实际工作的需要略作调整。其次，需要收集各区在各个指标上的数据，并对数据进行无量纲化处理，以便将指标的实际值转化为具有可比性的指数值。最后将各个指标的指数值加权合成为一个综合指数或得分。

指标数据无量纲化的方法主要有两种思路：一种是将指标实际值与目标值相比，以目标完成度作为无量纲化数据参与指数合成；另外一种是根据指标实际值在全市各区中的相对位置确定指标的指数值。前一种思路的好处是最后的综合指数具有较为明确的实际经济社会意义，反映了目标综合实现情况。后一种思路着重考察各区的相对位序，因而综合指数的区分度更佳。

第一种无量纲化处理方式中，作为比较基准的目标值可以是全市目标值，也可以针对每个区分别制定目标值。之前深圳市是采用为每个区分别制定目标值的方式。这种方式的好处是可以根据各个区不同的基础条件设定不同的目标值，避免了起点不同而产生的不可比性，能够更好地反映近期实际工作的成效。但这种方式也存在明显弊端：一是为每个区分别制定目标值工作量大，且难以保证客观性；二是这种评价实际上侧重的是对增量的评价（各区合理增量的实现程度），而非存量评价与增量评价合二为一。因此，我们建议，如果继续采用目标评价法的话，全市应设立统一的目标值。由此得出的综合评价分数可充分反映各个区社会建设的存量水平。对增量的评价则可以通过年度评价分数的增减反映出来。如此才能通过一次评价既反映社会建设的绝对水平又反映社会建设的进步水平。

如果评价的重点不在目标的完成情况，而是各区的相对位序，也可以考虑第二种指标无量纲化方法。这种无量纲化方法又有值域法和标准分两种类型。值域法的值域确定通常使用指标最大值与最小值的差值，这种方式容易受到一些极端值的干扰，因此我们推荐把指标原始值转换为标准分的方法。根据各指标标准分合成的综合指数较好地反映了某区在全市的相对位序，年度间综合指数的变化则反映了相对位序的提升或下降，由此反映了各区年度工作的成效。

参考文献

安德森:《福利资本主义的三个世界》,古允文译,台湾巨流图书公司,1999。

柏克:《自由与传统》,蒋庆等译,商务印书馆,2001。

查尔斯·泰勒:《市民社会的模式》,载邓正来、亚历山大编《国家与市民社会:一种社会理论的研究路径》,中央编译出版社,1999。

陈远章:《社会风险预警指标体系及其实证研究》,《系统工程》2008年第9期。

陈天祥:《政府社会建设绩效评估框架体系探讨》,《中山大学学报》(社会科学版)2009年第2期。

陈天祥等:《社会建设与政府评估指标体系研究》,东方出版中心,2010。

陈友华:《全面小康社会建设评价指标体系研究》,《社会学研究》2004年第1期。

邓大松、孟颖颖:《论中国特色社会主义社会建设中的"民生"问题——兼论改革发展成果全民共享的"五有"新目标》,《西北大学学报》(哲学社会科学版)2008年第6期。

丁元竹:《中国社会建设:战略思路与基本对策》,北京大学出版社,2008。

段华明:《述论国外社会建设理论和实践》,《经济与社会发展》2009年第9期。

范柏乃、段忠贤、张兵:《中国地方政府社会管理绩效测评量表编制及应用》,《上海行政学院学报》2012年第6期。

韩跃民:《我国社会主义社会建设基本问题研究》,中共中央党校博士学位论文,2012。

黑格尔:《法哲学原理》,范杨、张企泰译,商务印书馆,1995。

霍布斯:《利维坦》,黎思复、黎廷弼译,商务印书馆,2013。

胡光伟:《和谐社会与社会建设》,《四川党的建设》(城市版)2007年第2期。

贾建芳:《中国社会建设的阶段性特征》,《学习论坛》2009年第7期。

贾玉娇:《社会建设:利益协调与有序社会》,《重庆大学学报》(社会科学版)2012年第 4 期。

姬志洲、林伯海:《完善社会公共事件预警指标体系的设计》,《求索》2007 年第 7 期。

经济合作与发展组织:《OECD 系列报告社会概览 2011 经济合作与发展组织社会指标》,国家行政学院出版社,2012。

科恩、阿雷托:《社会理论与市民社会》,载邓正来、亚历山大编《国家与市民社会:一种社会理论的研究路径》,中央编译出版社,1999。

科瑟:《社会学思想名家》,石人译,中国社会科学出版社,1990。

李彬、田皓:《社会事业评价指标体系的建立及应用》,《统计与决策》2005 年第 15 期。

李剑:《基本公共服务评价指标体系研究》,《商业研究》2011 年第 5 期。

李林杰、齐娟、王杨等:《民生质量评价指标体系研究》,《统计与决策》2012 年第 17 期。

李培林:《社会建设与我国新发展阶段的战略选择》,《中共中央党校学报》2011 年第 6 期。

李培林、苏国勋、张旅平等:《和谐社会构建与西方社会学社会建设理论》,《社会》2005 年第 6 期。

李庆宝:《浅议市场经济条件下社会建设的主体、内容和路径》,《理论前沿》2007 年第 10 期。

李学举:《加强社会建设和管理推进社会管理体制创新》,《中国民政》2005 年第 4 期。

李晓壮:《地方政府社会建设绩效评估研究》,北京工业大学(博士学位论文),2012。

林宝:《民生问题预警指标体系的构建》,《统计与决策》2010 年第 19 期。

卢梭:《社会契约论》,何兆武译,商务印书馆,1980。

陆学艺:《当代中国社会建设》,社会科学文献出版社,2013。

陆学艺:《关于社会建设的理论和实践》,《国家行政学院学报》2008 年第 2 期。

陆学艺:《关于社会建设的理论和实践》,《北京工业大学学报》(社会科学版)2009 年第 1 期。

陆学艺:《社会建设就是建设社会现代化》,《社会学研究》2011 年第 4 期。

陆学艺:《中国社会建设与社会管理 对话·争鸣》,社会科学文献出版社,2011。

洛克:《政府论》(下),叶启芳、瞿菊农译,商务印书馆,1997。

马力昉:《以人为本:中国共产党社会建设思想的核心理念》,《学理论》2010 年第 1 期。

马歇尔:《公民身份与社会阶级》,载郭忠华、刘训练编《公民身份与社会阶级》,江苏人民出版社,2007。

密尔:《代议制政府》,商务印书馆,1982。

民生统计研究课题组:《北京市民生统计指标体系建设研究》,《数据》2010年第7期。

莫艳云:《加快推进以改善民生为重点的社会建设之我见》,《学理论》2010年第10期。

潘叔明:《社会主义和谐社会理论及其实践》,《发展研究》2005年第6期。

潘西华:《当代国外学者关于社会建设理论研究综述》,《思想理论教育导刊》2006年第10期。

齐心、梅松:《大城市和谐社会评价指标体系的构建与应用》,《统计研究》2007年第7期。

任春华:《关于社会建设的理论思考》,《学习与探索》2008年第3期。

社会治安动态预警研究课题组:《社会治安预警指标体系及其实现途径》,《中国人民公安大学学报》(社会科学版)2009年第3期。

沈晓辉:《社会建设与人的全面发展》,《湖南社会科学》2008年第1期。

施展:《迈斯特政治哲学研究——鲜血、大地与主权》,法律出版社,2012。

宋贵伦:《北京社会建设概论》,中国人民大学出版社,2013。

孙远太:《从分化到合作:当代社会建设的政治意蕴》,《理论月刊》2012年第7期。

孙本文:《关于社会建设的几个基本问题》,《社会学刊》1936年第5卷第1期。

孙本文:《社会学原理》,《孙本文文集》第1卷,社会科学文献出版社,2012。

孙本文:《社会建设的基本知识》,《孙本文文集》第9卷,社会科学文献出版社,2012。

孙中山:《建国方略》,辽宁人民出版社,1994。

孙中山:《三民主义》,九州出版社,2011。

谭桂娟:《中国共产党引领社会建设的历史经验》,《中共云南省委党校学报》2010年第5期。

汤柏生、章建雷、张秀明等:《构建宁波社会管理创新评价指标体系的探讨》,《宁波经济(三江论坛)》2012年第5期。

唐皇凤:《稳定与发展双重视阈下的中国社会建设》,《人文杂志》2013年第6期。

陶希东:《浦东之路——社会建设经验与展望》,上海人民出版社,2010。

滕尼斯:《共同体与社会》,林荣远译,商务印书馆,1999。

涂尔干:《自杀论》,钟旭辉等译,上海人民出版社,1989。

万资姿:《人的全面发展 从理论到指标体系》,中央编译出版社,2011。

王利华:《"三才"理论:中国古代社会建设的思想纲领》,《天津社会科学》2008年第6期。

王思斌:《社会学教程》,北京大学出版社,2010。

王威海、陆康强:《社会学视角的民生指标体系研究》,《人文杂志》2011年第3期。

吴忠民:《和谐社会研究综述》,《人民日报》2005年7月24日。

谢立中：《我国社会发展综合评价指标的再探讨》，《南昌大学学报》（社会科学版）1994年第1期。

谢立中：《社会发展：理论·评估·政策》，社会科学文献出版社，2012。

谢立中：《社会现实的话语建构——以"罗斯福新政"为例》，北京大学出版社，2012。

谢立中编《民族复兴与世界联邦：余天休社会科学论集》，北京大学出版社，2008。

夏学銮：《我国历史上的社会建设理论研究》，《学习与实践》2007年第7期。

邢占军等：《公共政策导向的生活质量评价研究》，山东大学出版社，2011。

徐慧明：《论社会主义和谐社会的提出背景》，《呼伦贝尔学院学报》2007年第4期。

徐家良、于爱国：《改革开放以来中国社会建设的主要内容研究》，《北京行政学院学报》2009年第3期。

徐琴：《基本公共服务供给评估指标体系的构建》，《统计与决策》2012年第5期。

薛君：《社会建设的内涵、认知及其指标体系建构》，《重庆社会科学》2011年第8期。

薛珑：《城乡居民民生统计指标体系构建及实证》，《统计与决策》2013年第11期。

严书翰：《继续推进我国社会建设的有利条件和基本途径》，《中国特色社会主义研究》2011年第5期。

杨华：《新时期深圳精神之思想探源》，《中共天津市委党校学报》2013年第4期。

应星：《国外社会建设理论述评》，《高校理论战线》2005年第11期。

张海东：《社会质量研究理论、方法与经验》，社会科学文献出版社，2011。

张俊桥、赵伟：《新时期社会建设的理论与实践综述——学习领会中共十八大精神》，《河北师范大学学报》（哲学社会科学版）2013年第3期。

张书林：《社会管理科学化水平之效能指标体系与测评》，《中共四川省委党校学报》2012年第2期。

张骁儒主编《深圳社会发展报告（2012~2013）》（2013版），社会科学文献出版社，2013。

张占斌：《关于地方政府社会建设绩效考核指标体系的初步探讨》，《学习论坛》2009年第9期。

赵晏、邢占军、李广：《政府公共服务质量的评价指标测度》，《重庆社会科学》2011年第10期。

郑功成：《关注民生问题构建和谐社会》，http://www.people.com.cn/GB/32306/32313/32330/3219776.html。

仲德涛：《我国新型城市化的探索与实践——以"深圳模式"为例》，《对外经贸》2012年第9期。

周长城等：《生活质量的指标构建及其现状评价》，经济科学出版社，2009。

周晓虹：《社会建设：西方理论与中国经验》，《学术月刊》2012年第9期。

周燕:《对社会建设与构建和谐社会关系的认识》,《思想战线》2010 年第 S1 期。

宗媛媛、刘欣:《孙本文的社会建设理论及当代启示》,《中国研究》春季卷,社会科学文献出版社,2012。

邹育:《深圳市民生净福利指标体系之研究》,《特区实践与理论》2009 年第 3 期。

邹农俭:《现代化视域下的社会建设与社会管理》,《经济社会体制比较》2013 年第 4 期。

Bluestone, B. and Harrison, B., *The Deindustrialization of America*. New York: Basic Books, 1982.

图书在版编目(CIP)数据

社会建设理论、实践与评价/深圳市统计局,北京大学社会学系课题组著.—北京:社会科学文献出版社,2014.12
ISBN 978-7-5097-6871-6

Ⅰ.①社… Ⅱ.①深… ②北… Ⅲ.①社会发展-研究-中国 Ⅳ.①D668

中国版本图书馆 CIP 数据核字(2014)第 289560 号

社会建设理论、实践与评价

著　　者 / 深圳市统计局　北京大学社会学系课题组

出 版 人 / 谢寿光
项目统筹 / 童根兴
责任编辑 / 常庆玲　杨桂凤

出　　版 / 社会科学文献出版社·社会政法分社(010)59367156
　　　　　　地址:北京市北三环中路甲29号院华龙大厦　邮编:100029
　　　　　　网址:www.ssap.com.cn

发　　行 / 市场营销中心(010)59367081　59367090
　　　　　　读者服务中心(010)59367028

印　　装 / 三河市尚艺印装有限公司

规　　格 / 开　本:787mm×1092mm　1/16
　　　　　　印　张:14.75　字　数:219千字

版　　次 / 2014年12月第1版　2014年12月第1次印刷
书　　号 / ISBN 978-7-5097-6871-6
定　　价 / 59.00元

本书如有破损、缺页、装订错误,请与本社读者服务中心联系更换

版权所有 翻印必究